景德镇陶瓷大学体育与军事教学部
江西省社会科学“十二五”（2015）规划一般项目
民生与国家战略视域下江西省体育公共服务发展路径研究
项目编号：752307-002

我国体育公共服务现状及体系构建研究

孙克诚　著

燕山大学出版社
·秦皇岛·

图书在版编目（CIP）数据

我国体育公共服务现状及体系构建研究 / 孙克诚著．—秦皇岛：燕山大学出版社，2019.4（2026.1 重印）

ISBN 978-7-81142-803-2

I．①我… II．①孙… III．群众体育－公共服务－研究－中国 IV．①G812.4

中国版本图书馆 CIP 数据核字（2019）第 062888 号

我国体育公共服务现状及体系构建研究

孙克诚 著

出 版 人：陈　玉
责任编辑：朱红波
封面设计：易出版
出版发行：燕山大学出版社 YANSHAN UNIVERSITY PRESS
地　　址：河北省秦皇岛市河北大街西段 438 号
邮政编码：066004
电　　话：0335-8387555
印　　刷：廊坊市印艺阁数字科技有限公司
经　　销：全国新华书店

开　　本：700mm×1000mm　1/16　　印　　张：14.25　　字　　数：225 千字
版　　次：2019 年 4 月第 1 版　　印　　次：2026 年 1 月第 3 次印刷
书　　号：ISBN 978-7-81142-803-2
定　　价：58.00 元

前　言

体育作为人类进步和社会发展的重要标志之一，体现着一个国家综合国力和社会文明发展的程度。体育公共服务体系的建立、健全，能更好地惠及广大人民群众，是体育工作谋民生之利、解民生之忧的重要抓手。因此，体育工作需要国家、社会、民众给予高度的重视，而良性体育公共服务系统的存在是体育公共服务获得效益的重要和基本前提，对体育公共服务体系进行构建就成为必然。同时，体育公共服务体系的构建作为全民健身战略，促进人民体质的增强以及体育改革发展深化的关键措施，也成为探索体育公共服务的新路径。

随着经济社会发展和城乡居民消费结构改善，体育作为群众广泛参与的社会活动，不仅成为人们增强体魄的重要手段，也成为一种基本的生活方式。要找准提供体育公共服务、满足群众需求的切入点，着力强化政府体育公共服务职责，牢牢把握公益均等的基本原则，更加注重改革创新的关键举措，扩大体育公共服务供给的有效性，逐渐促进体育公共服务水平的提升，构建结构功能清晰、信息及服务网络畅通、区域城乡一体、普惠全民的体育公共服务体系，保障和改善民生，实现体育的价值，既有助于体育促进民生的发展，使人民群众享受到体育发展的福利和成果，也有助于国家全民健身战略的推进。

本书共分为七章，不仅对体育公共服务体系基本理论进行了基本的论述，还分别从体育公共服务现状、体育公共服务改革现状、体育公共服务体系构建现状进行了研究分析，最后就体育公共服务体系多元化建设研究、体育公共服务实践体系建设研究以及对体育公共服务发展规划及未来走向进行了深入探索。

本书在写作过程中，借鉴了很多相关的研究成果及期刊、著作、论文等，在此对有关的学者、作者表示诚挚的感谢。本书对体育公共服务的研究可能会存在疏漏、片面之处，恳请广大读者积极给予指正，以便使本书不断完善。

编　者

2018 年 11 月

目　录

第一章 体育公共服务体系基本理论概述

本章主要从体育公共服务相关概念界定，体育公共服务体系的特征、结构与功能以及体育公共服务体系发展的理念与目标等方面对体育公共服务体系基本理论进行研究。

第一节 体育公共服务相关概念界定

本节主要对公共服务、体育公共服务以及体育公共服务体系相关概念进行界定。

一、公共服务

公共服务由“公共”“服务”两个层次组成，可理解成向公众提供的服务。国内外许多学者对公共服务进行了研究。例如，1912 年，法国法学家、社会连带主义法学派首创人莱昂·狄骥最早提出了公共服务的范畴，认为公共服务必须通过政府加以规范和控制，并且其与社会团结的实现和促进具有重要的关系，政府的干预是其发展的重要保障。美国现代经济学家保罗·萨缪尔森认为，公共服务的基本特征是在公众对其进行消费时，不会导致他人对该物品消费的减少。我国一些学者认为，公共服务是由公法人授权的相关组织以及有关工商企业在公共物品和私人物品的生产和提供中所承担的职责。

学者们的观点强调了公共服务应满足对象的需求，以其实现价值对其进行了界定。

总之，公共服务包含着一定的价值判断，如果只从经济学意义上将其理解为公共产品，则缺乏价值判断的意蕴。公共利益是政府公共服务的重要工作，公共服务的概念要比公共产品的概念更广泛，更注重公共权利的实现。

二、体育公共服务体系

体系作为完整的系统，是指相互联系的整体，而相应的体系是由多种要素组成，要素作为体系的基本单元构成系统的组成部分，体系依赖于各要素之间的彼此相互联系、相互制约而构成整体的有序结构。

对于公共服务的分析主要分为四个层次：第一层次是明确什么是公共服务以及明确公共服务的范围；第二层次应对提供多少服务、如何融资和生产及定价等问题进行回答；第三层次应对公共服务实践中的运行给予足够的关注，强调在现实中如何保证公共服务的效率和公平，以及明确需要建立的机制以实现此目的；第四层次应注重公共服务政策的执行效果以及激励机制的设计，并为政策工具的调整和改进提供必要的依据，使得公共服务提供具有稳定性、有效性和可持续性。

体育公共服务体系主要由服务的主体、客体以及主客体所处的环境共同构成，是由能够满足公众体育需求的诸多要素构成的有机整体，是一个重要的服务和保障系统，能够促进、增强大众体质健康的体育环境和条件的改善，促进大众积极参与到体育健身活动之中，满足大众的多样化体育需求。主要包括以下内容：体育公共设施建设服务体系、体育公共信息服务体系、体育公共组织管理服务体系以及体育公共政策服务体系等。

第二节　体育公共服务体系的特征、结构与功能

本节将对体育公共服务体系的特征、结构与功能进行深入研究。

一、体育公共服务体系的特征

（1）系统性特征。为建立科学、高效的体育公共服务体系，以促进整体功能的发挥，应注重体育公共服务体系各子系统、各组分以及各要素之间在系统内的协同作用。体育公共服务体系的系统性特征有以下几点：

一是整体性。体育公共服务体系是一个有序的系统组合，在建立和完善过程中，应注重其整体运筹和运作。

二是联系性。体育公共服务体系由多个子系统构成，各子系统之间是相互联系的，子系统内部的组分、各要素之间也具有紧密的联系。

三是有序性。系统的秩序是系统的组分有效整合的结果，主要表现在三个方面：一是结构有序，要素内部、组分内部以及层次之间互动协同；二是功能有序，通过和谐、动态的结构产生功能；三是行为有序，要素、组分及子系统之间按照一定规则互动互应。和谐是有序的最高境界，包括组分内部的和谐、层次之间的和谐、系统运行中的和谐，系统与环境之间的和谐。体育公共服务体系的有序性是指，其内部各子系统具有一定的结构和层次，其具有明确的服务方向。

（2）公共性特征。公共性特征主要是指体育公共服务在供给、目标以及供给和目标之间过程、衔接方面的“公共性”。“民享”是体育公共服务体系的核心目标，最终体育公共服务的出发点和落脚点是让全体民众享受我国体育发展的成果，即面向的是广大人民群众。体育公共服务体系的公共性特征主要有以下几点：利益取向的公益性、服务主体的公众性、服务供给的公平性、资源配置的公有性四个方面的基本内涵。

（3）统筹性特征。统筹性是体育公共服务体系的重要表现，在进行体系建设时，应统筹把握，促进相应目标的实现。具体而言，构建并建设良好的体育公共服务体系，必须以“两个统筹”为重点。一是对不同行政区划之间和不同部门之间的体育资源进行积极统筹，去除无效的行政壁垒，促进不同行政区划、不同部门之间良好的交流与协作，加强对体育资源的共享，进一步促进体育公共服务的发展。二是对城乡体育发展的统筹。我国城乡体育资源在经济社会的发展过程中存在分布过度不均衡的现象，虽然近些年在农村体育的发展上有所侧重，但总体上，农村体育及农村体育公共服务相比较于城市体育及城市体育公共服务依然存在较大的差距。在体育公共服务体系建设时，体育资源应考虑在城乡之间整体布局、合理配置，在当前一定时期应适度向农村体育及农村体育公共服务有所倾斜，促进城乡之间的协调发展。

（4）服务性特征。在进行体育公共管理工作时，公共管理者具有服务性特征，相应的体育公共服务供给主体开展相应的服务工作，而其所提供的体育产品也是为大众服务的。这种服务应是政府制度上的“共性”，不仅强调理念上的服务，也强调政策、制度层面的服务；不仅体现在具体管理层面的服务，也应体现在对服务对象各方面需求满足上的服务。

（5）保障性特征。保障既可以是实物，如资金、场地、设备等保障；也可以是非实物，如制度和政策保障。保障并非是对整个系统某一个方面或层面的保障，而是对所有组分、要素的保障。体育公共服务体系的保障性特征，是为了保障公民的体育权利，满足其多方面的体育需求。

（6）创新性特征。创新性特征主要表现为服务理念的创新，需要根据实际情况进行发展和创新。政府、社会、市场组织与非营利组织协同运作，开拓思路，推进管理创新，对体育公共服务体系资源有效整合，强化体育公共服务体制创新和运行机制创新。

二、体育公共服务体系的结构

体育公共服务体系涵盖体育公共服务的供给和大众对公共体育服务需求的满足两个层面，作为一个科学的系统，其需要一定的逻辑顺序来开展相应的活动，这样才能够保证提供民众所需的服务质量。在体育公共服务体系建设过程中，应明晰体育公共服务体系的组分，进而明晰体育公共服务体系的组分与要素，从而形成体育公共服务体系所需求的结构。

（一）体育公共服务需求体系

体育公共服务需求体系的基本构架，以保证公民体育权利的实现作为重要方面，并将其作为政策层面的命题。为实现社会的进一步发展，应更好地满足公共需求。对于公民体育权利的尊重需要尊重其体育需求的表达权和公共决策参与权。

在市场经济体制下，从市场经济的角度，体育公共服务供给要充分考虑消费者对体育公共服务的需求状况，对体育公共服务的供给进行最优化，以满足大众对于体育公共服务的基本需求。因此，公众积极参与，让其需求得到充分的表达，是开展体育公共服务供给的重要逻辑起点。

在公共服务领域，需要建立相应的需求表达机制，通过多方博弈使需求得到一定程度的满足。通过相应的社会调查，听取公众的意见，确立体育公共服务标准，以大众的意见、建议和实际需求来提供相应的体育公共服务体系，以人为本，将民众的体质健康、对体育的切实需求作为体育公共服务的出发点和落脚点。

（二）体育公共服务供给体系

在计划经济时代，主要通过行政系统内部自上而下的方式对体育公共服务的供给进行管理，其管理的基本特征是行政命令。需要注意的是，随着我国社会经济体制的改革，作为自身具有复杂性、综合性的公共服务系统，其复杂性和综合性主要体现在其自身体系结构、参与各方之间关系、供给的方式及所在的社会环境等方面。体育公共服务供给体系应保证能够提升公众基本体育权益以及满足民众基本体育公共服务需求。

随着我国社会经济的发展，体育公共服务供给过程演变为由政府、市场、第三部门与私人部门等不同角色组成复杂合作网络的过程。但这些体育公共服务的供给主体，几乎都无法准确反映出公众对于体育公共服务的需要和诉求，因此，可能由于自身的价值标准、诉求及判断不一，导致供给结果与需求目标的不一致。所以，应积极促进社会效益和经济效益之间的平衡，约束市场主体之间的利益最大化冲动。

（三）体育公共服务保障体系

1. 组织保障体系

体育公共服务的组织保障体系通过这一方式使得体育公共服务体系机构合理化，促进组织目标的实现。组织结构复杂性的理解：纵向的复杂性，主要是指层级的数量；横向的复杂性，指跨越组织和部门的数量；空间的复杂性，是指组织结构要素在地理位置上分布的数量。体育公共服务组织保障体系应注重纵轴结构、横轴结构、空间轴结构等方面的综合发展。

2. 政策法规保障体系

政策法规保障体系主要由法律、法规和部门规章条例三个层次组成，这属于正式的制度层面的保障。在体育公共服务均等化发展的过程中，要注重法律体系的建设，通过全国人民代表大会立法的途径将较为成熟的政策、法规上升为基本法律，提高政策法规的执行力度，进一步提升政策法规的权威性与统一性。

3. 财政保障体系

体育公共服务财政保障体系的建立和完善应注意：行政化的资金拨付和使用方式使得体育公共服务财政资金的使用缺少决策的科学性；应完善相应的财政政策，逐步增加国家在体育公共服务方面的投资；促进财政体制的改革和完善，应逐步壮大地方的税务体系，促进财政收入渠道的规范；应积极推进城乡公共服务均等化的财政制度建设，提升财政保障的运行机制效率，积极扩大乡镇体育公共服务领域的公共财政覆盖范围，不断满足乡镇居民的体育公共需求。

4. 信息保障体系

信息保障体系也是体育公共服务体系的重要方面，在建设时，需要明确信息机构的定位与机构之间的关系、各自的运行基础、资源和服务对象；应坚持信息共享原则；应促进信息沟通渠道的畅通，确保正式渠道的有效性，同时拓展其他多种渠道；应注重信息保障制度建设，完善相应的法律、法规，建立相应的信息服务权益监督体制，保护信息服务的经营权、产权，提高信息权益保护的自觉性，防止侵权行为的发生。

（四）体育公共服务评价体系

体育公共服务评价体系，具体来说必须明确和处理好以下几个问题：

1. 体育公共服务绩效评估的内容

体育公共服务绩效评估的内容包括：对供给者的评估以及对其所提供的产品和服务的评估。体育公共服务绩效评估的内容不仅要考虑投入、产出的效率，同时要考虑效果、公平性，尤其要顾及公众的满意程度。

2. 体育公共服务绩效评估的主体

体育公共服务绩效评估的主体构建是服务绩效评估的关键环节，评估主体应具有权威性、代表性、合法性和有效性，这也是建立科学的体育公共服务绩效评估体系的重要保证。在体育公共服务绩效评估的主体多元化发展过程中，政府评估、公众评估和第三方评估也应多元化发展。

3. 体育公共服务绩效评估的方式和方法

体育公共服务绩效评估的方式和方法即为“如何评估”，根据绩效评估的性质，可将其评估方式分为定性评估和定量评估两种。定性评估，就是对体育公共服务绩效进行质的鉴别和确定等级，主要是通过评审的方法进行。定量评估，是对体育公共服务在量的方面进行鉴别和等级评定，在进行充分调查、有效统计和科学测量的基础上，运用相应统计学方法对数据进行整理和分析。体育公共服务绩效评估需要设立一套科学的体育公共服务评估模型，并注重其评估的可操作性，在实践中逐步对其进行针对性的修正和改进，进而推动体育公共服务绩效评估体系的不断完善和发展。

三、体育公共服务体系的功能

（一）体育公共服务体系的系统功能定位

（1）创新服务功能。体育公共服务体系的核心是公民都应拥有平等获得体育公共服务功能的权利，其目的主要是将服务共享功能的覆盖范围进一步拓展。创新服务功能在其结构优化方面的目标则是大众共享体育公共服务的满意程度，而大众对于体育公共服务广泛性的满意程度正是基于体育公共服务结果的定位。这需要积极扩大引入市场竞争机制，促进其与市场经济发展相适应，积极营造良好的协作机制和责任机制，以稳定的法制环境为基础，优化体育公共服务体系的服务功能。

（2）资源整合功能。体育公共资源整合需要优化资源配置，实现其整体的优化，最大限度地满足公众体育公共服务需求。具体来说，应注意：建立相应的资源共享机制，强化体育系统内部场馆资源和高校体育场馆资源的整合，使得其能够更好地满足大众的体育健身需求，促进体育公共资源配置的合理化，使其供给效率不断提升，使得当地居民的体育公共服务需要得到满足；积极鼓励大众加入社会体育指导员队伍，建立相应的政策，促进体育公共服务工作者素质的教育和培养，注重调动群众参与的积极性，发挥工作人员的潜力。

（3）激励约束功能。体育公共服务体系具有激励约束功能，其主要表现为其不仅能够促进体育公共服务数量与质量的快速发展，还使得体育公共服务的需求与供给之间有效衔接，促进其体育公共服务需求的满足。

（二）体育公共服务体系供给主体间的功能关系

在体育公共服务体系内部，各供给主体依靠其自身所具备的资源优势而分别承担着不同的功能分工，进而演化为体育公共服务体系的系列功能，具体的供给主体有如下四方面：

一是政府公共机构。在当前，体育公共服务体系的重要主体是政府的公共机构，政府公共机构在信息、技术、资金等方面发挥着带头作用，其主要在目标制定、政策引导、布局规划、战略研究等方面发挥不可替代的作用。

二是市场组织。市场组织等主体在资本积累、管理运行效率和交易成本方面具备天然优势，能够在政府无法有效进入的领域实现生产要素的优化配置，使得各生产要素在适应外部市场与社会环境变化方面反应最为迅速，可以最先作出调整和进行变化。

三是社会性组织。社会性组织通过调研等方式，汇集公众的多重体育需求，实现对公众需求的确认，将各种存在关联的因素整合到统一的体系下，以便协调需求、资源与供给之间的平衡，进而实现统一。

四是相关科研机构及高等院校。它们不仅承担着部分公益性体育公共服务的供给功能，还通过体育理论以及相关科学技术的教育、培训与研究的推广和应用，在理论和实践层面维系着体育公共服务体系的有效运行，减少体育公共服务体系在运行过程中受到供给主体更替、经济社会环境发展变化等方面的影响。

第三节　体育公共服务体系发展的理念与目标

科学的发展理念和目标往往决定科学的行为和措施，有助于体育公共服务的良性发展，因此制定合理的发展理念及目标就显得尤为重要。本节主要是对体育公共服务体系发展的理念与目标进行深入研究。

一、体育公共服务理念的演变和依据

从新中国成立起，党和国家把普及群众性体育活动、改善和提高全民族的健康水平、增强人民的体质始终作为我国体育事业发展的基本国策。全民健身计划的切实落实，需要向广大群众提供科学、简便有效的体育健身方法。为此从 1996 年开始国家体委就在全国征集体育健身方法的工作，各类民间功法和传统锻炼项目共征集了 3000 余种，也精选其中 200 余种分 4 卷推出。实践表明，现代政府体育职能及其角色的改变，主要体现在政府对社会体育公共服务管理职能的转变。

体育公共服务理念依据主要有：一是科学发展观理论，得到了社会和学界的热烈拥护和高度评价。坚持“以人为本”的科学发展观、构建社会主义和谐社会理论，为现行体育公共服务发展理念的确立提供了理论依据。二是和谐社会建设的价值目标追求。和谐社会的价值理念要通过价值目标设置来具体展现。三是服务行政理念，包含三个方面的定位：政府服务过程的责任取向定位，主要指政府服务过程中的责任控制，有内部控制和外部控制两种；政府服务评估以绩效为中心的结果取向定位，以实际的结果为工作重心，建立以结果为导向的管理体制；服务行政决策中的公民参与取向定位。

二、体育公共服务的发展理念和目标

借鉴发展历程所得的经验，体育公共服务设计理念有，一是体育公共服务的出发点：以人为本，体现人文关怀。二是体育公共服务的价值基础：诚信与正义。三是体育公共服务的追求目标：团结与凝聚。体育公共服务渗透体育精神，展现体育精神的巨大魅力，进而增强民族凝聚力，提高我国民众的素质、综合国力及社会经济发展程度。四是体育公共服务的发展动因：以需求促供给。五是体育公共服务发展的均衡点：公平与效率之间的大众共享。六是体育公共服务实现的基础：完善的体育公共服务体系，为广大公民提供良好的社会环境和更多的自由空间，体现了保障公民文化权利的更深层次要求。

目标是人们通过努力所希望达成的一种状态或者结果，体育公共服务发展目标确定的依据。“十三五”时期体育发展的主要目标是根据全面建成小康社会的总体部署、实现体育强国的战略目标和建设健康中国的任务要求，深化体育重点领域改革，促进群众体育、竞技体育、体育产业、体育文化等各领域全面协调可持续发展，推进体育发展迈上新台阶。

制定体育公共服务发展目标应遵循以下基本原则：一是公平享有，尽可能保障体育公共服务的支出等措施，提高公平享有体育公共服务的水平；二是满足不同层次的需求，应采取积极的扶持政策，加强政府宏观调控；三是完善体育公共服务体制。根据公共产品的类别、层次，对各级政府提供体育公共产品的责任范围进行合理界定、明晰，做到事权和财权、责任与义务的对等。

我国体育公共服务发展的阶段目标。在借鉴国外政府体育公共服务经验教训的基础上，全面、辩证、系统地分析我国体育公共服务阶段目标的确立。从我国的国情来看，体育公共服务要经历不同的阶段，在每个阶段上，其具体重点、目标及表现是不同的（见表 1-1）。

表 1-1　　我国体育公共服务发展的目标

目标层	领域层	阶段层	指标层	参与层
近期发展目标	体育公共服务区域化发展：区域内自主创新阶段，主要表现为区域内、区域间的体育公共服务水平的差距明显缩小	第一阶段：体育公共服务发展方向和核心价值定位	1. 建立全面覆盖的、完整的体育公共服务制度； 2. 政府在体育公共服务供给中起主导、引导和协调、监督作用； 3. 充分认识体育公共服务在经济、社会发展中的作用； 4. 体育公共服务既是经济增长的产物，也是社会生活反思与文明变迁的产物； 5. 体育公共服务是衡量社会发展水平、层次与阶段的基本标准	决策层、领导层和负责体育的相关部门

续表

目标层	领域层	阶段层	指标层	参与层
近期发展目标	体育公共服务区域化发展：区域内自主创新阶段，主要表现为区域内、区域间的体育公共服务水平的差距明显缩小	第二阶段：制定体育公共服务的发展模式，构建体育公共服务系统；制定体育公共服务政策	1. 体育公共服务模式与社会经济、历史传统有关； 2. 体育公共服务结构决定体育公共服务资源的主要投向； 3. 体育公共服务政策决定发展的价值目标的判断与发展方向的选择	公共服务部门；地方体育公共服务管理部门
中期发展目标	体育公共服务目标会更多地侧重于城乡体育公共服务的差距缩小。主要表现为不仅在区域内，而且在各区域城乡之间的体育公共服务水平的接近	第三阶段：体育公共服务管理体制与运行机制的建立	1. 体育公共服务制度建设、设施建设和服务体系建设基本完备； 2. 体育公共服务和体育公共物品政府投入与多主体、多中心社会化并存； 3. 体育公共服务体制将逐步实现分权化、市场化、从单中心到多中心； 4. 体育公共服务逐步采用竞争机制、委托代理机制、公平机制	决策层、领导层和负责体育公共服务部门；地方体育公共服务管理部门、非政府组织
远期发展目标	实现全民体育公共服务均等化，主要表现为区域之间、城乡之间、居民个人之间的体育公共服务基本形成均等状态	第四阶段：完善体育公共服务法律；实现体育公共服务供给管理与市场化；体育公共服务监督与管理常态化	1. 体育公共服务规范、运行、监管等一系列法律法规制定与完善； 2. 建立广覆盖、兼顾公平与效率的公共服务消费模式，多元化、社会化的公共服务供给模式； 3. 政府宏观调控的多元化与社会化格局，整个社会形成一种“多中心治理”的体育公共服务模式； 4. 政府主要调控体育公共服务的数量、改善体育公共服务的质量，公共服务模式和公共服务制度基本完善	决策层、领导层和负责体育公共服务部门；地方体育公共服务管理部门、非政府组织、民众

第二章　体育公共服务现状研究

对体育公共服务现状的了解和深入的分析，是发现问题、提出改进建议或措施的前提。本章主要从体育公共服务的主体与客体、体育公共服务的供给、体育公共服务的政策与法规保障、体育公共信息服务开展和体育公共服务的财政保障现状进行研究。

第一节　体育公共服务主客体概况

体育在我国作为一项事业而存在，体育公共服务同样是我国体育发展事业的重要组成。对公共事业管理的主体与客体具有良好的认知，影响着对公共事业的管理、公共事业改革方向、路径、方法的认知。但分析体育公共服务管理的主体与客体需从我国体育发展的实际出发。

现阶段，我国体育公共服务的主体主要是由各级政府、非政府公共组织及民众构成的系统，其中，各级政府是最主要的主体，常以提供政策法规和文件等正式制度、评估、财物和场地资源等方式体现主体地位。在我国体育公共服务中，政府购买服务的方式逐渐增多，其价值也日益得到认同。

体育公共服务的客体与体育公共服务的主体相对而言，常指体育公共服务发生作用的对象，包括体育公共服务运行中存在的问题、产生的作用及影响的社会成员，即涵盖人和事两个层面。体育公共服务的客体可根据不同的分类标准有不同的划分类别体系。

体育公共服务主客体概况研究，本节以高校主体、客体进行分析。

一、体育服务的主体概况

高校体育公共服务的主体主要有高校体育教师、外聘教练、高校学生体育社团、高校体育志愿者以及高校大学生（图 2-1），这些不同的服务主体在高校体育公共服务过程中各有优势，承担不同的角色和任务。高校大学生的体育服务主要通过参与大学生体育社团或体育志愿服务等方式进行。其中高校大学生包括体育专业大学生、体育特长生、非体育专业但有一定体育基础的体育爱好者，以及非体育专业且缺乏体育基础的普通大学生。

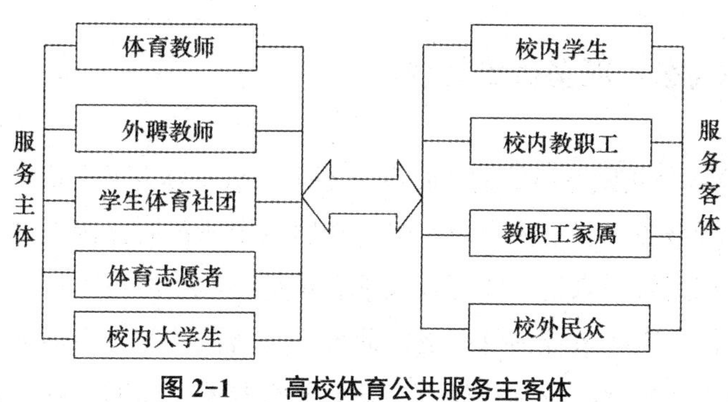

图 2-1　高校体育公共服务主客体

目前，从高校最主体的指导人员——体育教师的指导情况来看，以体育教师为主体的健身指导队伍尚不能很好地满足多数人群的健身指导需求。因此，在目前公民健身指导需求较高的情况下，充分发挥体育教师的主导作用，调动各种供给主体的积极性是高校体育公共服务健康持续开展的重要任务。

二、体育公共服务客体概况

一是体育服务客体的组成。高校体育服务的服务对象主要是校内学生和校内教职工。此外，教职工家属以及校外民众也是多数高校的体育服务对象（图 2-1），许多高校的体育场馆已经逐渐开始对校外民众开放。

二是体育服务客体的体育需求。不同人群的体育需求具有普遍的广泛性和一定的相似性、集体性，有规律的日常体育锻炼活动为多数人所需求，这种情况具体体现在：体育服务需求的相似性；对科学健身追求的普遍性；体育场馆（地）服务、体育组织服务、体育锻炼指导、运动后的营养调配、健康知识宣传、日常体育活动的组织以及运动项目培训服务。

第二节　体育公共服务供给现状及问题分析

一、体育公共服务供给现状

（1）体育公共服务供给的总量存在不足。从总额方面来说，体育财政的拨款数量有所增加，但就体育事业经费在财政中所占的比例来看，呈不断下降趋势。从利用效率来说，体育公共资金偏低，财政所投入的资金很大一部分都是用在体育事业系统内部开支。此外，体育公共服务在场地设施方面也存在很大的不足之处，我国的体育场地设施大都非常简陋，在质量方面很难得到保证。在体育公共服务供给体系中，体育社会组织所起的作用有限。

（2）体育公共服务供给的结构失衡。体育公共服务供给的结构性失衡主要是物质性、非物质性、竞技性和公共性等方面的供给失衡。体育公共服务供给的结构性失衡还从区域失衡方面体现出来，如城市与乡村、经济发达地区与经济欠发达地区、东部与西部的失衡。体育场地设施的实际分布造成了很多乡村缺乏甚至没有相应的体育活动场地和设施。

（3）体育公共服务供给的对象有限。根据相关调查，我国社会体育指导员非常短缺，人均社会体育指导员达不到1/3000；虽然在人、财、物等方面，体育公共部门进行了大量的投入，以不断提高体育公共服务水平，但随着社会经济的发展，民众的需求日益多样化，体现在对体育公共服务方面的需求也是如此，呈现需求多样化和多元化的趋势，这些与他们的期望依然存在很大的差距，要求开放体育场馆、增加体育锻炼场地和设施、提供一些科学的健身指导服务，并对体育活动增加相应经费的支持力度等呼声越来越高。

二、体育公共服务供给模式

（1）体育公共服务的供给主体、工具及过程。在体育公共服务中，政府无疑起着主导及核心的作用，但并不意味着什么都交由政府处理，由政府完全包办，在很大程度上，政府并不能成为唯一的服务供给者或一切都要由政府来直接提供，而是在确保体育公共服务得到提供的情况，扮演好多重角色。例如作为决策者、组织安排者、直接提供者、管理者。因此，强化政府体育公共服务职能，涉及体育公共服务的供给主体、工具和过程三个方面（图 2-2）。

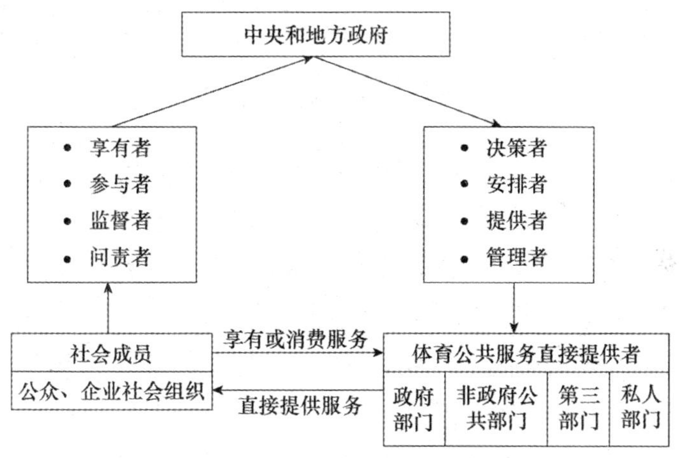

图 2-2　体育供给主体及过程

（2）体育公共服务的供给模式。目前，我国体育公共服务供给不足和低效率的改变，必须探寻问题的根源，并从问题的根本源头着手。对政府高度垄断的体育公共服务供给体制进行合理、有步骤、分阶段的改革，寻求和引导其他可以有效提供体育公共服务的社会力量和市场主体。因此，我国体育公共服务体制的变革应循序渐进，不可操之过急，在合理范围内允许和鼓励社会和市场资源进入提供体育公共服务的领域，逐步建立以政府为主导，其他供给主体为辅，共同参与的“主辅结合”的体育公共服务供给体制（图 2-3）。

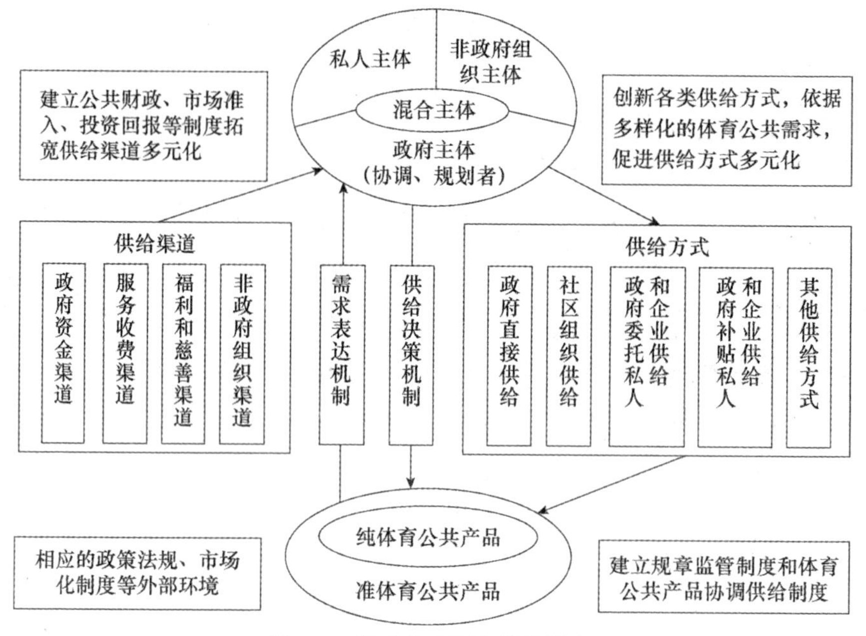

图 2-3　体育公共服务供给模式

（3）体育公共服务的理论分析框架。体育公共服务可由公共部门直接提供；也可以由政府直接或间接提供；或是政府提供资金支持而由社会和市场力量来提供，即“政府购买公共体育服务”。根据体育公共服务的内涵和外延，结合体育公共服务的本质特征，分析体育公共服务的管理体制与运行机制、供给模式、制度、对策或措施等方面。体育公共服务的理论分析应基于概念的内涵与外延，从体育公共服务的定位目标，体育公共服务的模式、政策法规、文件等制度供给，体育公共服务的体制与运行机制，体育公共服务的管理四个方面对体育公共服务基本理论问题进行分析（图 2-4）。

三、我国体育公共服务供给体制存在的问题

（1）传统行政管理体制的弊端。政府包办体育作为传统的行政管理体制，依然是我国当前体育公共服务供给的体制，在管理体育事业方面，政府管得过于严苛，体育事业的市场化受到了很大的限制。

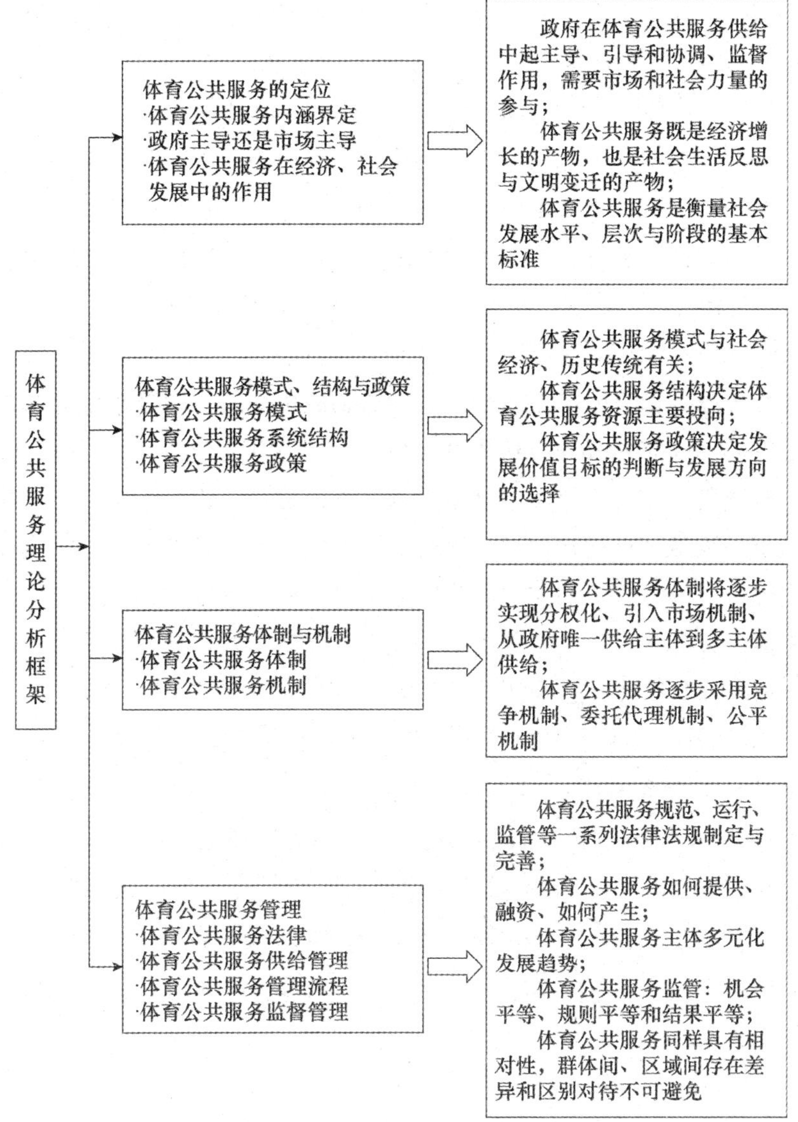

图 2-4　体育公共服务的理论分析框架

（资料来源：《体育公共服务——内涵、目标及运行机制》）

（2）各级政府职能不清。就目前来说，在体育公共服务供给的过程中，政府所扮演的角色既是生产者，同时也是供给者，这主要表现为政府的职能不清，本应交由上级政府投资进行管理的事情，有的是通过事权转移交给下级去完成，本该交由政府提供服务的却转移给尚未发展完善的市场来进行提供。目前，政府在体育公共服务供给方面的规模过于庞大，最终造成了我国的体育公共服务有着非常浓厚的垄断性和行政色彩，缺乏活力和效率。

（3）政府垄断单一性的供给管理体制。体育公共服务的供给主体包括政府和体育行政部门，还包括个人、企业、准政府组织、非政府组织（体育基金会、体育社团、民办非企业体育单位等），以上这些组织和个人将公共利益作为目的的体育事物都可以被看作是体育公共服务的范畴，在管理上具有完全责任主体性，对资源、制度的供给呈现单一性和垄断性。

（4）组织管理体系不健全。在建设社会体育组织方面必须保持同步，以公益性作为基础，对公民参与全民健身活动的机制进行积极培育，对以政府供给为主体、以体育俱乐部和体育协会等社会体育组织为辅助的体育公共服务供给体系进行完善，从而更好地推进体育公共服务供给的进程，对社会化的体育服务网络进行构建，对体育公共服务供给的内容进行丰富，逐步形成带有中国特色的全方位的体育公共服务供给格局。基层的体育组织属于体育社会团体，并在一定方位和程度上对政府社会体育管理和协调的功能进行承担，从而在社会和政府之间起到了纽带和桥梁的作用。

（5）体育公共服务供给体制建设中的法律缺失。法律具有强制性，能够为体育公共服务的发展提供强有力的引导和支持，但我国体育公共服务践行中缺少相关法律法规层面的建设，在一定程度上，体育行政部门缺少相关专业的法律知识，作为促进体育公共服务的主导者，既不能提供足够的法律法规，缺乏法律法规的针对性和有效性，同时，其自身在体育公共服务供给和管理时是否“错位”“缺位”“越位”，也很难在法律上作出相应的判断。

第三节　体育公共服务政策法规保障现状与困境分析

关于我国体育公共服务的政策法规依据和保障，无论是实务界还是理论界一直缺乏清晰、准确的统计。据统计，相关的法律、法规和部门规章近30个，可以说初步构成了我国体育公共服务的法律框架。与体育公共服务相关的政策要比法律法规多，部委政策比中央政策要多，体育某个领域的政策比整体发展政策多。

我国虽然已经初步构建了体育公共服务的法规保障体系，但仍然很不成熟，这一体系的完整性、科学性、规范性等仍需要不断改进，尤其对一些突出的瓶颈性问题需要重点关注。体育领域关于体育公共服务的立法层次较低，与体育公共服务相关的规章和制度大多是国务院、国家体育总局或联合其他部委发布的政策文件，对义务履行不当的责任主体缺乏有效的处罚措施，缺乏刚性约束，对体育公共服务的责任主体缺乏监督。

无论是理论界还是实务界，对我国体育公共服务的政策法规依据和保障一直没有一个准确、清晰的统计。以我国 1990—2010 年以来实施的有关体育公共服务相关的体育法规（表 2-1）为例，从统计资料看来，有近 30 个相关的法律、法规和部门规章，这些法规使得我国体育公共服务的法律框架得到了初步的构建。

表 2-1　1990—2010 年我国颁布的有关体育公共服务的法律与政策

法律名称	颁布时间（年）	颁布机构
《中华人民共和国体育法》	1995	全国人大常委会
《国家体育锻炼标准施行办法》	1990	国家体委
《学校体育工作条例》	1990	国家教委
《全民健身计划纲要》	1995	国务院
《关于深化改革加快发展县级体育事业的意见》	1996	国家体委
《关于进一步加强和改进新时期体育工作的意见》	2002	中共中央、国务院
《公共文化体育设施条例》	2003	国务院
《关于进一步加强残疾人体育工作的意见》	2007	国务院办公厅
《关于加强青少年体育　增强青少年体质的意见》	2007	中共中央、国务院
《全民健身条例》	2009	国务院
《关于加强城市社区体育工作的意见》	1997	国家体委、国家教委、民政部、建设部、文化部
《少年儿童体育学校管理办法》	1999	体育总局、教育部

续表

法律名称	颁布时间（年）	颁布机构
《关于加强社区残疾人工作的意见》	2000	民政部、教育部、公安部、司法部、劳动和社会保障部、建设部、文化部、卫生部、国家体育总局、文明办、中华全国总工会、团中央、全国妇联、中残联
《中国体育彩票全民健身工程管理暂行规定》	2000	国家体育总局
《国民体质监测工作规定》	2001	国家体育总局、中华全国总工会、国家计委、教育部、科技部、国家民委、民政部、财政部、农业部、卫生部、统计局
《农村体育工作暂行规定》	2002	国家体育总局、农业部
《关于加强体育彩票公益金援建项目监督管理的意见》	2002	国家体育总局
《普通人群体育锻炼标准施行办法（试行）》	2003	国家体育总局、国家民委、财政部、农业部、卫生部、全国总工会、团中央、全国妇联
《国民体质测定标准施行办法》	2003	国家体育总局、教育部、国家民委、民政部、劳动和社会保障部、农业部、卫生部、国家工商总局、全国总工会、团中央、全国妇联
《“雪炭工程”实施办法》	2003	国家体育总局
《关于进一步加强用于全民健身的体育彩票公益金使用管理的通知》	2004	国家体育总局
《关于进一步加强社会体育指导员工作的意见》	2005	国家体育总局
《健身气功管理办法》	2006	国家体育总局
《关于进一步加强学校体育工作　切实提高学生健康素质的意见》	2006	教育部、国家体育总局
《国家学生体质健康标准》	2007	教育部、国家体育总局
《关于加强青少年体育　增强青少年体质的实施意见》	2009	国家体育总局
《关于进一步加强职工体育工作的意见》	2010	国家体育总局、中华全国总工会
《发挥乡镇综合文化站的功能　进一步加强农村体育工作的意见》	2010	国家体育总局、文化部、农业部

从表 2–1 可知，有关体育公共服务的政策多于法律法规，部委政策多于中央政策，某个体育领域的政策多于体育整体发展政策。不可否认的是，该统计是不完整的，要及时关注最近几年国家相继出台的关于体育公共服务的政策文件。

体育公共服务体系的政策法规保障的困境，除了有体制机制的原因之外，还有社会因素层面。我国体育公共服务政策法规保障，要明确职责，形成联动机制，转换各级人民政府体育行政管理部门的角色，树立服务型政府和法治政府的理念，科学定位，正确引导，形成全社会办体育的局面，准确定位，严格执法，使得守法者得到保护，满足人民群众日益增长的体育需求。同时，也要加强监督，公开透明，建设阳光政府，体现公平正义，无论是竞技体育还是社会体育，作为体育公共服务的一部分，都需要一个良好的社会环境，需要全社会和整个政府的共同努力。

第四节　体育公共信息服务开展现状及存在问题分析

本节主要从体育公共信息服务现状、信息公开存在的主要问题及解决措施来进行研究。

一、体育公共信息服务现状

为群众提供良好的体育公共服务是各级人民政府的重要职能。近年来，我国的体育公共服务取得了重要进步，围绕建设群众身边体育场地、健全群众身边体育组织、开展群众身边体育活动工程实施等方面取得了显著的效果，全民健身体系已经初步形成并发展。

体育公共信息服务随着网络技术、影像传媒等信息技术的高速发展较以往有了较大的提升。因而优质高效的信息服务成为建设我国体育公共服务信息保障体系的有效手段，成为整合体育公共服务信息资源、满足社会大众的体育公共服务信息需求的最佳方法和途径。

从整体的开展现状来看，我国的体育公共信息服务的开展主要包括以下几方面：一是信息公开方式，指信息通过国家体育总局官网、中华全国体育总会官网、中国奥委会官网、信息公开查阅点等公开。公民、法人和其他组织在国家体育总局政府网上查阅相关信息，也可以到国家体育总局政府信息公开工作办公地点查阅。二是信息公开的范围和分类。我国当前体育公共服务信息公开的分类主要有以下方面：按照信息公开机构不同，可以将信息公开分为总局信息公开和直属机关信息公开；按照信息公开的主题不同，可以将信息公开分为组织机构、综合政务、政策法规、全民健身、竞技体育、体育发展、体育产业、人事管理等；按照信息公开的体裁不同，可以将信息公开分为决定、公告、通知、通告、通报、议案、报告、批复等；按照信息公开的组配不同，可以将信息公开分为规章与文件、发展规划、资金信息、工作动态、行政许可等。三是信息公开的时限。国家体育总局主动公开范围的政府信息，由主办单位自该政府信息形成或者变更之时起 20 个工作日内予以公开。

二、信息公开存在的主要问题及解决措施

当前，以政府为依托，建设体育公共服务信息平台，以纵横交错的多层次网络，实现我国体育公共服务信息资源的供给，满足全社会对体育公共服务信息的需求成为体育公共服务信息服务的出发点和目标。

信息公开方面的主要问题体现在以下几方面：一是政府信息公开的内容不够全面和及时，信息公开形式不够丰富；二是部分部门和人员对政府信息主动公开的意识不强，认识和态度上缺乏积极性，公开的信息质量不高；三是政府信息公开制度建设滞后，缺乏门户网站内容保障机制、监督检查机制和奖惩机制等。

解决措施有以下几种：一是加强国家体育总局和地方体育局官方网站的建设和管理工作。二是加强相关信息报送和信息员培训工作；严格信息审查程序，完善依据申请公开信息的工作制度，确保信息公开及时和准确。三是抓紧建立体育公共服务相关信息公开的考核制度、社会评议制度和责任追究制度等，建立激励和约束机制，从制度上提高保障力度。

第五节　体育公共服务财政保障现状分析

本节主要从体育公共服务财政投入和体育公共服务税收政策等方面对体育公共服务财政保障进行分析和研究。

一、体育公共服务财政投入

（1）体育事业财政投入规模，主要有绝对规模和相对规模两种。改革开放以来，国家对体育事业的财政收入累计近百亿元。

（2）体育事业经费结构。体育事业经费支出项目主要包括体育基本建设支出、体育教育基建支出、体育科技支出三项费用及体育事业费、教育事业费、科学事业费、其他部门事业费、行政事业单位离退休经费、社会保障补助支出、政府机关经费等。

（3）体育彩票公益金。体育彩票公益金具体用途包括：资助开展全民健身活动；用于弥补大型体育运动会比赛经费不足；修缮和增建体育场馆设施；体育扶贫工程专项支出等。

二、体育公共服务税收政策

（一）存在问题

一是体育公共服务财政投入存在问题。投入还未形成稳定增长机制；体育公共服务投入渠道单一；投入结构不合理。如群众体育投入严重不足；地区结构失衡；城乡结构失衡。最后，体育公共服务财政投入产出效率低。从产出方面看，普遍出现产出不足，特别是体育社团、综合运动项目组织数、体育俱乐部产出出现大面积不足现象。

二是体育公共服务税收政策存在问题。首先是税收激励手段单一。现行体育公共服务税收政策激励方式偏重乃至局限于税率优惠与税额减免等直接手段，而较少运用间接减免方式。其次，税收政策缺乏连续性和持久性。从现行政策看，我国体育公共服务税收政策具有临时性和非持续性特征。第三，缺乏相关税收激励政策设计。

（二）原因分析

一是分税制财政管理体制不完善。财力层层向上集中；事权层层下放；失效的政府间转移支付。财力相对宽裕的地方政府还能保证体育公共服务资金的提供，而财力相对紧张的地方政府提供体育公共服务财力支撑的能力就愈发减弱。转移支付结构不合理，导致地方政府不能为民众提供充分的体育公共服务。

二是政绩评价体系缺陷。一方面，政府将体育财政收入主要用于经济建设，基本公共服务的投入偏少。另一方面，在过去很长一段时间内，竞技体育一度被赋予特殊的政治意义，并演化成为政府的目标函数和政绩工程之一，导致“重竞体轻社体”或“重竞体轻全民健身”的现象，导致政府在体育公共服务领域的资金等资源投向更是微乎其微。

三是体育公共服务多元化投入不足。体现在政府是体育公共服务资金投入的主体，甚至一度是唯一的资源供给者，缺乏社会和市场力量、资源的引入，“多元化”远未实现，多数体育公共服务的活动既缺少科学有效的利益保障和共享机制，也没有多层面和“多样化”的长效激励机制。

四是粗放型的体育公共服务财政管理。体现在体育公共服务的财政资金缺乏统筹安排，有限的财政资金投入缺乏针对性，一度出现大而全的铺摊子现象，重支出轻管理，对资金缺乏科学的规划和预算管理。而在现阶段，缺乏对我国体育公共服务财政绩效进行科学评估，更未在实践中有效践行相关体育公共服务财政绩效评估。

第三章　体育公共服务改革现状研究

本章主要从体育公共服务改革的内外部动因以及体育公共服务改革的影响与实践问题等方面对体育公共服务改革现状进行分析和研究。

第一节　体育公共服务改革的内外部动因

为民众提供体育公共服务是我国建设服务型政府的民意取向和内在使命。本节将对体育公共服务改革的内外部动因进行研究。

一、体育公共服务改革的理论依据

新公共管理的理论基础是公共选择理论、交易费用理论、委托代理理论。新公共管理强调政府主要从“政策和战略层次上进行管理，具体的执行事务交给市场解决，改变传统上所有的公共产品都由政府直接提供的模式，主张签约合同等市场化方案，青睐于绩效评估、弹性的组织模式、人力资源开发等手段，形成了重视结果，以顾客为导向的管理理念”。

公民和社会的参与不仅能弥补政府公共服务提供的不足，而且对政府的公共服务提供起到监督和评价的作用；不仅提高了供给效率、满足了公众的多元化需求，而且为社会组织的发展与壮大提供了更广阔的空间，很好地诠释了服务型政府的理念。

二、体育公共服务模式的形成

从减轻政府的服务供给压力角度来看，目前体育公共服务的提供呈单一化。政府财政投入有限，不能满足公众的实际需求，引起公众不满；政策缺乏明确的服务对象，忽视实际效果，资源浪费严重，造成体育公共服务供给质量和效率低下。

从满足公众需求角度来看，随着人民群众对精神文化生活需求的不断增加，人们希望通过参加体育锻炼和各类体育活动提高自己的健康素质和生活质量。政府购买体育公共服务，为不同层次的居民赋予了更多的体育公共服务选择权，有助于增进社会福利、促进社会公平。

从适应市场化机制角度来看，通过引入市场竞争，利用市场调节，促使社会化体育公共服务供给者在服务创新、提供专业水平和竞争力等方面不断提高，推动民间体育组织和社团的成长壮大，为体育事业的长足发展奠定基础。

三、体育公共服务体系的内部动因

内部动因是体育公共服务发展内在需要引起的动机，是促使体育公共服务体系建设和完善的根本因素和动力来源。

（1）体育社会需求的多样化推动了体育改革。为了满足社会对体育的多方面需求，体育事业的发展目标应该是多方面、多层次的。体育需求是支配人们对体育改革的内在动力，也是制约社会体育发展的方向、规模、深度和速度的直接因素。

（2）体育事业规模的日益扩大要求进行体育改革。社会主义市场经济是自主型经济，体育不仅需要政府力量的一定投入，更主要的是寻求社会力量的支持，走社会化和产业发展的道路，以实现自身发展的需要。

四、体育公共服务体系的外部动因

外部动因是由于体育公共服务外部环境引发的诱因而产生的动机，往往不是体育公共服务的本身，而在体育公共服务体系建设之外。

（1）体育改革的经济动因。经济体制改革的目标模式决定了体育体制改革的目标模式。体育改革是整个社会改革的一个重要方面，但是起决定作用的是经济体制改革。经济体制改革为体育事业的改革提供了坚实的财力和物质保障。同样，人民生活水平的提高和改善，为参与体育活动而产生的体育消费奠定了物质基础。

（2）体育改革的政治动因。我国政治体制影响和决定着体育体制。政治体制改革的成果必将有利于我国体育改革的进一步深化。《体育法》的颁布标志着我国体育领域开始由“人治”向“法治”的转变，今后必将更好地促进体育事业的健康发展。

（3）体育改革的文化动因。社会价值观念和行为方式的变革促使了人们体育价值观念和行为方式的改变，公众对体育功能的认知已不仅仅局限于体育的生物功能，还延伸到体育的社会功能和美学欣赏功能。体育价值观也开始由单一向多级，由生物向社会和艺术过渡。

（4）体育改革的教育动因。体育蕴含育人思想，在这一点上，体育本身就是教育的一个方面或作为教育的本身而存在，可以说，体育和教育存在密不可分的内在联系。素质教育是以全面提高公民思想品德、科学文化和身体、心理、劳动技能，培育能力，发展个性为目的的教育，体育作为素质教育的重要构成不可或缺。体育事业的发展，离不开教育的背景，必然要对教育的发展提出更高的要求；反之，体育作为教育的题中之意，教育的改革与进步，也必将促进体育的变革与发展。

第二节　部分地区体育公共服务改革实践

体育公共服务已成为我国各地方政府创新公共服务职能的重要方法，既是新时期转变政府职能、建设服务型政府的重要举措，又是推动体育事业改革发展、创新体育治理方式的重要手段，也是丰富体育公共服务供给主体和供给方式的重要途径。

重视公共服务的变革与效率是当今世界范围内的一个普遍现象，亦与民生发展紧密相连，成为衡量一个国家或地区发展水平和政府效能的重要尺度。而强化体育公共服务业已成为政府的一项重要工作任务，也是体育行政部门职能转变的目标。但我国体育公共服务在实践中出现了诸多问题，导致竞技体育与全民健身发展的“马太效应”，饱受社会诟病。2008 年北京奥运会我国历史性地获得奥运金牌第一，但 2009 年世界卫生组织公布了 192 个成员国关于居民健康寿命的预测及排名顺序，中国仅列 81 位，与发达国家差距很大，除了医疗、环境等方面的问题之外，全民健身与体育公共服务的效益也是问题所在。为此，我国出台了诸多文件、政策，数次将“构建群众体育服务体系、提供基本体育公共服务的责任”与“满足人民群众多方面体育需求、提高全民族身体素质和生活质量”等民生和全民健身事业紧密联系，2014 年 10 月，全面健身活动正式上升为国家战略，鸿鹄之志跃然纸上。

本节首先从江苏省和江西省体育公共服务现状及对策进行研究，之后以江西省高校体育公共服务和江西省农村体育公共服务改革实践为例进行深入研究，最后对其他地方体育公共服务实践进行探索。

一、江西省体育公共服务现状及对策研究

长期以来，我国形成并实行高度集中的以“举国体制”为主要模式的体育管理体制。随着体育事业的发展，人们对体育的需求不断提高，资金的短缺和相对不完善的管理体制亟待改善。为此，体育公共服务如何科学合理地利用社会和市场资源，就成了时下必须解决的重要问题。

（一）江西省体育公共服务的现状及问题

1. 江西省体育公共服务现状

一是江西省体育经费的投入现状。通过查阅相关文献资料，截至 2014 年，江西省为了满足社会公众对体育健身日益多元化的需求，全省共投入资金 16231.1 万元用于建设村级农民体育健身工程、乡镇级体育健身工程以及全民健身活动中心等项目。

二是江西省体育组织管理。通过调查发现，由于 20 世纪 90 年代末进行

的机构改革，江西省现有的体育组织管理机构中，将县以下的体育部门与教育部门和文化部门合并于教育系统，弱化了县级以下的体育部门管理职责和权限，县级以下行政机构中的体育管理部门基本不再存在，以至于体育公共服务的组织管理在县以下的基层多数情况下处于缺失的状态。

三是江西省体育健身指导。随着人们生活水平改善和物质生活水平的不断提高，体育逐渐成为人们生活中不可缺少的一项活动。而人们对健身指导的需求，催生了社会体育指导员的孕育产生。为此，现阶段江西省每年会定期组织培养各级各类公益性社会体育指导员，而被培养的人员涉及在校大学生、教师、社区工作者等。

四是江西省体育活动开展的服务供给。体育活动开展的服务供给主要包括举办各种类型和级别的体育赛事、体育展示及体育表演活动，定期开展国民体质监测活动等。比如，目前江西省会定期对国民体质进行的监测，就是采用分层随机抽样调查的方式进行的。

2. 江西省体育公共服务开展中面临的问题

一是体育公共服务供给主体较为单一。调查发现，江西省体育公共服务的供给主体主要是各级政府组织和体育行政部门，绝大多数各级民间体育组织或是政府直属事业单位，或采取挂靠在政府机构的方式存在，独立的“主体”资格缺失。

二是体育公共服务供给主体的职责定位不清。政府作为体育公共服务供给最重要的主体，其在体育公共服务中职责定位不清，主要表现为职能的“错位、失位和越位”。一旦政府在体育公共服务上出现“错位、失位、越位”，不仅会成为社会资本进入体育公共服务领域的障碍，也会进一步造成体育公共服务“主体”与“客体”的错乱。

三是体育公共服务供给的决策机制不健全。现阶段江西省体育公共服务的供给主要实行自上而下的供给决策机制，缺乏自下而上的反馈，带有很强的行政指令性。导致政府提供的体育公共服务存在一定的盲目性，政府提供什么样的体育公共服务，群众就消费什么样的体育公共服务，与群众多样化的体育需求往往不在一个轨道，目的性和有效性欠缺。

四是缺乏体育公共服务供给的专业人才。人才作为社会发展的重要生产力，对于事业的作用性毋庸讳言，而体育公共服务的专业人才就更是体育公共服务有效开展的重要支撑和动力源。但是，调查发现，江西省体育公共服务的专业人才相当缺乏，难以对体育公共服务的有效运行提供足够的支撑和动力。

（二）江西省体育公共服务发展的建议

体育公共服务需要在深入分析体育公共服务供给的基础上，在体育公共服务政策及供给的体制上，通过设计科学合理的制度，创造良好的投资环境，培育良好的体育氛围，吸引社会资本的进入。但是要真正吸引社会资本需要做好以下几点：

一是明确投资范围。根据服务的特征，体育公共服务划分为单纯体育公共服务与准体育公共服务。通过明确投资范围明确政府职责，最大限度地调动社会资本的积极性。在《江西省人民政府关于印发江西省全民健身实施计划（2016—2020年）的通知》中，明确提出加大资金投入与保障，建立多元化资金筹集机制，优化投融资引导政策，推动落实财税等各项优惠政策。

二是完善相关法律和法规、政策体系，消除正式制度层面的障碍。依据江西省的实际，出台合理有效的体育公共服务发展政策，合理区分政府、社会及企业的责任与义务，明晰责权利，推进和完善体育公共服务的制度建设。

三是建立监管体系，规范监督管理。通过设计合理的体育管理部门和各级政府的体育公共服务考核评价机制，采取管理机构内部的自我监督管理，增强权力运行过程的透明度。

二、江西省高校体育公共服务改革实践研究

昌东大学城是南昌高新区的人才培养基地，在昌东大学城中各高校推行高校体育公共服务已是必然趋势。如何响应共享经济的号召将昌东高校区的高校体育公共资源形成共享效应、如何利用昌东大学城高校的体育公共资源为社会提供服务等问题，已成为昌东地区体育、教育等部门考虑的重要议题。

以江西师范大学、南昌工程学院、江西外语外贸职业学院、江西工业职业技术学院、江西科技学院、江西制造职业技术学院、江西现代职业技术学院这7所高校为调查研究模板，从问题的现状到问题本源的分析，通过各种研究和调研实际出发，结合昌东大学城高校体育公共服务现状实际，借此找到适合促进昌东大学城高校体育公共服务的办法思路，以供借鉴。

（一）研究方法

对昌东大学城高校体育公共服务现状问题分析，需要结合昌东大学城中各高校的实际情况和南昌高新区政府的政策法规，了解昌东大学城附近体育公共服务，百姓的认知和接受情况。从而在高校区政府、各高校本身以及公共服务对象间找到合适的耦合方式，寻找问题的根源。

因此为了探寻这个问题，本人通过实地考察法、文献资料法和逻辑分析等相应调查研究方法，对昌东地区大学城高校体育公共服务现状问题，进行了较为深入的分析研究。

1. 文献资料法

借助了一些资料库，如：景德镇陶瓷大学图书馆、中国知网、万方数据库、维普数据库等相关资料库。对《社会学》《体育社会学》《经济学》《体育管理学》等相关领域的书籍进行查阅。将“体育公共服务”“高校体育公共服务”“高校体育服务”“公共服务”作为关键词检索相关的文献，搜集具有权威性的、新颖的、科学的理论和实践方面的研究，通过体育类的或与之相关的网站，搜集政府颁发的相关文件和报告，为此次昌东大学城高校体育公共服务现状的调查与分析获取充分的理论依据。

2. 实地考察法

为了能够获取更精确、准确的调研结果，我们在周详严密的构架下，直接深入昌东大学城中的各个高校内部，展开实地调查，对各个高校的体育设备资源、组织管理及对外开放等进行调查，以便更加全面、精确地了解和掌握江西师范大学 、南昌工程学院、江西外语外贸职业学院、江西工业职业技术学院、江西科技学院、江西制造职业学院、江西现代职业学院这 7 所高校的体育场馆的基本情况及其体育对外公共服务状况，为此次昌东大学城高校体育公共服务现状的调查与分析获取充分、真实、科学的数据。

3. 逻辑分析法

将通过实地考察及查阅文献资料获取的数据进行整理、分类、归纳，对查阅文献获取的资料和实地考察时获取的数据运用演绎和推理的方法对昌东大学城高校体育公共服务现状存在的相关问题进行分析，并努力构建相应的运行机制。

（二）各高校体育公共服务分析

高校体育公共服务是高校履行公共服务职责的重要途径。高校以自身为主要指导，并利用自身现有的体育资源，借助自身具体的实施途径和自身一定的管理模式，以不影响学校的正常工作运转为前提，以为满足社会和公众的基本体育需求去提供体育产品和服务。

1. 昌东大学城中各高校体育场馆开放现状

通过走访调查了昌东大学城中江西师范大学、南昌工程学院、江西外语外贸职业学院、江西工业职业技术学院、江西科技学院、江西制造职业学院、江西现代职业学院七大高校。调查显示，没有一所高校体育场馆全部对外开放，所有高校基本处于半开放式的状态，有的场地全部对外开放，有的场地半开放，有的场地仅对校内学生开放或者不开放。其中：田径场、羽毛球场和网球场 7 所高校都对外开放，开放率为 100%；篮球场和乒乓球场在 7 所高校中除了江西外语外贸职业学院的室内篮球场仅于大型活动时开放和江西工业职业技术学院的室内乒乓球场仅于体育课时开放外其余 6 所学校均全部对外开放，开放率均为 86%；排球除了江西外语外贸职业学院仅于选修课时开放和江西现代职业学院针对所有人收费开放外，其余 5 所学校均对外开放，开放率为 71%；游泳池除了江西师范大学仅对公体学生开放和南昌工程学院于课时免费开放的半开放式和收费全开放式外，其余 5 所学校均还未建或在建中；舞（操）房除了江西制造职业学院免费对外开放外，其余 6 所学校均只对本校学生开放或仅于课间开放，对外开放率为 14%；跆拳道馆开放率约为 50% 左右，其中只有江西师范大学、南昌工程学院和江西科技学院免费对外开放，江西外语外贸职业学院、江西现代职业学院、江西制造职业学院仅对本校学生或社团开放，江西工业职业技术学院还未配备该场地设施；健身房免费开放率约 25%，总体开放率约为 57% 左右；其中，南昌工程学院免费对所有人开放，其余 6 所学校均收费式对外开放或者还未配备相关的场地设备。

（1）江西师范大学体育场馆及开放状况，如表 3–1 所示。

统计结果显示：江西师范大学体育场地资源配备较为充裕，各类体育项目基本都有相应的配套场地设施。球类程度最高，占总开放数的 60%，均免费对所有人群开放；其次是跆拳道馆和健身房，各占 10%；再次为游泳池和舞房，仅对内开放。

（2）南昌工程学院体育场馆及开放状况，如表 3–2 所示。

统计结果显示：南昌工程学院体育场地资源配备相对江西师范大学有所缺乏，但各类体育项目也基本都有相应的配套场地设施。田径场和球类程度最高，占总开放数的55%，均免费对所有人群开放，还有5%的开放率是网球场，处于半开放状态；其次是跆拳道馆和健身房，各占10%；再次为游泳池和舞房，仅对公体学生开放，相对江西师范大学的仅对本校学生开放又有一定程度上的减少。

（3）江西外语外贸职业学院体育场馆及开放状况，如表3-3所示。

统计结果显示：江西外语外贸职业学院的体育场地资源配备相对南昌工程学院有所缺乏，如：网球、游泳暂无相应配套的场馆设施。田径场和球类程度最高，占总开放数的50%，且均免费对外开放（室内篮球场地除外）；其次是健身房，占10%；再次为舞房、排球场和跆拳道馆，均为5%，相对南昌工程学院的仅对公体学生开放又有一定程度上的减少。

（4）江西工业职业技术学院体育场馆及其开放状况，如表3-4所示。

统计结果显示：江西工业职业技术学院的体育场地资源配备相对江西外语外贸职业学院有所缺乏，如：排球、游泳、羽毛球、跆拳道、健身就暂无相应配套的场馆设施，场馆设施配备率仅有50%。田径场、篮球场和网球场开放率最高，占总开放数的60%，且均免费对外开放；其次是操（舞）房，占25%；再次为乒乓球场，占15%。

（5）江西科技学院体育场馆及其开放状况，如表3-5所示。

统计结果显示：江西科技学院的体育场地资源配备相对江西工业职业技术学院有所充盈，如：除游泳池外，其他各类体育项目也基本都有相应的配套场地设施。球类程度最高，占总开放数的60%，且均免费对外开放；其次是跆拳道馆、武术馆和健身房，各占12.5%；再次为舞房，为7.5%，相对江西工业职业技术学院的仅对本校学生开放又有一定程度上的增加。

（6）江西制造职业学院体育场馆及其开放状况，如表3-6所示。

统计结果显示：江西制造职业学院的体育场地资源配备相对江西科技学院有所缺乏，如：排球、网球、游泳、健身这几类体育项目就暂未具有相应的配套场地设施。田径场、篮球场、羽毛球场、乒乓球场和舞房的开放程度最高，占总开放数的90%，且均免费对外开放；其次是跆拳道馆占10%；相对江西科技学院的对所有人免费开放又有一定程度上的减少。

（7）江西现代职业学院的体育场馆及其开放状况，如表3-7所示。

表 3-1　江西师范大学体育场馆及开放状况

场馆	田径场	篮球场	乒乓球场	羽毛球场	排球场	网球场	游泳池	操（舞）房	跆拳道馆	健身房	备注
场馆的量	室内：0 室外：2	室内：3 室外：多块	室内：多块 室外：0	室内外都有多块场地			室外：1 室内：0	室内：3 室外：0	室内：1 室外：0	室内：2 室外：0	还有一块室外的“风雨足球场”免费对所有人开放
开放状况	免费对所有人群开放						仅对公体学生开放		免费开放	收费开放	

表 3-2　南昌工程学院体育场馆及开放状况表

场馆	田径场	篮球场	羽毛球场	乒乓球场	排球场	网场球	游泳池	操（舞）房	跆拳道馆	健身房	备注
场馆的量	室内：0 室外：多块	室内：3 室外：多块	室内外都有多块场地				室内：0 室外：1	室内：3 室外：0	室内：1 室外：0	室内：2 室外：0	网球在白天对社会人员收费开放
开放状况	免费对所有人群开放						仅对公体学生开放		免费开放	收费开放	

表 3-3　江西外语外贸职业学院体育场馆及开放状况表

场馆	田径场	篮球场	羽毛球场	乒乓球场	网球场	游泳池	操（舞）房	排球场	跆拳道馆	健身房	备注
场馆数量	室外：1 室内：0	室内：多块 室外：多块	室内：0 室外：多块		室内：0 室外：0	室内：0 室外：0	室内：少量 室外：0	室内：少量 室外：0	室内：1 室外：0	室内：1 室外：0	无
开放状况	免费对所有人群开放 （除室内篮球场仅于大型活动时开放外）				无		仅于排练节目时开放	仅于选修课时开放		仅对本校学生开放	

表 3-4 江西工业职业技术学院体育场馆及开放状况表

场馆	田径场	篮球场	网球场	乒乓球场	操（舞）房	排球场	羽毛球场	游泳池	跆拳道馆	健身房	备注
场馆数量	室内：0 室外：1	室内：0 室外：多块	室内：0 室外：少量	室内：多块 室外：0	室内：少量 室外：0	无					无
开放状况	免费对所有人群开放			仅于体育课时开放	仅对本校学生开放	无					

表 3-5 江西科技学院体育场馆及开放状况表

场馆	田径场	篮球场	羽毛球场	乒乓球场	排球场	网球场	游泳池	操（舞）房	跆拳道馆	健身房	备注
场馆数量	室内：1 室外：1	室内：多块 室外：多块	室内：多块 室外：0	室外：多块 室内：0	室内：0 室外：少量		室内：0 室外：0	室内：少量 室外：0	室内：1 室外：0	室内：1 室外：0	还有一“武术馆”，收费对所有人开放
开放状况	免费对所有人群开放						无	仅于课间开放	免费开放	收费开放	

表 3-6 江西制造职业学院体育场馆及开放状况表

场馆	田径场	篮球场	羽毛球场	乒乓球场	操（舞）房	跆拳道馆	排球场	网球场	游泳池	健身房	备注
场馆数量	室外：1 室内：0	室内：0 室外：少量		室内：少量 室外：0		室内：1 室外：0	室内：0 室外：0				无
开放状况	免费对所有人群开放					仅对该社团成员开放	无				

表 3-7 江西现代职业学院体育场馆及开放状况表

场馆	田径场	篮球场	羽毛球场	乒乓球场	排球场	网球场	健身房	游泳池	跆拳道馆	操（舞）房	备注
场馆数量	室内：0 室外：1	室内：0 室外：多块			室内：0 室外：少量	室内：0 室外：0		室内：0 室外：1	室内：1 室外：0	室内：少量 室外：0	排球场地因被私人承包，所以采取“收费开放”政策
开放状况	免费对所有人群开放							在建中暂不开放	仅对该社团成员开放	仅于上课时开放	

统计结果显示：江西现代职业学院的体育场地资源配备相对江西制造职业学院有所充盈，如：除网球、健身外，其他各类体育项目也基本都有相应的配套场地设施。球类和田径场开放程度最高，占总开放数的 71%，且均免费对外开放；其次是舞房占 15%；再次为跆拳道馆，为 15% 的开放率，与江西制造职业学院一样，仅对该社团成员开放

2. 昌东大学城高校体育公共服务形式

（1）服务对象，主要具有年龄特征、性别特征、职业特征和学历特征这四类特征。按年龄特征将服务对象划分为儿童、少年、青少年、青年、中年、中老年这几类；按性别特征将服务对象划分为男和女两类；按职业特征将服务对象划分为农民工、个体经营户和上班族这几类；按学历特征将服务对象划分为小学、初中、高中、大学本科、硕士、博士这几类。

（2）服务时间，如表 3-8 所示。

表 3-8　昌东大学城高校体育场馆服务时间及对象

<table>
<tr><th>场馆</th><th>服务对象</th><th>服务时间</th></tr>
<tr><td>田径场</td><td>各类人群</td><td>对各类人群提供场地资源 24 小时免费使用的服务</td></tr>
<tr><td>篮球</td><td>儿童、少年、青少年、青年、男、上班族、中学、大学本科、硕士</td><td>对以上服务对象提供课余时间场地资源免费使用的服务</td></tr>
<tr><td>羽毛球</td><td>儿童、少年、青少年、青年、中年、中老年、男、女、上班族、中学、大学本科、硕士</td><td>对以上服务对象提供课余时间场地资源免费使用的服务</td></tr>
<tr><td>乒乓球</td><td>儿童、少年、青少年、青年、中年、中老年、男、上班族、小学、中学、大学本科、硕士</td><td>对以上服务对象提供课余时间场地资源免费使用的服务</td></tr>
<tr><td>排球</td><td>青少年、青年、男、上班族、大学本科、硕士</td><td>对以上服务对象提供课余时间场地资源免费使用的服务</td></tr>
<tr><td>网球</td><td>青少年、青年、男、女、个体经营户、上班族、大学本科、硕士</td><td>对以上服务对象提供课余时间场地资源免费使用的服务</td></tr>
<tr><td>健身房</td><td>青少年、青年、中年、男、女、个体经营户、上班族、大学本科、硕士</td><td>对以上服务对象提供课余时间场地资源免费使用的服务</td></tr>
<tr><td>游泳池</td><td>儿童、少年、青少年、青年、中年、男、女、个体经营户、上班族、小学、中学、大学本科、硕士、博士</td><td>对以上服务对象提供课余时间场地资源收费使用的服务</td></tr>
<tr><td>跆拳道馆</td><td colspan="2" rowspan="2">课余时间处于关闭状态，基本不参与体育公共服务</td></tr>
<tr><td>舞房</td></tr>
</table>

统计结果显示：按服务对象所划分的四类人群中，中老年、女性、个体经营户、农民工、小学、博士这几类人群参与昌东大学城体育公共服务的程度较低。尤其是农民工，基本没有参与体育公共服务。除田径场是各类人群参与体育公共服务的场地资源外，其余场地资源均只有部分人参与体育公共服务。除田径场提供场地资源 24 小时免费使用的服务外，其余场地资源基本仅于课余时间提供场地资源免费使用的服务。除跆拳道馆和舞房未参与服务外，其余场地资源均参与了体育公共服务，且服务内容均以场馆开放为主，健身指导服务及组织服务等暂未参与昌东大学城高校体育公共服务。

（3）昌东大学城高校体育公共服务的形式。昌东大学城中各高校体育场馆的开放形式各异，开放形式的选择需要根据各高校自身或各场馆的实际情况进行。将时间、地点、人物等作为开放形式选择关键因素，更有利于开放形式的科学、合理选择。昌东大学城中各高校体育场馆的开放形式主要有三种，分别是：有 / 无偿开放、校内 / 外人员区别开放和分时间段开放这三种形式。其中实行有 / 无偿开放形式，主要是介于体育场馆的建设和维护成本因素的考虑。实行分时间段开放，主要是为了能够使得体育场馆的开放更加有序安全地进行，避免因时间冲突等问题带来不必要的麻烦与影响，使得体育场馆的开放管理更科学、有序。昌东大学城各高校体育场馆面向社会开放时通常将这三种开放形式结合，不同的时间段，不同的场馆，针对不同的人群开放。

3. 南昌高新区居民体育需求分析

随着南昌高新区经济、体育和社会文化等各个方面的发展，以及科学技术的进步和人民生活小康的实现，使得南昌高新区的百姓开始品味、讲究生活，注重生活质量和生活健康，并对生活质量有了新的认识和追求，健康生活观念激发了居民对体育的需求。而体育需要与需求的概念是完全不同的，后者由经济性与非经济性两种形态构成，其发展不仅要以居民客观的购买欲为基础，更是受到了群众支付能力的约束。

（1）昌东大学城高校区高校大学生体育需求多样化分析。受南昌高新区社会发展因素的影响，使得当前昌东大学城高校的大学生对身心愉悦和情感交流的需求在不断地增强，生活观念、方式及对体育的认识、需求等发生了很大的变化。目前，体育的教育性功能已无法满足学生对体育的需求，他们开始更多地追求娱乐性及健身性，以使得自身的身心保持较理想的状态。为了满足他们的需求，昌东大学城的高校体育公共服务需要为其高校中的大学生提供丰富的、形式各异的活动项目，以便他们在满足自身体育需求上有更多的选择空间，真正做到体育公共服务服务于学生。另外，由于昌东大学城高校中的大学生拥有相对较为充裕的闲暇时间，可自主安排进行体育锻炼、活动，但由于学生自身经济因素的影响，使得学生们的体育产品购买能力十分有限，因此，建议各个高校以学生自身发展为主体尽可能多地向学生们提供免费的体育公共服务。

（2）昌东大学城中各高校教职工及其家属与校外群众的体育需求。昌东大学城中各高校教职工及其家属与校外群众的体育需求，并不是追求于体育器物，而是追求科学体育锻炼的功效，希望通过体育锻炼能满足自身身心愉悦、强健体魄的需求，因此强身健体才是昌东大学城中各高校教职工及其家属、校外群众真正而又迫切希望实现的体育需求。昌东大学城中各高校教职工及其家属、校外群众是具备一定的购买能力的人群，怎样才能在昌东大学城的高校范围内，科学地引导他们的体育需求，供给部分实行有偿式的体育服务方案，从而既可以提供服务，又可以增加高校体育公共服务的经费来源，是昌东大学城高校体育进行公共服务的供给者进行公共服务策划行为时需要考虑的重要问题。

4. 昌东大学城高校体育场馆资源公共服务困境

（1）场地设备损耗影响。昌东大学城高校体育资源公共服务导致体育场馆资源的使用频率增大，到访使用的人员数量会随着公共开放服务的开放度增加而增加。对于各高校的体育场馆资源的损坏、耗损的维护，关系到昌东大学城各高校体育公共服务的实行效率。这些破坏的设施和损耗，谁来维护是制约学校开放管理的主要因素。

（2）教学训练与公共服务冲突。高校的体育设施、场地首要用于满足教学和训练使用，由于每个高校学生规模不同，体育设施占有率也各不一样，造成场地设施的使用率也各不相同。各高校的体育开展状况也影响到对外提供体育公共服务的时间和效益，往往高校课外体育开展得越好，对外实际有效提供体育公共服务的效益就越低，高校体育第二课堂的开展更增添了与高校周围人群在场地使用上的冲突。与此同时，高校参加各级别的体育竞赛也是高校体育工作的重要内容和组成部分，体现了高校体育的发展质量高低，高校的场地与设施必须在满足本校训练之后才能为周围人群提供服务。在此情况下，一方面，高校提供、分享相应体育资源的意愿不足，另一方面，在满足教学、课外体育活动、训练与竞赛后，高校也难以提供实质、系统的体育公共服务。此外，外来人员的进入，在一定程度上引起学生与社会人员的矛盾，争抢斗殴之类的意外冲突事件时有发生，对于高校的管理提出了新的要求，高校开放体育场馆和设施的主动意愿更加受到影响。

（3）设备经费的影响。对外体育公共服务的提供，往往造成体育设施和场地使用的损耗增加，降低了场地和设施的使用年限，而大型体育场地和设施大都价值不菲，这样就无形之中增加了高校的运营成本，但各高校的体育维持经费基本上仅够维持本部门教学、训练使用。对于各高校而言，维修的费用作为额外的支出，使高校对免费提供场地和设施抱以消极的态度。可以说，经费和设备维修等方面的问题，从实际层面给高校体育资源公共服务带来了挑战。政府如何协调这些经费的来源，保障开放公共服务的有序进行，也成为影响开放公共资源的重要因素。

（4）管理体制缺陷。高校体育公共服务在昌东大学城的普及程度与政府及其相应管理部门的重视程度有关，开展推行情况亦是如此。通过调查发现，现今昌东大学城高校体育公共服务管理组织的管理结构长期一直沿用多年来固有的体制，基本未进行任何的改进或修改，导致其管理体制存在着诸多缺陷，影响了公共资源有效的运行。另外，各高校的管理层对其体育公共服务的理念尚未清晰明了地理解，各高校的相关领导及体育职能的管理部门将高校体育公共服务与体育公共服务的概念混淆，导致高校体育公共服务的管理出现漏洞。

（5）高校体育公共服务实施主体缺失。通过对昌东大学城高校体育公共服务现状的调查与分析了解到，昌东大学城高校体育公共服务实施的主体包括：各院系的体育部门、体育教学及其研究部门、学生体育社团、体育协会、俱乐部等。从研究与调查的结果反映来看：昌东大学城中大部分高校的体育公共服务实施主体是学校的体育主管部门，即各个高校内部的体育学院（系、部）。比如，江西师范大学高校体育公共服务主要由各院系的体育运动分会组织实施，南昌工程学院的高校体育公共服务的实施则主要由本校的体育部门和俱乐部去负责组织。对比经济、体育及教育发达地区的高校体育公共服务具有多个供应主体的格局，昌东大学城高校体育公共服务实施的主体均存在较大程度上的缺失（表3-9）。

表3-9　昌东大学城高校体育公共服务主体表

学校名称	实施主体
江西师范大学	各院系体育运动分会
南昌工程学院	学校体育主管部门
江西外语外贸职业学院	学校体育主管部门
江西工业职业技术学院	学校体育主管部门
江西科技学院	学校体育主管部门
江西制造职业学院	学校体育主管部门
江西现代职业学院	学校体育主管部门

（三）建议

高校体育公共资源服务，从目前调研结果来看，基本得到大家的共识认可。但要真正实现体育公共资源服务，打破区域局限和部门隔阂，实现经费管理充足，只有通过充分依靠政府力量和发挥市场力量及社会力量三种力量的共同结合，才能充分构建主体的多元化渠道，运用法治思想和方式方针，从而真正落实相关政策。

1. 健全法规制度

政府应从法律法规方面进一步规范和加强高校体育公共服务的相关政策，充分鼓励和支持高校体育公共场所资源的有效利用。有了这个指挥棒，才能对高校和服务对象行为方面，提出规范性的要求。这样不仅能够满足大众需求，解决资源分配问题，也可以在一定程度上给予一定财务支持和优惠政策，对于场馆的运营和管理，提供了更多的有利条件。同时政府可以适当鼓励社会企业力量加入其中，使管理运营更加制度化，为体育场馆盘活和赢利创造一定的有利条件，落实相关政策，为体育馆运转提供政策保障。

2. 联合经营

走联合经营的道路，是加大高校体育公共服务性能，体现社会担当意识，实现经济与运转的有效途径。高校体育公共服务受到制约的最大因素在于协调管理经费付出和管理维护的问题。在政府相关政策指引和规范条件下，实现高校和社会力量与政府相结合，走一条特色的联合经营之路，是高校体育实现公共服务的长久之策。在经营过程中，协调好企业经济和公益之间的矛盾关系，维护广大学生、公民大众的权益，是联合经营过程中必须妥善处理的问题。

3. 优化管理模式

南昌高新区政府需要组织引导昌东大学城的各高校建立一套科学的、完善的、高效运行的高校体育公共服务的组织管理体系，对昌东大学城各高校体育场馆资源的开发利用和可持续发展有着主导性的作用。各个高校体育馆必须制定符合本地区情况的对外开放制度和政策，既保障学校教学的正常运行，同时又能优化配置各个高校的体育公共服务资源，实现体育公共服务资源的合理利用。建立健全高校体育公共服务相关的管理规章制度，及与高校体育公共服务相关的合理合法的费用制度，使昌东大学城中各高校的管理工作处于一种良性的互动和发展态势。在一定程度上，各高校要肩负社会公共责任，能免费提供的资源，尽量提供社会服务，促进帮助更多的公民享受到体育锻炼的权利。

在管理层面，高校应适当引进先进管理理念，构建本区特色的体育场馆管理服务体系，为缓解周边民众体育运动场馆资源匮乏，提供一种有效的解决途径。

4. 经济与公益并行

对于开放体育场馆而言，势必造成各方面开放成本问题。适当的费用制度，是实现基本体育公共服务均等化的前提保障。但是处理好经济运行和社会公益之间的关系，是解决高校体育公共服务的关键问题之一。因此高校管理中，对体育场馆、设施的收费进行综合、有效的论证，适度地收取场地维护与管理费用，保障高校体育场馆、器材设施有效使用，既能充分保障体育场馆的正常运行，也可以有效合理配置资源，提高体育公共服务的实际效益。

三、江西省农村体育公共服务实践研究

“三农”工作是国家的重中之重，发展农民体育事业是“三农”工作的重要一环。我国农村体育总体上还比较薄弱，农民参与体育的意识和身体素质仍有待提高，农村文化体育建设仍有待大力加强。应该看到，因为收入低，生活条件苦，劳动强度大，卫生医疗条件差，中国农民人口数量最多，参加锻炼的人口却最少。在日益强调城乡统筹发展的今天，体育领域的“城乡差别”不应成为常态，这为农村体育产业化的发展提出现实的要求，带来潜在的经济效益，可以作为农村经济发展的推手。

体育可以作为城乡互动、村企联合的纽带。一些城市企业看中农村体育项目文化底蕴深厚，有广泛的群众基础，主动上门寻求合作，打造品牌体育队伍。在一些地方举行的农运会上，许多村级代表队的队员服装上都印着合作企业的标志。提高农民生活质量，繁荣农村文化，保证农民基本文化权益，满足农民体育文化需求，使农村体育与文艺、旅游、休闲等社会文化活动的结合更为紧密，消遣娱乐性特点更为突出。所以，农村体育的发展状况，可以在很大程度上反映出地方体育公共服务发展水平。

对江西省农村体育发展及体育公共服务有一个基本了解，研究主要采用文献资料法、访谈法、田野调查法、问卷调查法和数理统计等方法。以下主要就问卷调查的范围、实施作一简单的介绍：

（一）农村体育概念的界定

相关农村体育的基本概念主要体现于对“农村”“农村体育”“农民”“农民体育”及“村落体育”的认识上。对这些概念的厘清有助于明确研究对象和确定调查对象，避免研究出现的逻辑不清、研究结果自相矛盾或冲突的现象。

1. 关于村落及村落体育概念的界定

村落在我国是现实农村的主体，是人类社会生产和生活最主要的自然聚落，也是人类社会最早形成的社区形式，具有社区的社会关系和社会秩序，

是指在农业社会中由于地缘关系，把多个家庭及家族组合在一起，形成诸多具有一定规模的社会生活群体。村落的边缘清楚，是由固定的农业人群长期聚居和生活所组成的空间和社会单元。

村落体育是指在农村村落环境中以村民为主体，以健康、娱乐、休闲等为目的而进行的非生产性的身体锻炼活动，是农村体育的重要组成部分，其既属于社区活动概念，又具有文化层次的含义，在内涵与外延上十分广阔和深邃，既表现为各种现代体育活动，也包括各种传统体育活动。

2. 农村、农民及农村体育的界定

农村是以从事农业生产活动为基础的居民聚居地，是农民生产生活的载体和主要场所，是主要从事农业生产活动的社会生活区域内的社会文化生活及政治、经济的综合体。卢福营根据实证研究，以非农化的方式和水平为标准对农村进行了分类，将现阶段中国农村的村庄主要分为城村、镇村、工业村和农业村 4 类，其中，前三类村庄由非农因素占主导地位，统称为非农类型村庄。农业村即以农业为主，村民主要以农业为生的村庄，是更多传统意义上的农村社区。就我国的实际情况而言，“农村”主要包括镇、乡和村在内，村落是农村的基础和主体。

农民不仅包括村落里从事农业生产的人，而且也包括那些实际从事非农业生产，但具有农民身份，即未获取“城市户口”的人。那些“以农业为主要生计，以村庄为长期居住地的人群才能称为真正的‘农民’”。2008 年，中国农民体协本着有利于促进农民体育发展、提高农民身体素质的角度，调整了第六届农运会竞赛规则，增加了凡居住在乡镇以下的居民都可以参加农运会的规定，事实上就是认可了住在乡镇以下的人口具有农民的身份。农民是一种地域概念，主要是相对于城市居民，农民也是一种身份的表征，相比较工人、军人、知识分子等人群，主要是指源于并长期居住于农村，从事农业生产，具有农村户籍的村落社区居民，本研究中的农民主要指这一层次的含义。

从查阅的文献来看，农村体育的概念使用广泛而模糊，常以地域特点划分。农村体育多是指在大地域范畴内，在乡镇层面开展的一些具有现代气息的体育活动，卢元镇在地域、参与主体以及价值与目的性方面给予了操作性定义：是指在县及县以下广大农村开展，主要参加对象是农民，以增强体质、丰富社会文化生活、促进精神文明与物质文明建设为主要目的的群众性体育活动。体育大辞典将农村体育定义为“在农村开展的以健康、休闲、娱乐为目的的身体锻炼活动”。而曾理等人将农村体育定义为“在农村地理范围内，以农村人口为参与主体所开展的各项体育活动，包括在农村地区的少数民族体育”。由于关于农村体育理论研究的复杂性以及概念界定的必要性，张文静和田雨普给了农村地域的划分，指出农村存在广域、中域和狭域农村之分，在进行研究时应根据研究的实际需要对农村体育范围再次界定。

（二）江西省农村基本情况

江西省群山环抱，岗峦重叠，平原甚少，是典型的江南红壤丘陵区；在气候上属亚热带季风气候，境内光照充足，雨量充沛；环境上森林覆盖率达到 60.9%，河流密布，绿水环绕；共设南昌、九江、上饶、景德镇、萍乡、新余、鹰潭、赣州、宜春、吉安、抚州等 11 个设区市，11 个县级市，62 个县，27 个市辖区；全省共有 176370 个自然村，由于江西属于丘陵山区地貌，自然村通常比较小，有的自然村甚至只有十几户人家。

江西是农业大省，全省农村人口 3600 万人，约占总人口的 77%，基本地貌为“六山一水二分田，一分道路和庄园”；经济发展较为落后，自然村较小，体育在全国也处于落后地位；体育缺乏互动，体育项目较难展开；农民业余生活存在诸多不良风气。

（三）江西省农村体育发展现状

1. 调查对象基本情况

调查结果显示：农村居民中，男性居民有 272 人，占到调查总人数的 52.3%，女性有 248 人，占到 47.7%。

在对年龄分布方面，本问卷考虑到九年义务教育、婚育年龄、三十而立、中年打拼、为后代结婚做准备、抚育隔代后代、基本退出劳作以及江西省农村的实际，将年龄区间最小定为 15 ～ 18 岁，最大年龄段定位在 60 岁以上。各年龄区间如表 3-10 所示。

表 3-10 调查人群年龄分布表（*n*=520）

年龄段	人数	比例
15 ～ 18 岁	42	8.1%
19 ～ 22 岁	66	12.7%
23 ～ 30 岁	70	13.5%
31 ～ 40 岁	76	14.6%
41 ～ 50 岁	98	18.8%
51 ～ 60 岁	90	17.3%
60 岁以上	78	15.0%

分析认为，近年来由于国家政策的放开以及生产技术水平的提高，田间劳作的时间减少许多，外出打工的人数增加，留守农村青壮年劳力减少，造成调查时青壮年人数所占比例并不高。

学历反映了受教育的程度，在一定程度上也反映了与知识、与“外面世界”接触的程度，受教育的年限越长，与体育接轨的可能性也就越大。学历调查的情况如表 3-11 所示。

表 3-11 调查人群学历情况调查表（*n*=520）

学历	人数	比例
文盲	40	7.7%
小学	98	18.8%
初中	242	46.5%
高中	114	21.9%
高中以上	26	5.0%

2. 江西省农村地区群众闲暇时的生活方式

随着经济、社会的发展，生产方式出现了较大的改变，不再是“日出而耕日落而息”，田间劳作时间的减少，也带来了生活方式的变化，表现之一就是农村地区居民的空闲时间开始增多，这也为农村居民提供了参与体育的可能。

当前江西省农村居民在闲暇时间的活动未出现大的变化，体育仍然不是休闲时间活动的主要内容，对村民的调查数据显示，排在前四位的分别是坐街、串门、打麻将和看电视，分别占到 91.5%、86.7%、82.7% 和 80.4%。有意识参加体育锻炼活动的仅占到第六，仅有 32.34% 的选择比例，如表 3-12 所示。

表 3-12 江西省农村居民闲暇时的活动调查表（n=520）

内容	选择人数（人）	百分比
坐街	476	91.5%
串门	451	86.7%
麻将	430	82.7%
看电视	418	80.4%
打牌	360	69.2%
参加体育锻炼活动	168	32.3%
上网	90	17.3%
看书	28	5.4%

分析认为，由于地缘和血缘的关系，加上江西省作为经济发展落后地区以及地理位置的限制，使江西省农村地区村民在空闲时间的活动方式并未出现大的变化，这也与江西省的一些文化传统有极大的关系。比如，在部分地区根深蒂固的、多年来形成的麻将文化和牌文化很大程度地影响着村民的日常生活，这也使很多居民参与其中，甚至沉浸于赌博之中难以自拔，这些落后的生活方式与景德镇当地的文化传统有很大的关系。此外，由于江西省地处山区，地理和经济发展水平较低，制约了广大农村地区网络的普及，对调查数据的分析显示，选择上网作为闲暇生活方式的多为靠近市郊以及“城中村”的农村居民，主要是因为靠近市郊，交通便利，易于接触现代都市生活。

3. 农村体育管理现状

管理就是计划、组织、协调和控制，计划、组织和控制也是基本的管理中介方式，以实现绩效为目标。系统论认为，管理是一种他组织行为，是对自组织行为进行规范和引导，是各组分实现互动、系统效应产生的必需的行为方式。也就是说，管理是系统有效运行必不可少的条件。体育管理主体是体育管理实践中起主导和支配地位的组织或机构，体育管理在政府领导下涉及不同部门的工作，需要各个部门在各自职权范围内密切合作。

组织理论认为，组织是管理的载体，是管理得以进行的、具有结构性的实体。对乡镇的调查显示，近年来，只有 8 个乡镇、占 44.4% 比例的乡镇针对村民组织过体育活动，只有 5 个乡镇，占 27.8% 比例的乡镇出台过关于农村体育的政策、文件。随着农村机构改革，农村的发展侧重于经济，农村体育的发展实际上被边缘化，许多乡镇的文化体育站被取消或合并到其他部门，而文体中心在农村体育中的作用已经被研究所证实，是农村体育发展的正式政府组织，发挥管理功能，也是农村体育发展的载体，数据显示，只有 7 个乡镇，占 38.9% 的乡镇还存在着乡镇文体站。2008 年，在第六届农运会举办之际，中国农民体育协会秘书长王福来介绍说，目前全国 2/3 的县市建立了农民体协，2/3 的乡镇也建立了体育组织，农民体育组织网络正在逐步形成和完善，已覆盖了全国约 6 亿农民。但是，走访发现，目前在江西省农村社区农民的体育活动多是村民们的自主行为，缺乏有效的组织，依靠系统组织理论，系统在完全依靠自组织的情况下，缺少外在的他组织行为，容易导致系统熵的增加，使系统走向无序。造成这种情况的原因除了缺少文体站之外，还有体育协会组织不健全的原因，调查显示，只有 3 个乡镇，占 16.7% 的乡镇存在体育协会。走访发现，很多村民反映在村里不存在体育社团，即使存在社团，其自身的组织结构也不健全，甚至只是两三人之间的松散联系结构，其功能发挥也有限。

4. 对体育的认知情况

心理学和行为学理论已经指出，认知蕴含着对事物了解的过程和了解程度，而对事物认知水平的高低，制约着对事物的态度和兴趣，从而影响到行为的产生和发展。

（1）对农村体育相关活动的了解情况（见表 3-13）。信息是现代社会的一种重要的资源，信息需要畅通，同样农村和农村体育也需要信息畅通，农民需要了解农村体育的活动和文件，只有这样，他们才会觉得作为农民，并未被排斥在工业文明和城市文明之外，才会采取积极的生活方式。调查显示，农民对农村体育的了解程度相当匮乏，一方面说明政府缺乏对相关农村体育活动的宣传，另一方面也说明，农民对属于自己的农村体育关注程度不够，缺乏获取知识的主动性。

表 3-13　江西省农村居民了解相关农村体育活动情况调查表（*n*=520）

内容	选择人数（人）	百分比（%）
全民健身计划	78	15%
农民运动会	28	5.4%
农民体育健身工程	22	4.2%
2004 年农村体育年	2	0.4%

表3–13中数据显示，江西省村民对相关围绕农村体育开展的活动了解的程度非常低，全民健身计划已经开展了16年，了解全民健身计划的仅有78人，占总数的15%；我国是世界上唯一一个举办农民运动会的国家，体现了党和政府对农民体质、健康和文化生活的关心，迄今为止已举办了六届，但知晓“属于自己的运动会”的村民人数仅为28人，占总数的5.4%；2006年开始在全国实施的“农民体育健身工程”迄今已有5年，但对这个惠及农民民生的健身工程了解的人数也只有22人，仅占总数的4.2%；而对于国家体育总局将2004年命名为农村体育年村民知晓的更少，520人中仅有2名大学学历的人员知道，占总数的0.4%。

对江西省乡镇干部的进一步调查显示，乡镇干部作为主管农村发展和当地人民生产、生活的政府工作人员，也作为农村体育发展的直接管理者，对相关农村体育活动的了解情况同样不容乐观，除了在全面健身计划方面达到90%的比例之外，对于其他方面的了解并不能让人满意，甚至作为管理者，对《农村体育工作暂行规定》了解的仅占16.7%，对农村体育年了解的仅占6.7%（见表3–14）。

表3–14　江西省乡镇干部了解相关农村体育活动情况调查表（n=30）

内容	选择人数（人）	百分比（%）
全民健身计划	27	90%
农民运动会	18	60%
农民体育健身工程	15	50%
《农村体育工作暂行规定》	5	16.7%
2004年——农村体育年	2	6.7%

（2）对体育锻炼功能的认知。数据显示，不同年龄段和不同学历层次对体育锻炼功能的认知程度并不相同，年龄越大，对体育锻炼作用的认知程度越低，学历越高，认知越深（见表3–15、表3–16）。

表3–15　不同年龄段村民对体育锻炼功能认知情况调查表（n=520）

年龄段	强身健体（%）	愉悦身心（%）	沟通交流（%）	打发时间（%）	休闲娱乐（%）
15~18岁	42（100%）	30（71.4%）	34（81.0%）	31（73.8%）	18（42.9%）
19~22岁	66（100%）	52（78.8%）	53（80.3%）	47（71.2%）	42（63.7%）
23~30岁	70（100%）	57（81.4%）	48（68.6%）	42（60.0%）	48（68.6%）

续表

年龄段	强身健体（%）	愉悦身心（%）	沟通交流（%）	打发时间（%）	休闲娱乐（%）
31~40 岁	70（92.1%）	63（82.8%）	45（59.2%）	50（65.8%）	62（81.6%）
41~50 岁	90（91.8%）	58（59.2%）	54（55.1%）	67（68.4%）	34（34.7%）
51~60 岁	78（86.7%）	45（50%）	25（27.8%）	68（75.6%）	33（36.7%）
60 岁以上	52（66.7%）	21（26.9%）	23（29.5%）	65（83.3%）	18（23.1%）

不同年龄段除了对在“强身健体”这一方面的认知有较大的比例和趋同外，在其他方面的认知有较大的不同。从 18 岁以下年龄段到 31~40 岁这一年龄段的调查人群对“愉悦身心”认知较为趋同，分析认为这主要是因为青壮年人群都有过学校体育的经历，有过愉悦身心方面的感受，甚至感受过运动快感；随着年龄的增加，受教育的年限下降，对体育在心理方面的作用感知不深。在“沟通交流”方面，22 岁以下的人群处于青少年阶段，对于同龄人之间的交往和沟通需要较为强烈，接受现代体育的机会也较多，所以，选择的比例较高，访谈发现，随着年龄的增加，51 岁以上年龄段的人群沟通和交流的方式并不依靠体育。在“打发时间”方面，22 岁以下年龄段选择的比例较高，可能主要是因为目前青少年处于易感无聊、空虚的阶段，借着体育来消磨时间；60 岁以上的人群选择的比例最高，达到 83.3%，走访发现，这阶段的人群基本上退出田间劳作，忙碌一辈子的人根本闲不下来，借助体育活动来打发时间。在对“休闲娱乐”的认知方面，31~40 岁年龄段的人群选择的比例最高，达到 81.6%，主要是因为这一阶段处于心理成熟期和作为家庭的支柱，需要休闲，并主要通过休闲放松心情，获得心理的快乐。

表 3-16　不同学历村民对体育锻炼功能认知情况调查表（*n*=520）

学历	强身健体（%）	愉悦身心（%）	沟通交流（%）	打发时间（%）	休闲娱乐（%）
文盲	24（60%）	17（30%）	8（20%）	31（77.5%）	6（15%）
小学	68（69.4%）	52（53.1%）	43（43.9%）	70（71.4%）	34（34.7%）
初中	231（95.5%）	189（78.1%）	146（60.3%）	159（65.7%）	101（41.7%）
高中	114（100%）	108（94.7%）	93（81.6%）	49（43.0%）	59（51.8%）
高中以上	26（100%）	24（92.3%）	21（80.8%）	6（23.1%）	20（76.9%）

从不同学历对体育锻炼功能的认知情况来看，随着学历的提升，对体育锻炼功能的认知逐渐加深，同样在“强身健体”方面达到较大的认同，高中

以上学历的调查对象全部认可该项功能。“愉悦身心”“沟通交流”“休闲娱乐”方面，高中以上学历人选择人数同样高于其他类型人员。在“打发时间”方面，高中以上学历的选择比例明显低于高中以下的选择比例。说明高学历的人员对于体育锻炼的功能从个人的生理、心理以及社会交往方面进行了思考，认为体育并不是消磨时间和打发无聊。

此外，对“体育锻炼与劳动”的区别情况调查如表 3-17 所示。

表 3-17　不同学历村民对“体育锻炼与劳动”的区别情况调查表（*n*=520）

学历	有（%）	没有（%）	说不清（%）
文盲	2（5%）	16（40%）	22（55%）
小学	11（11.2%）	43（43.9%）	44（44.9%）
初中	98（40.5%）	64（26.4%）	80（33.1%）
高中	98（86.0%）	8（7.0%）	8（7.0%）
高中以上	26（100%）	0（0%）	0（0%）

从表 3-17 中可以看出，高学历对于体育锻炼和劳动的区别有较深的认知，高中以上学历全部认为二者之间存在区别，走访中发现，一些年纪较大的村民认为，在农村，劳动就是体育锻炼，其根本原因一是缺乏现代体育知识；二是年纪较大的村民经历过“大集体”时代的集体劳动，“大集体”时的工间操以及集体劳作时的休闲活动含有体育方面的内容，混淆了劳动与体育的深层含义。

（3）参与体育的态度。态度是个体对待外界对象较为稳固的，由认知、情感、行为意向三种成分构成的内在心理倾向，体现个人的看法和心理倾向。村民对体育参与态度的调查如表 3-18 所示。

表 3-18　村民对体育参与态度的调查表（*n*=520）

内容	选择人数（人）	百分比（%）
劳动就是体育锻炼	78	15.0%
体育是运动员的事情	86	16.5%
没生病就没有必要锻炼	102	19.6%
不喜欢体育锻炼	121	23.3%
喜欢参加体育锻炼	168	32.3%
锻炼是城市人的事情	203	39.0%

从表 3-18 中可以看出，“不喜欢体育锻炼”的有 121 人，占到 23.3%；认为“劳动就是体育锻炼”的占到 15%；认为“体育是运动员的事情”，自己参与不参与无所谓，与自己无关的有 86 人，占到 16.5%；认为“没生病就没有必要锻炼”的有 102 人，占到 19.6%，将锻炼看成是治病药方，对体育锻炼的功能认识不清；认为“锻炼是城里人的事情”的有203 人，占 39.0%，而“喜欢参加体育锻炼”的仅有 168 人，占到 32.3%。数据说明，村民对待体育锻炼的态度处于消极、被动状态，这种态度与农村居民对体育的低认知水平相关，影响着农村社区群众对体育的参与，制约着农村体育人口的增加。

5. 体育人口现状

体育人口是衡量一个国家和地区体育事业发展水平的重要指标之一，也是衡量体育大国和体育强国的标准，体育人口数量的增加，可以提高人口的素质，有利于促进经济社会发展以及物质文明和精神文明建设。当前，体育社会学、运动医学将体育人口的主要判定标准界定为：每周参加体育活动 3 次或 3 次以上、每次活动时间不少于 30 分钟、每次活动的强度为中等强度以上。

对村民每周锻炼次数的调查数据如表 3-19 所示。

表 3-19　村民每周锻炼频度调查表（n=520）

	0 次	1 ～ 2 次	3 ～ 4 次	4 次以上
人数	362	98	58	2
比例	69.6%	18.8%	11.2%	0.4%

每周锻炼 3 次以上的仅占 11.6%，每周锻炼次数明显不足，反映了农村居民锻炼习惯尚未养成。

对 158 名每周有锻炼经历的人群每次锻炼时间的调查数据如表 3-20 所示。

表 3-20　每周都锻炼的村民每次锻炼持续时间调查表（n=158）

	29 分钟以下	30 ～ 60 分钟	61 ～ 90 分钟	90 分钟以上
人数	43	74	38	3
比例	8.3%	14.2%	7.3%	0.6%

表 3-20 中的数据显示，每次锻炼时间在 30 ～ 60 分钟的人数有 74 人，占到调查总人数的 14.2%，61 ～ 90 分钟的人数有 38 人，占调查总人数的 7.3%，

90 分钟以上的人数只有 3 人，占调查总人数的 0.6%；通过累加，锻炼时间在 30 分钟以上的人群共有 115 人，占调查总人数的 22.1%。

由于村民的文化程度水平较低，对于锻炼强度的内涵并不能完全理解，为了避免问卷在该题项上失效和降低信度，本研究在问卷调查时采取用锻炼者在锻炼时的本体感觉来反映锻炼强度，根据运动医学相关理论，锻炼时感觉有些累，但锻炼后有舒适感的强度即为中等运动强度。每周都锻炼的村民每次锻炼的强度调查数据如表 3-21 所示。

表 3-21　每周都锻炼的村民每次锻炼的强度调查表（*n*=158）

	很累	比较累	有点累，但锻炼后有舒适感	比较轻松	很轻松
人数	3	30	52	45	28
比例	0.6%	5.8%	10%	8.7%	5.4%

表 3-21 中的数据显示，达到中等运动强度的人数总和为 85 人，占到调查总人数的 16.4%。

从调查数据来看，仅从单一数据并不能准确地定量统计出农村体育人口的情况，只能将每周锻炼频度、每次锻炼时间和每次锻炼强度综合起来考虑，才能准确统计出体育人口的数量。通过对问卷调查数据的详细调查，在每周锻炼3次以上的60名村民中，再次以每次锻炼时间和每次锻炼强度进行衡量，结果显示，只有 48 名村民完全符合体育人口的标准，占总调查人数的 9.2%。

值得注意的是，由于农村及农村体育的特殊性和本土性，完全用现代体育来衡量农村体育并不适合，通过走访发现，在农村还存在着下象棋、军旗、五子棋以及钓鱼等活动，而村民们认为这些活动并不需要付出很大体力，平时完全当作消遣和娱乐，所以，从农村的实际出发，体育人口的数量应稍大于 9.2% 的比例。

6. 农村体育场地设施情况

体育场地设施是开展体育运动的必要条件和基础保障之一，在广大农村开展体育锻炼，虽然许多传统项目简单易行，受场地制约少，但是，依然要求具有良好的场地设施。近年来，随着“农民健身工程”和“雪炭工程”的实施，在农村兴建了许多篮球场、乒乓球台等运动场地和设施。走访中了解到，相较于 30 年前，村里没有任何体育设施，村民天天下地劳动，就等于天天有体育锻炼，把“劳动当体育”，现在体育场地设施的增加，一定程度上改变了部分村民的生活方式，把“体育当劳动”，反映了村民们生活的变迁。

2011 年省体育局投入 2000 多万元在全省范围内建设全民健身路径、乡镇农民体育健身工程和行政村农民体育健身工程，乡镇农民体育健身工程和行政村农民体育健身工程已列入市政府民生工程内容，但调查的结果显示，不同的地级市对农村体育的重视程度不同，体育设施的建设良莠不齐。

萍乡自 2005 年以来，共在全市建设了 54 条农民体育健身路径、41 个农民体育健身工程和一条乒乓球长廊，安装健身器材 500 多件。2007 年，全市 152 个行政（自然）村得到了体育健身设施建设的重点扶植，近三分之一的行政（自然）村拥有了自己的健身路径，2010 年来，农村体育健身设施基础得到了进一步的大力夯实。鹰潭市在“十一五”体育发展规划中统筹规划农村体育设施建设，使全市 60% 以上的乡镇具有体育公共设施，50% 的农村行政村建有健身站（点）。抚州为了促进《全民健身计划》的落实，2011 年上半年重点加强全民健身设施建设，继续在广大农村地区实施了一批“农民体育健身工程”，全市共上报 65 个，其中自建点 11 个，同时，还上报乡镇农民体育健身工程 4 个；东乡、宜黄等县（区）体育部门还积极配合社会主义新农村建设，按照省里的要求，报建了一批农民体育健身工程。但是，通过对景德镇市体育局走访进一步了解到，当前全市 298 个行政自然村，只有不到 90 个村以及各乡镇驻地村庄搞了“农村全民健身工程”，多数的村庄体育设施仍然比较缺乏，不能满足农村居民锻炼的需求，需要进一步扩大体育下乡和兴建体育设施的行动。

7. 农村居民参与体育活动情况

（1）参加体育锻炼的人口特征。通过对每周有锻炼经历的 158 名村民的人口分析来看，在参与人口的年龄段上，江西省参加体育锻炼的主体主要集中于 22 岁以下人群和 51 岁以上人群，分别占到 44.6%；在学历层次上，参与人口主要分布在初中和高中两个年龄段，与整个调查人群的学历情况基本相符，其中，参加体育锻炼的初中学历有 75 人，占到 47.5%，高中及高中以上学历有 71 人，占到 44.9%（见表 3-22）；在性别上，主要是男性为主，占到 142 人，女性仅有 12 人，女性实际参与体育锻炼的人口严重少于男性，分析认为，可能与江西省地区女性承担主要的家务劳动、缺少适合女性参与体育锻炼的项目和场地设施有关。

表 3-22 村民参与体育锻炼的人口分布特征表（*n*=158）

年龄段	人数	比例	学历	人数	比例
15～18 岁	23	14.6%	文盲	1	0.6%
19～22 岁	49	31.0%	小学	11	7.0%
23～30 岁	11	7.0%	初中	75	47.5%
31～40 岁	6	3.8%	高中	59	37.3%
41～50 岁	10	6.3%	高中以上	12	7.6%
51～60 岁	39	24.7%			
60 岁以上	20	12.7%			

（2）参加体育锻炼的动机。动机是人们指向某一目标的，激发或抑制某个行为的愿望或意向，是推动从事某种活动的心理动因。随着社会的变迁发展，农民的观念也出现了很大变化，当下流行于中国农村地区的口号“先要有健康，才能奔小康”说明，体育不仅是促进和保证身体健康的一种手段，更是一种积极向上的生活方式，奔小康路上的农民有理由、有愿望与丰富多彩的体育结缘。对 158 名每周参与锻炼的村民在参与动机的数据分析显示（见表 3-23），随着农村生产和生活方式的改变，村民们也越来越意识到身体健康和心理健康的重要性，意识到身体锻炼对健康的重要性，数据显示，选择“促进身体健康”的比例达到 100%，愉悦身心达到 90.5%；但是，选择“体育已成为个人生活方式”的仅有 52 人，占到 32.9%，说明体育锻炼即使对于参与锻炼的人群来讲，也未作为每天生活中不可或缺的“规定动作”和固定习惯，体育需求的增长并未内化为个人的锻炼行为，行为和目的性也未完全统一。

表 3-23 村民参与体育活动动机调查表（*n*=158）

内容	选择人数（人）	百分比（%）
体育已成为个人生活方式	52	32.9%
追求形体健美	69	43.7%
丰富生活	78	49.4%
社会交往需要	87	55.1%
消遣娱乐	98	62.0%
愉悦身心	143	90.5%
促进身体健康	158	100%

（3）参与体育活动的时间。江西省农村居民进行体育锻炼的时间多在清晨和下午 5 点左右。在清晨进行体育锻炼，比较符合农村居民早起的生活习惯，他们认为农村的早晨空气清新，环境幽静，适合锻炼；在下午进行锻炼，主要是因为天气的影响，江西省冬季较短，夏季较长，气温高，空气湿度较大，在 5 点钟左右进行锻炼可以避免太阳的暴晒，这个时间段也是人的一天生理的高潮期，适合进行体育锻炼等体力劳动。此外，在这两个时间段锻炼身体，也是由于白天主要时间需要从事田间劳作。

在对 158 名每周参与锻炼的村民的进一步分析发现，江西省农村居民参与体育锻炼的主要时段是传统节日和农闲时间，自主锻炼的比较少，主要是养成锻炼习惯的村民，而农忙时节受到收割庄稼的影响，基本上很少有村民进行体育锻炼。村民参与体育锻炼的时段调查数据如表 3–24 所示。

表 3–24　村民参与体育锻炼的时段调查表（n=158）

	农闲时间	农忙时间	传统节日	自在，不受限制
人数	152	50	148	69
比例	96.2%	31.6%	93.7%	43.7%

江西省地区非常注重节日庆典，每逢这些特殊时期总举行许多民俗活动，比如端午节的划龙舟，这时的江河两岸总是挤满了民众，为自己的龙舟队加油助威，岸上的彩旗和河里的龙舟交相辉映；重阳的登高活动同样开展得有声有色；在新春佳节，村民们从各村庄赶往乡镇所在地的集市，参加具有农业生产特色的体育活动，比如斗牛、斗羊等。但是，调查也发现，春节期间参加体育活动的人口增加的同时，参与赌博等不良活动的人口也增加，其原因主要是经过一年的忙碌，在春节期间村民们有较多的闲暇时间；此外，春节期间外出打工人员返乡，使春节期间人口数量增加。一方面，具有体育锻炼习惯或对体育锻炼有兴趣的村民参与体育活动；另一方面，受当地村落风气的影响，同时也抱着小赌怡情的心态，村民参加赌博的人数也在增加；再者，由于农村的自然地理环境、体育组织的不完善以及多数村民个人尚未达到“体育锻炼成瘾”而不能产生传带效应，参加体育活动的村民常常仅限于具有锻炼习惯的少数人群。

（4）参加体育锻炼的场所。锻炼场所一方面反映锻炼者的爱好和从事锻炼项目的特征，另一方面也反映出体育健身设施的配套情况。通过对 158 名每周参与锻炼村民的问卷分析发现（见表3–25），排在前四位的是村边大路、自家庭院、附近的学校和村边的田间地头，分别占到43.7%、39.2%、36.7%和29.7%。选择收费的运动场所和政府建设的健身活动场所较少。主要原因：一是村民对健身场所要求不高，所选择的活动项目往往简便易行；二是因为政府投资建设的健身场所数量不足，且距离较远；三是村民不认可花钱锻炼的行为方式，健身消费行为尚未养成，调查发现，这些收费场所主要是台球室；四是学校相对较好的运动场地和完备的运动器材，为进行体育锻炼提供了场地的保障。

表3–25　村民体育锻炼场所调查表（*n*=158）

场所	选择人数（人）	百分比（%）
收费运动场所	12	7.6%
政府建设的篮球场等运动场所	15	9.5%
政府建设的健身路径	24	15.2%
湖泊、河流边	42	26.6%
村边的田间地头	47	29.7%
附近的学校	58	36.7%
自家庭院	62	39.2%
村边大路	69	43.7%

（5）参加体育锻炼的项目。通过对158名经常参加体育锻炼的农村居民调查的数据分析显示（见表3–26），排在前五位的依次是慢跑和长走、乒羽、自由活动、篮球、游泳，分别占到39.2%、36.7%、29.7%、29.7%、29.1%。主要是因为这些项目在江西地区相对不受场地条件的制约，江西地区夏季时间较长，气候炎热，河流纵横，河水清澈干净，为游泳提供了便利。

表3–26　村民体育锻炼项目调查表（*n*=158）

项目	选择人数（人）	百分比（%）
慢跑、长走	62	39.2%
乒乓球、羽毛球	58	36.7%
自由活动	47	29.7%
篮球	47	29.7%
游泳	46	29.1%
健身器材	28	17.7%

续表

项目	选择人数（人）	百分比（%）
武术	22	13.9%
爬山	20	12.7%
龙舟	19	12.0%
旱冰	18	11.4%
跳绳	17	10.8%
棋类（围棋、象棋、军旗等）	17	10.8%
跳舞	16	10.1%
台球	14	8.9%
钓鱼	12	7.6%
踩高跷	12	7.6%
扭秧歌	11	7.0%
舞龙舞狮	8	5.1%

江西省许多曾经深受欢迎和广为流传的传统体育项目已经消失，分析认为，这些传统体育项目的消失与经济社会变迁引起的农村分化、发展有关。由于生产技术的变革，农业基本不再采取传统的手工收割的方式，机械化工艺使传统农业生产方式发生了变革，许多产生于农业生产的传统体育项目难有生存空间；城乡二元体制、城市的扩张以及农村向城市劳动力的输入造成农村周边的环境发生变化，农村人口也产生分化，“农民工”一个基本解释就是具有工人工作性质的农民，人口流动加快的亦工亦民造成许多传统体育项目不再植根于现代农民；经济的发展使农村生活水平提高，更易于接触外界，生长于“本土农村”的原生态体育受到外来的现代体育的侵蚀而逐渐退出历史舞台。

对 158 名每周参与锻炼的村民的调查问卷进一步分析发现，农村居民对传统体育项目具有比较深厚的感情，认为许多传统的体育项目甚至包括已经在农村地区消失的传统体育项目仍然有生存的空间和存在的价值。调查结果如表 3-27 所示。

表 3-27　村民对传统体育调查表（n=158）

	生存空间			生存价值		
	有	不清楚	没有	有	不清楚	没有
人数	82	48	28	108	32	18
比例	51.9%	30.4%	17.7%	68.4%	20.3%	11.4%

认为传统体育项目仍然有生存空间和生存价值的分别有 82 人和 108 人，占每周参与锻炼的 158 名村民的 51.9% 和 68.4%。分析认为，原因主要有：一是村民对生于斯长于斯、相伴农业生产和农村生活而衍生的农村传统体育有着特殊的感情。二是农村仍然存在着部分传统体育项目，如舞龙舞狮、划龙舟、划旱船等项目，此外，从农村传统体育项目中衍生出来的儿童游戏深受农村少年儿童的喜爱。三是许多农村体育项目具有民俗性特征，这与村民注重节日、注重农村风俗的风气息息相关。四是跳出乡土体育的圈子，就农运会举办的模式和项目设定的规则而言，农运会举办的目的就是出于提高农民体育锻炼的积极性，促成良好生活方式的养成；挖掘农村体育的文化价值和体育文化遗产，发挥传统体育的功能和魅力，设置的项目也越来越突出农村特点和农民特色。在 2008 年举办的第六届农民运动会上，设置了稻田抓鱼、水车抗旱、荷塘采莲、抢在暴风雨前、推媳妇回娘家等 6 个紧扣农耕、农情、农趣，集技巧性与趣味性于一体的比赛项目，就实际效果而言，也的确引起了学者、地方政府对集文化和民俗特征于一体的传统农村体育项目的重视。

8. 参与体育锻炼的形式

不同的体育锻炼项目对体育组织形式有不同的要求，但是，体育活动的组织形式对开展体育运动的效果是非常重要的。对 158 名每周参与锻炼村民的问卷进一步分析发现，村民们主要参与体育锻炼的形式是独自锻炼的个体行为以及与亲朋、邻居一起锻炼的小群体行为，占到 89.9% 和 69%；参加乡镇、村体育协会组织的活动和参加乡镇和村行政部门组织的体育活动比例非常少，仅占到 26% 和 17.8%（见表 3-28）。

表 3-28　村民参与体育锻炼形式调查表（n=158）

	独自锻炼	与亲朋、邻居一起锻炼	乡镇、村体育协会组织的活动	乡镇和村行政部门组织的体育活动
人数	142	98	41	28
比例	89.9%	69.0%	26.0%	17.8%

江西省农村地区很少有体育协会组织，也很少有乡镇存在文体站或文体中心，组织结构的缺失，造成对农村体育管理的缺位和失位，农民参与体育锻炼不可避免地受到负面的影响；在地方政府的发展政策及战略中，经济始终处于中心地位，农村体育被潜意识地边缘化，使得集体性的有组织的体育活动在农村越来越少见，有的地方在逢年过节的固定节目——打篮球、赛龙舟也被取消。对乡镇干部的调查显示，只有 8 个乡镇，占 44.4% 比例的乡镇组织过体育活动，而且组织体育活动的时间多在传统节日，应和了对村民调查的结果。

（四）农村体育开展中存在的问题

1. 江西省农村地区体育人口少

体育人口是群众体育发展水平的主要指标之一。专家预计，到 2020 年，我国体育人口将接近 50%，从江西省农村地区的实际而言，仅有 48 名合乎体育人口标准的农村居民，仅占调查人群的 9.2%，距离 50% 的目标相距遥远，严重制约了江西省农村体育乃至农村社会的协调发展。此外，参与体育锻炼的人群中，以青少年和中老年为主，青壮年人数偏少，这种哑铃型的人口结构在人力资源上不足以支撑江西省农村体育的发展。

2. 组织化程度低

目前江西省农村体育的发展组织缺失，组织化水平处于低位发展，调查结果显示，多数乡镇缺乏文体站或文体中心。由于经济发展水平滞后，政府对体育协会缺乏资金供给，在市场条件下，体育协会面临经费紧张和生存困境，在这种背景下，体育协会的功能发生偏离，重心转向拓展经济渠道和维持生存，对农村体育的发展同样管理不到位。体育社团在体育的发展中作用巨大，但在农村地区，尤其像在江西省这样的经济、体育发展水平低的地区，体育社团仅是形式上存在，不能发挥实际的组织管理效用。政府作为宏观管理的部门，多年来的重心放于经济建设上，加上城乡二元体制给农村体育带来的影响，市、县、乡镇、村级政府机构给予农村体育发展的“注意力”资源明显低于经济和城市体育。目前农村中存在的体育组织一种是依靠在某方面有建树的“精英”人物所领导，这样一方面会造成“人治”局面，缺乏有效合理的制度保障；另一方面也容易造成个人依赖，一旦精英无力、无心顾及体育，这种体育组织常会随即解散；一种是靠对体育的共同爱好以及彼此间的良好关系而成立的组织，组织成员相互间缺乏约束力，组织结构并不稳定。由于组织功能的缺乏，对体育宣传的不到位，使农村居民对相关组织的了解程度有限，甚至一无所知，难以得到农民群体的认可，村民难以产生归属感，使管理组织和村民之间缺乏有效的联系和沟通。这些方面的原因导致农村体育管理存在错位、失位并存的现象，严重制约着农村体育的发展水平。

3. 村民对体育的认知水平低

心理学和行为学理论认为，低认知水平导致行为的偏离和无效。江西省农村村民对体育的认知程度不高，导致对体育参与意识和参与水平较低。随着科学发展观在全国的理论践行，人本理念深入人心，对于体育，越来越多的人将逐步树立起健康第一的观念，日益看重体育的健身功能、文化消遣和娱乐功能；应明确体育不仅仅是消磨时间的手段，更重要的是身心两方面的发展；需要知道劳动不是体育活动，也等同于体育；村民对体育的关注度不够，缺乏主动了解农村体育和农民体育的信息、政策；对体育的态度消极、被动，认为体育与己无关的村民大有人在，体育需求增长不明显，参与体育的动机水平低，距体育成为日常生活方式相距甚远。

4. 现代体育衡量农村体育发展的非适性

农村体育的发展，需要了解农村，走进农村，站在农村发展的角度考虑。在当前江西省农村体育开展过程中，在理念上习惯用城市体育、现代体育的视角和标准衡量农村体育的发展模式，并在实际工作开展中成为惯性思维。与经济社会发展中城乡二元结构造成的深层次矛盾突出的问题一样，中国体育的发展也同样存在着城乡差别。

在资源的投入上，用于农村体育的体育公共资源严重偏少，与城市体育投入不平衡，尽管农村人口在数量上占绝大多数，但在体育资源上却仅占有很少一部分，成为弱势群体。以现代体育的视角审视农村体育，政府相关部门容易产生农村体育极度落后而不愿意加大投入，管理者的偏好造成经济、社会和体育发展越好的地区投入越多，相对落后地区的资源更加贫乏，社会学上的“马太效应”制约了农村体育的发展。

在农民健身工程的建设和使用上，体育管理部门的施政思想和农村实际离得较远，过于模式化，单一地套用城市体育发展模式。在以“体育健身设施、体育健身指导和体育科普知识”下乡为主要内容的“体育三下乡”活动中，过于偏重于现代体育项目的供给，健身场所和健身设施也围绕现代体育项目和城市的健身路径来建设，忽视了服务对象的现实水平，很多农民没有参与过该项目活动的经历，对项目的认识非常浅，也无兴趣，因而就造成实际参与的可能性变小，推广的可行性降低，健身设施利用率低，甚至不少健身设施已被当地村民另作他用，同时，由于过于强调现代体育项目的普及和推广，挤压了传统体育项目发展的空间。数据显示，在体育锻炼项目中，传统体育项目选择比例排名靠后，但现代体育项目也处于尴尬境地，表现在虽然选择的比例较大，却并未完全占据优势地位，说明现代体育项目并不能脱离农村实际进行推广。

（五）江西省乡土特色的民俗体育——以高安斗牛、上湖灯彩、鹰潭农村品牌建设为例

1. 江西省的传统体育

江西体育的历史源远流长。早在远古时期，江西这块丰腴的土壤上就萌动着体育的萌芽。从万年县仙人洞遗址出土的石斧、石刀、石铲、石锛，到清江县、德安县出土的春秋战国时期的青铜剑、青铜矛，从东汉顺帝年间（126-144)的张道陵开创的养生、修身、炼丹等气功修炼和衍生的各种内功，到安义县长埠乡出土的迄今为止我国发现最早的宋代铜象棋，以及描绘龙舟竞渡的“冲波突出人齐譀，跃浪争先鸟退飞”的优美诗文，无不佐证了江西体育悠久的历史。

江西省具有自身独有的地貌特征以及由此衍生的文化，农村体育发展自然受此影响，在社会、文化的变迁中随着江西省社会经济的发展而变化，但是，农村的传统体育具有民俗性和文化兼容的特点，具有地方的“草根”特点；而农村的传统体育亦具有从生产、生活以及祭祀、祈福等宗教活动中衍生而来的特点，所以，其带有自身的文化性。

江西省目前在部分农村地区尚存在的流传较为久远的项目有：登山活动、（端午节）赛龙舟、舞龙舞狮、踏拔船、健身走、太极拳和太极剑、斗牛、拔河、江西傩文化、踩高跷、跳竹竿、打叮当、顶牛、游泳、稻头站、打陀螺、拉乌龟、水面抛石、鹰潭的车仿灯、马灯舞等，但是，也有一些具有民间特色的项目消失，如以前在农村地区深受欢迎的体育项目：草笠顶、舂米操、爬竹竿、抖空竹、打狗归坡、跳娘、打花棍、钱铃双刀、钱串、摔跤、拗把、穿藤圈、抵肩、攀藤花等。其原因是社会变迁的结果，随着社会经济文化的发展，农村体育也随之嬗变。一方面许多农村体育从生产、生活中衍生，经济的发展和生活水平的提高使劳作方式、生活方式大为改变；另一方面也是现代体育对传统体育的冲击，加上青少年对传统文化的排斥和现代体育的欣赏，使很多体育项目发展受到桎梏；此外，缺乏有组织的挖掘和保护，致使民间原生态体育受到伤害。

2. 江西省以农民为主题的运动会

江西省为了促进群众体育活动的开展，于1985年采取与其他部门合办的方式来鼓励社会、集体、个人办体育，农民体育活动与省农牧渔业厅合作，经费双方分担，举行了全省农民运动会，之后参与了每一届的全国农民运动会。

为庆祝新中国成立60周年，落实党的十七届三中全会提出的“大力发展农村体育事业，积极开展农民健身活动”的精神，江西省农业厅、省体育局、江西人民广播电台和省农民体育协会于2009年3月份联合启动了国庆60周年江西省全民健身活动“百乡千村”农民趣味运动会，全省先后有500余个乡镇开展了规模较大的农村体育健身活动，共有11个乡镇被授予“最佳组织奖”、26个乡镇被授予“优秀组织奖”，不仅推进了农村全民健身活动，更丰富了农民的业余生活。

3. 农村体育发展的案例分析

（1）鹰潭市重视农村体育并打造特色品牌。鹰潭市在“十二五”体育事业发展规划中明确提出，农村乡镇应建立社会体育指导站（中心），加强以乡镇为重点的农村体育工作，把开展全民健身活动纳入乡镇工作的重要内容。建立和完善各级农民体协组织，形成以乡镇为龙头、村委会为基础、农民体协为纽带的组织网络，统筹规划农村体育设施建设，使全市60%以上的乡镇具有体育公共设施，90%的农村乡镇建有体育组织，50%的农村行政村建有健身站（点）。

为了更好地促进农村体育的发展，鹰潭市相关部门更新了农村体育发展的理念，强化了地方特色与原生态农村体育的结合，积极培育体育市场，拓宽体育经营渠道，创新体育产业发展机制，打造品牌建设。积极探索实践体育休闲产业与龙虎山旅游相结合工作，打造特色旅游项目。利用龙虎山的地理资源优势，开展登山、漂流、攀岩等特色旅游项目，既为体育市场丰富了内容，也为旅游市场拓展了空间。在鹰潭各地农村，丰富多彩的文体活动遍地开花，以形式多样的文体活动为载体，以先进的文化为社会主导，用和谐的文化背景提高人们的文化素质，影响着广大农民的精神状态、思维习惯、行为方式。

为使农村文化体育建设不再“虚设”，拥有实实在在的“抓手”和载体。鹰潭市把农村文化体育建设纳入各级党委和政府的重要议事日程，把农村文化体育工作列入创建文化先进县（市）、乡镇和创建文明城市、文明村镇等相关评价体系；纳入经济和社会发展规划、财政支出预算和扶贫攻坚计划、干部晋升考核指标，确保农村文化体育建设各项目标任务的实现；建立健全基层文化单位的评价机制，将服务农村、服务农民情况作为文化体育单位工作的重要考核内容，推动农村文化体育建设的法制化、规范化、制度化。打造“一乡一品”，充分挖掘农村特色文化潜力，即使在鹰潭一个城市，不同的区域，也有着不同的历史遗存和文化土壤，具有不同的文化特色。在推进鹰潭农村文化发展繁荣的进程中，鹰潭市紧紧依托民族民间文化资源，充分把握自己的文化体系特征，培育自己的特色文化品牌，充分挖掘历史文化资源，大力发展具有民族和地方特色的先进文化，打造“一乡一品”特色文化，农村文体活动得到不断丰富和发展。

目前来看，农民参与体育的积极性得到了很快的提高，村民们自娱自乐，在娱乐身心的同时，锻炼了自己的身体。而今，在鹰潭各地农村，腰鼓队、秧歌队、龙灯队、舞狮队……随处都能看到村民们的身影。湖塘村委会湖塘村小组的罗汉灯有较高的表演水平和观赏性，集文化、健身、表演于一体，提高了村民的赏美情趣，丰富了村民的业余文化生活，通过农村体育的开展，强化了农村体育在建设新农村和和谐农村中的作用。

（2）高安以斗牛促进产业发展与乡土草根文化建设的互动。

一是高安斗牛的缘起。高安市祥符镇土城村的斗牛迄今已有300多年历史，每年的农历五月十五，被定为斗牛节。自古流传下来的斗牛会，让高安市祥符镇及周围地区的群众从中获得无限乐趣，历史久远的斗牛文化营造了健康、乐观、向上的进取精神。由于其源于当地农田多依靠牛耕作，村民与牛结下深厚情感，村民以斗牛的方式表达对丰收的喜悦，慢慢形成传统保留下来；此外，斗牛也源于当地民间节日庆典"吃新节"的民间娱乐性民俗活动，使斗牛成为一种民间习俗而传承下来。

所谓"吃新"就是当地农民以祭神拜祖的方式来品尝食用新鲜农作物，通过人神共享劳动果实来祈求风调雨顺、五谷丰登。土城斗牛体现了一种富有地方乡土特色的传统"草根"文化和节庆文化。高安民间流行"吃新节"的习俗自古有之。据《高安县志》记载，乡人选辛酉或巳酉日吃新，新鲜饭菜先盛饭三盅，上插稻穗，烧香鸣爆，供神敬祖。"吃新节"的寓意有两层，一是庆贺新鲜农产品可以供人们食用，二是祈求风调雨顺，新生作物获取丰收。"吃新节"活动的内容主要有朝菩萨、吃新菜和斗牛。斗牛作为"吃新节"中最热闹、最刺激的活动而备受当地老百姓的青睐。

据土城村的老人讲述，过去在斗牛之前，人们都要到土城村的"万里庵"朝拜，将带来的供品和稻穗供在菩萨前，祈求风调雨顺和五谷丰登。那个时候土城村的"吃新节"要闹上三天三夜，一到晚上，各家各户就会把自家的门板卸下来，到庙前搭个戏台，让请来的戏班子演出"端节戏"。土城的"万里庵"在"文革"时被当作"四旧"拆除，但古庙遗址至今仍存。

二是高安斗牛产业化发展。高安市作为有名的"黄牛之乡"，素以"高安黄牛"闻名全国，当地农民几乎家家户户都养黄牛，这种黄牛与其他地域的黄牛相比，骨骼粗大，躯体紧凑而后躯丰满，既是农田里干活的好手，又可作为肉牛，肉质鲜美。高安市的土城村以及相邻的几个村子，养黄牛成为村民们的主要收入，最少的每家养了7头黄牛，多的有几十甚至上百头。

斗牛让当地年产值一个多亿的产业更加红火。在比赛中夺冠的牛就成为当年的"牛王"。"牛王"的主人除了获得荣誉外，还会得到很大的经济收益，慧眼识牛不仅能带来威望，还能在商家和村民中造成影响。如今，在农历五月十五这一天，一走进高安祥符镇塔前土城村，就会看到这个小山村像集市一样热闹非凡。除了当地的群众外，四面八方的宾客也不约而同地来到这里。斗牛场上人山人海，欢声雷动，几十头编了号的牛牯一一出场亮相，接着便按抓阄顺序进行角逐，胜负决出后，胜者（牛）披红挂彩，主人荣誉受奖，斗牛结束后，斗牛场又成了牛市，人们可以在这里挑选称心的牛，既能作为耕牛，又能为来年斗牛做准备，这时是“牛精”“牛伢人”大显身手的时候，他们对牛知识的渊博和深厚使他们大受欢迎，这一天他们的“牛经”为他们赚取了财富和赢得了地位。

高安市政府为了扩大当地养牛产业的知名度，将传统的民间斗牛节，由政府参与，激励农民的养牛热情，推广当地的牛产业品牌，2009 年的第 210 届斗牛节由高安市祥符镇政府组织举办。

三是高安斗牛积极因素与不足。斗牛有不少值得肯定和提倡的因素。首先，增进邻近村民的友谊。农民为了生活和发展每天劳碌和奔波，很少有与外人共同举办友好活动的机会，村落之间缺少应有的沟通和联系，每年通过斗牛比赛可以促进村落之间甚至邻县之间的联系、互动，推进社会的和谐发展。其次，活跃农村文化生活。随着农村物质生活水平的逐渐提高，农民的文化需求也在不断地增长，在目前尚不能及时满足农民文化需求的条件下，农民能自发地传承和兴办地方群众性文化体育活动，对丰富农民文化生活和促进农村文体事业发展，乃至对不良生活习气、不良生活方式、生活态度的改善，促进新农村建设都有着积极健康的意义。再次，可以拉动地方经济增长。作为一个地处偏僻的小山村，既缺乏资源优势，又缺乏工业契机，亦没有传统优势经济发展惯性，但这项远近闻名的斗牛给当地农民带来了巨大的商机和生机。近年来，不仅是当地的养牛业取得了较快的发展，整个高安的黄牛产业都得到了壮大和发展，每一次斗牛活动通过各级媒体宣传，高安的肉牛产业都会增加一份荣耀的光环，跨越一级丰收、上升发展的台阶。

不足方面：虽然有着广阔的农村文化空间和较大的经济增长潜力，但在生存发展的道路上并不平坦。其一，活动范围狭小，斗牛活动所吸引的客人越来越多，但是参赛的“选手”主要来自附近的村庄，“选手”不是很多，主要是因为活动场所的地理位置比较偏僻，活动条件有所限制，外地的“选手”交通运输存在诸多不便。其二，组织力量薄弱，高安斗牛能够恢复发展到今天，主要是得到了当地各级政府的支持和帮助，还没有得到社会力量的广泛帮扶，一旦行政支持停止，这项活动就可能再度停歇。其三，活动项目单一。古代高安斗牛之所以气氛浓烈，人气旺盛，是因为古代斗牛置身于一种深厚的文化氛围，斗牛是活动的形式，根深蒂固的节日习俗和宗教信仰才是活动的内涵。

四是高安斗牛的保护措施。为了保护、传承土城斗牛这项传统娱乐活动，地方政府已采取了一系列措施：第一，加大帮扶投入，为了办好一年一度的斗牛活动，祥符镇人民政府和有关部门协同当地的行政村每年都会投入一定的人力物力，让当地的老百姓开心地度过一个自己的传统节日。第二，制定保护政策，高安市人民政府于2006年将土城斗牛列为第一批高安市非物质文化遗产保护名录。第三，加大宣传力度。每年的斗牛活动，地方政府都会邀请各级媒体前来报道，有力地宣传了这一传统文化项目，扩大了其对外影响。

（3）高安上湖灯彩集健身、娱乐、竞技于一身。上湖灯彩是高安市上湖乡在民间自古流传下来的以纸扎灯为道具而载歌载舞的一种传统表演艺术，是扎根民间土壤中的一支艺术之花。高安上湖乡自古歌舞昌盛、灯彩盛行。据明正德《瑞州府志》记载，宋三刘先生故居祠堂，酒礼邑人、歌舞盛事，高安灯节自十一至十五止，张灯门屏街市，伴以笙鼓，小儿则擎莲花鱼龙诸样灯游戏。

高安灯彩种类繁多，有龙灯，狮子灯、跑马灯、蚌壳灯、插茶灯、采莲船、板凳龙灯。茶灯和板凳龙灯载歌载舞，其他灯彩只舞不唱。有的灯彩有人物、有故事。据上湖老人讲述，民国初期，高安灰埠、上湖、独城等乡村出现了一批玩灯彩的佼佼者，他们由春节玩灯发展到庆贺玩灯，每逢节日、庙会或喜庆日便常有人组织玩灯。新中国成立后，由于高安组建高安采茶剧团和乡镇地方剧团，这些玩灯彩的高手多数成为剧团的演员，许多乡镇的灯彩便停止以至消失。

上湖灯彩是一支能够把灯彩这项民间艺术持之以恒地传承下来的主力军。上湖灯彩主要集中于塘南村和丁家村一带，灯彩艺人每到一地就将写有“闹花府”三字的彩扎牌楼作为背景。演出前，先由小生所扮的萝卜相公坐于牌楼下，口吟“风调雨顺，国泰民安”之类的颂词作为开场白，首场演出一般是茶灯，由8个女孩手持茶灯边舞边唱，每唱完一段便摆出一个字，与现代体育运动中大型运动会的文艺表演极为类似，汇聚了艺术元素，四段唱完，便摆出“天下太平”四个字，体现了百姓对美好生活的向往和积极生活的态度；蚌壳灯流传很广，由两人共舞，蚌为女旦，翁为男丑，渔翁为取蚌珠被蚌夹头、夹臂、夹臀，配以各种肢体动作，挣扎扭摆，妙趣横生。板凳龙灯表演滑稽搞笑，所谓板凳龙，就是在一个类似板凳的三脚架上放置一条纸扎的泥鳅龙，三脚架的板凳能上下左右转动，表演时两个小旦在前，一个小丑在后，三人同时高举舞动，身穿红衣红裤的萝卜相公则拿把扇子在前后左右跳跃、穿插。龙灯表演阵容强大，鞭炮和锣鼓齐鸣，村里出龙之后，龙灯表演还要挨家进户，访问同族，受邀外演，接着就是各种灯彩表演，这种热闹非凡的灯彩表演把民间热闹的气氛推向了高潮。

上湖灯彩作为一项经久不衰的民间传统表演艺术，本身具有独特的社会价值和艺术价值，首先，是贴近民众，上湖灯彩喜庆热闹，雅俗共赏，为广大群众所喜爱，表演动作简单朴实，男女老少都能上场。其次，贴近生活，灯彩的内容有故事情节，主题健康，有的表现民间生产劳作，有的表现男女爱情，反映了人民群众对美好生活的向往与追求。再次，具有较高的艺术价值，灯彩的表演形式，载歌载舞，滑稽可笑，演员的动作于不经意间体现出滑稽性，灯彩的伴奏音乐优美动听，让人回味无穷；茶灯歌，婉转缠绵，如泣如诉；蚌壳灯的伴奏曲牌《打蚌壳》旋律明快；板凳龙灯的伴奏曲牌《开茶园》和《十二月花》则高亢而悠扬。

高安采茶戏表演形式和伴奏音乐就是起源于这些古老而质朴的民间灯彩，上湖灯彩还有一个重要的价值，就是在农村潜藏着巨大的文化反哺魅力。灯彩的产生，有着物质繁荣的深厚土壤，随着社会的发展，人们为了追求更高的物质水平，淡化了身边的传统文化。当前，随着农村物质生活水平的不断提高，文化需求潜能巨大，像上湖灯彩这种既贴近群众，又能为群众带来快乐的民间艺术，群众当然喜欢欣赏和参与。

目前，上湖灯彩也濒临消亡境地，主要原因有：一是表演活动很少进行，新中国成立初期表演频繁，“文革”期间完全停演，改革开放后，地方群众文艺再次活跃了一阵，但在后来又趋于沉寂。因为一到春节乡镇领导为了地方用火安全和秩序安全，就要下文明令禁止农村灯彩等活动；二是表演队伍青黄不接。随着市场经济的发展，农村村民外出务工数量增加，除了外出学习、外出务工之外，留守在乡村的剩余劳力不多，能够有热情、有技艺参加灯彩表演的大都是原来老的灯彩艺人，新的灯彩队伍不能建立起来；三是表演市场萎缩。传统的项目生存空间受到现代体育项目的挤压，年轻人对传统具有一种抵制和排斥心理，认为现代体育更为接近生活和时代，也更吻合发展的趋向。随着平面媒体尤其是电视、网络等立体媒体越来越多地出现在农村，年轻人对现代体育的认同感也更加统一和深化。

许多民间传统体育项目的历史文化价值不言而喻，反映了社会发展的变迁，同时，自身的健身价值也不言而喻，甚至蕴含的商业价值、经济价值也非常高，其走出乡村在被外界所认知，被现代体育所交融，甚至被世界所感受、认同，被外界所认知的同时，也传承着中华民族的文化，让世界更好地了解中国农村的变迁，了解中国。为了保护和传承宝贵的民间传统体育项目，地方政府和各相关部门应站在社会、经济和文化发展的高度看待这一问题，同时，也要站到民众健康、精神文化生活和科学发展的角度重视民间传统体育的挖掘、保护和传承。

为了保护上湖灯彩这一非物质文化遗产，地方政府采取了一些行之有效的措施，一是整理编书，将各传统运动项目的历史渊源、价值、表演动作、规则等做出详细的文字说明和绘图说明。二是引导扶持，地方体育部门会同文化部门、宣传部门对民间体育活动提供指导和帮助，提供外界的助力，使民间体育活动逐步脱离完全的“自组织”状态，使民间体育活动能够系统有序地发展。第三，加大经费投入，为上湖灯彩的开展提供财力支持和保障。

（5）景德镇陶瓷文化：农村体育发展的民俗象征和内在要求。景德镇作为瓷都，瓷文化历史悠久，并与生产、生活、历史、风景、宗教等联系在一起，同样，瓷文化也与体育活动紧密联系，许多瓷器都源自传统和现代体育项目、体育场馆和体育用品。走访发现，在景德镇农村地区，尤其是在许多民窑附近的村落，仍保存着一些用陶瓷制作的民间体育项目，如：踩高跷、瓷弹弓、瓷陀螺、舞龙舞狮、竞龙舟等民间传统体育项目。尤其在南北朝就已成为风俗的竞龙舟，是吴越人民为凭吊屈原而采取的图腾祭祀活动，与吴越相邻的江西同样重视祭祀活动，许多瓷器上或描、或贴、或刻画龙舟竞技的图画，甚至直接以龙舟式样制作陶瓷。而景德镇许多地方摆设的民间制陶艺人铜像，其裸露的臂膀肌肉遒劲，力道十足，给人以肌肉的美感。同样，陶瓷艺术也与现代体育相结合，制作了许多源自现代体育的瓷器作品，如鸟巢、水立方、陶瓷（国际、中国）象棋、掷铁饼像、体育名人像等。

（六）江西省农村体育特征

1. 传统文化与民俗共存的符号现象

在地理、气候、生产、生活、文化传统等自然条件和社会因素的综合影响下，各地形成了在特殊自然、人文社会环境下的具有地方特色的体育文化，而体育文化作为亚文化，受经济、社会、宗教、风俗等因素的影响。

很多体育活动既源自民俗，又表现有民俗的特征，作为艺术、健身、娱乐、宗教、文化、生产的一种综合载体而呈现，其来自民间，生存的土壤是农村，因此保留了一些特定的“尚真”传统，富含生活符号。在萌芽阶段，农村传统体育吸收了艺术、健身、娱乐、宗教、文化和生产等元素的不少营养，同时，在潜移默化中也给予其他活动以相应的元素细胞；很多民间体育项目同时又是文化、习俗、信仰发展和传承的工具和媒介。可以说民间的民俗体育是传统文化与民俗共存的符号。

符号学的创始人、瑞士语言学家索绪尔曾经说过：“人类的天赋在于构造语言，这种天赋在于更为普遍的驾驭符号。”民间传统体育作为一种文化、宗教等多元素的综合形式，其本身就蕴含着特殊民俗符号群。舞龙狮、划龙船、斗牛、踩高跷、打秋千、跑旱船、踢毽子、上湖灯彩等展示的是民族体育的文化特质，反映的是江西人民的生产方式，体现的是赣文化地区人们对生活的认识和理解。

2. 组织松散、形式单一：多方力量难以在农村体育发展上形成合力

江西省农村居民虽然参加体育锻炼的形式多样，但是，主要是独自锻炼和与亲朋好友一起锻炼两种方式，参加相关政府机构、体育协会、体育社团组织的活动则比例很低，同时，政府机构、体育协会、体育社团组织的体育活动也非常少，主要是在节庆日举办的体育活动，但无非也就是龙舟以及打篮球等有限的体育活动。

一方面由于农民长期受小农思想约束以及传统观念影响，缺乏一定的组织性和纪律性；另一方由于在农村正式组织结构缺乏、功能不完善，职能不健全，同时，非正式组织缺少管理和发展农村体育的经验，组织成员自身素质较低，难以发挥优秀人员的传帮带作用，再加上组织活动少，组织之间、组织成员之间、成员与成员之间关系复杂，缺少联系的纽带，农村的体育组

织也就难免会出现松散性，难以使众多村民自觉地、合理组织起来开展体育健身活动，从系统角度来说，组织的松散性容易造成系统结构的混乱和功能的欠缺。

3. 政府隐身：农村体育无序发展的致因

我国作为社会主义市场经济国家，政府在各项事业发展上的主导地位和主导作用毋庸置疑。走访发现，江西省各级政府对农村体育的发展重视和投入相对不足，难以支撑江西省农村体育的有序发展，这说明，江西省相关部门缺乏对江西省农村体育发展的足够重视，缺乏到农村中去调研、统计的实践，数据并不能完全反映出农村体育发展的现实。在农村体育发展经费投入上，30 名乡镇管理人员全部认为对农村体育投入的经费不足，究其原因，主要是由于政府财政投入的不足、筹资渠道有限，更深层次的原因，一是政府部门在发展理念上的偏失。农村体育未被放到与“三农问题”相比较重要的位置。二是工作重心偏失。体现于经济建设压倒一切；体育发展战略上重视竞技体育和城市体育，群众体育和农村体育被弱化；三是农村体育发展中重视小城镇体育的投入和发展，弱化作为农村主体的村落体育发展。

此外，江西省市相关管理部门在管理职能上的失位和越位。失位主要体现在政府未对农村体育进行有效的政策宣传；政策性制度保障提供不足；经费提供不足；对农民健身工程后续管理不到位等。越位主要体现在农村体育发展的模式上强行统一模式，忽视了各地农村具有的不同特色、农村居民的生活方式和对传统所具有的感情。

系统理论认为，系统一旦失去了来自外界的有效的他组织，由于缺乏有效的组织和控制，系统会导致无序，而政府的主导行为正是农村体育发展系统的他组织力量，所以，江西农村体育的发展离不开政府的推手，尤其离不开政府对推动农村体育公共服务的重视、组织。

4. 现代体育与传统农村体育相脱节：农村体育发展的实际表征

近年来受“现代化”“城市化”浪潮的冲击，古老、多样、质朴的中国民间体育面临着边缘化——逐渐萎缩甚至消逝的危险。短短几十年间，一些代代相传、遍及城乡、曾经伴随许多中国人成长的民族民间体育活动，已经很难觅见其踪迹了，这种情形在江西省同样存在着。江西省是南方气候，农作物主要是稻子，一年两季，村民的体育活动时间也具有节气性的特点。由于包产到户和土地家庭联产承包责任制已实行多年，客观上减少了“集体”活动时间，许多在“大集体”年代农忙季节盛行的、由田间生产和劳作派生的体育活动走向衰落，很多与生产劳动紧密联系的农村体育项目已经消失，比如集体劳作时颇受村民欢迎、并能鼓励村民劳动积极性的“割稻接力”“挑筐竞赛”已踪影难觅。再如由生产劳动产生的“水轴车”，诞生于打猎活动的“铁弹弓”，产生于农业生产、具有竞技特点的“持风车赛跑”，儿童游戏“抽水筒”（也叫“竹水枪”）现在也在逐渐消失。

可以说，在江西省农村体育的发展中，存在着现代体育与传统体育相互竞争和相互依赖的现象，即，农村传统体育与现代体育相互之间并不完全是冲突和影响，传统和现代之间也相互包含，是竞生性和共生性并存。当前江西省市农村体育发展中出现的传统体育消失的原因，主要就是因为忽视了两者之间的共生性，过于强调竞生性而成为二元矛盾，而多用具竞技性特点的现代体育、城市体育标准来发展以民俗性体育活动为主、不以技术和高强度为标准、规则简单的农村体育，就会出现“农村无体育”，导致农村体育逐渐仅具有现代体育的一元性，不再具有多样化、多元性，实际上在制约农村体育的发展。

（七）影响江西省市农村体育开展的因素

事业的发展受到许多因素的制约，了解、分析制约江西省农村体育发展的因素，有利于促进江西省农村体育的发展。

对村民（520 份有效问卷）和乡镇管理者（30 份有效问卷）的问卷调查数据显示，影响江西省农村体育发展的因素排在前四的分别是政府主导作用未能体现，占到 83.8%；缺乏有效的组织，占到 76%；村民缺乏健身理念，占到 72.5%；体育经费投入不足，占到 70.4%（见表 3–29）。

表 3–29 村民、管理者对影响农村体育发展因素的认知调查表（n=550）

项目	选择人数（人）	百分比（%）
政府主导作用未能体现	461	83.8%
缺乏有效的组织	418	76%
村民缺乏健身理念	399	72.5%

续表

项目	选择人数（人）	百分比（%）
体育经费投入不足	387	70.4%
体育健身的场地、设施不足	367	66.7%
人口流动	349	63.4%
农村传统体育项目的流失	330	60%
经济发展落后	272	49.5

1. 政府作用未能体现

长期以来，我国民众尤其是农村居民对政府形成了信任和依赖。体育作为一项文化事业有助于精神文明和物质文明的建设，随着物质文化生活水平的提高，农民也逐渐意识到身体健康的重要性，体育健身意识逐渐加强，而政府作为公共产品的供给者，理应向农村和农民提供体育公共产品等服务，并加强对农村体育的组织和管理。但调查显示：江西省农村地区并未形成体育组织管理网络；缺少足够的宣传；相关农村体育发展方面的政策、文件偏少，政策性资源提供不足；缺少对农民健身的指导，对乡镇管理人员的调查显示，各乡镇均无专业体育健身指导员，有的将地方体育教师作为健身指导员并将名单上报体育部门，而多数体育教师竟然毫不知情，也未参加过健身指导员培训。政府在农村体育发展方面的推手作用不明显，甚至是不作为，任其自由发展，可以说，政府作用下降是江西省农村体育发展无序、未能体现效益的重要因素。

2. 缺乏有效的组织

当前，农村组织建设已提到了从根本上解决农村问题、保护农民权益的高度。目前，农村体育组织效用不高的原因主要有：第一，存在农民文化程度低，组织水平不高，难以形成群体力量；一些社团组织因建设不完善，难以为成员和农村居民提供有效服务。第二，农民体育组织运行机制不健全。体现于各级体育组织分工不明和缺乏合作，规范性不强；各级体育组织信息不对称，制约了组织管理职能的发挥；由于受地方权力的制约，各级体育组织倾向于行政化，脱离了农民生活的圈子。

3. 缺乏健身理念

由于农民的文化水平低，对体育功能和作用的认知水平不高；长期从事农业生产以及农村地理位置的制约，使农村相对比较封闭，村民缺乏对包括体育健身知识在内的科学信息的了解；农民长期从事体力劳作，潜意识地认为劳动相当于体育活动。江西省村民对健身理念的缺乏，体现于对体育锻炼的认知程度低；日常闲暇方式仍然以传统的串门、聊天等活动为主，参与锻炼的人数少，体育人口有限；体育参与动机未内化为自身健身行为，可以说，健身距离成为农民日常生活的“常态”尚有相当远的路程要走。但健身成为生活中的“常态”既是我国体育强国建设的本身要求，也是全民健身推动的必然部分；既是多年来我国体育发展成果在民生上的良好践行，也是民众作为自然人和社会人对美好生活质量的向往和行动，是伴随我国社会经济的发展而产生的内在需求。

4. 体育经费投入不足

经费是一项事业发展的经济保障。长期以来，国家是对体育事业投入的主体，而农村体育由于发展的滞后，农村体育实现产业化的可能性还很低，所以，农村体育事业的发展就更需要政府有所作为。但是，由于受到经济发展水平的制约，财力资源有限，在江西省的发展重心中农村体育处于边缘化的位置。走访发现，县、乡作为农村体育发展的直接管理部门，对农村体育的发展投入非常少，许多乡镇出资举办节庆体育活动还是多年以前的事情，没有专门资金用于体育健身设施的维护和健身场地的修建。这样一方面造成农村体育开展的组织经费欠缺；另一方面造成健身场地、器材维修经费的缺乏，制约了农村体育的开展。

此外，健身场地设施是人们进行体育锻炼的直接环境，对锻炼者的运动心情和健身效果有着直接的影响，受农村经济发展水平和投入经费不足的制约，江西省农民体育健身场地设施大量缺乏，许多村落还没有受到农民健身工程的惠及，虽然环境优美，但体育活动的开展还是容易受到气候和地理条件的制约，选择该项的人数占到 66.7%。青壮年人口本是体育锻炼的主力军，但是，由于农业生产不能完全满足农民的生活需要，必须寻找农业生产以外的资源，随着国家在取消城乡壁垒方面采取了很多措施，农民外出务工环境整体有所改善，加上国内经济的好转，江西省农村青壮年人口流动频繁，影响了农村体育的开展，该项的选择比例占到 63.4%。起源于农业生产和生活、民俗以及派生出来的农村民间体育活动的逐渐消失，使作为农村主体的村落体育活动也逐渐消亡，人们难以再感受到传统体育的魅力，选择的比例占到 60%。

（八）江西省农村体育发展对策

1. 政府主导

体育作为文化、作为一项事业，农村体育在和谐社会建设中非常重要，农村体育作为民生工程，国家理应发挥主导作用，加强对农村体育的宏观管理和引导。同时，农村体育由于基础差、投入少，总体上比较薄弱，如要更好地发展，需要政府给予足够的重视。

将农村体育的发展纳入市、县、乡镇三级政府的发展规划，通过规划的合理制定将农村体育的发展进行落实，村一级机构应学习规划精神，认真贯彻落实规划的精神。体育部门、农业部门、教育部门、民政部门、文化卫生部门等政府组织应形成顺畅的合作机制，整体考虑到农村体育的发展。将农村体育的发展纳入经济社会的发展指标体系，并作为主管干部政绩考核的一个指标，引起领导干部对农村体育足够的重视。基于农村体育公共产品严重短缺的现实，加大对农村的体育公共资源配置。多方筹措资金，提高从体育彩票公益金中对农村体育的拨款额；加大农民健身工程建设和“雪炭工程”实施力度；增加对农村体育重要性的宣传力度，向农民提供健身知识。

2. 传统体育和现代体育并举

随着经济社会发展和现代体育影响力的扩大，现代体育因素逐渐被农村所接纳，但传统农村体育却逐渐流失，两者结合脱节，在强调城乡统筹发展的今天，体育发展的“城乡差别”不应成为常态。长期以来，由于习惯于用现代体育衡量农村体育的发展，忽视农村本土体育的价值，政府在送“体育下乡”中不注重挖掘、开发优秀的传统农村体育，更没有将现代体育与传统农村体育进行对接、融合，使传统体育项目进一步流失，现代体育也缺乏深厚的土壤，是一种“无根”文化。农村体育的建设应从农村的实际出发，与当地的民俗、地貌特征、经济发展、体育文化习惯、传统体育等结合，不能追求公式化。在推广现代体育的同时，挖掘、整理民间传统体育，开发那些具有地方特色和文化心理认同的农村传统体育项目，有助于丰富农村体育内容，从而取得理想的社会和文化效益。不能采取去传统化的方式，统一农村体育发展模式并不符合农村体育发展的实际，否则很容易陷入现代体育尚未融入农村、传统体育已消退的“无体育”尴尬局面。

3. 完善组织管理体系

首先，完善农村体育组织领导机构。各级政府成立农村体育工作领导小组，加强对农村体育发展的领导。

其次，加强市、县、乡镇、村四级体育组织建设，尤其是完善乡镇一级的体育组织建设，发挥其扎根农村的优势。通过各级体育组织的建设，完善农村体育发展的组织网络体系。

第三，完善农村体育社团组织和体育协会建设，必须对协会和社团去行政化，强调民间性质，使协会和社团更亲民、近民，使农民产生归属感，增加凝聚力和认可程度。培养社团和协会的骨干或精英，提高成员的文化素质和组织能力，加强社团和协会的凝聚力，提高服务水平。

第四，加强民间体育组织与政府体育组织之间的协调与沟通，双方形成合作机制，合力促进农村体育的发展。

此外，各级体育组织必须明确为农民体育健身和农村体育发展服务的指导思想，加强制度化建设，提高工作效率。

4. 转变理念

首先，树立以人为本的科学发展观理念，将农村体育的发展定位于农民的健康和幸福生活上，也只有以农民的健康为出发点和落脚点，才能使农村体育有了发展的目标。

其次，转变“农村体育不重要、农村体育不值得重视”的传统观念，将农村体育和农民体育提到解决“三农”问题、全民健身、提高民生、建设小康社会和构建和谐农村的战略高度。

再次，转变“以城市体育和现代体育衡量农村体育发展”的理念，不追求统一化的模式。

第四，注重宣传和知识下乡，改变农民“劳动就是健身，劳动与己无关”等观念，使农村居民从思想上重视体育健身。

四、其他地区体育公共服务实践研究

江苏省是国家建设体育公共服务体系示范区。江苏省改革基本公共服务提供方式，由体育部门直接提供的基本体育公共服务事项，可通过政府采购，引入竞争机制，确定有资质的社会体育组织或中介机构实施，实现提供主体和提供方式多元化。南通市通州区采用以项目为导向的长效机制，将购买公共服务的资金列入年度预算，强化信息公开制度，保证购买服务过程公平、公正和透明。

武汉市政府按照“引入市场机制，政府购买服务，突出公益导向”，实践中，武汉市政府选择服务供应方时采用非竞争式购买。另外，在购买服务的执行过程中，政府对社区中提供体育公共服务的数量和质量缺少严格监管，致使政府购买社区体育公共服务受众持续减少，供给服务质量难以保障，违背了政府购买体育公共服务的初衷。

成都市是全国统筹城乡综合配套改革试验区。由于服务对象社区多建于20世纪八九十年代，受到体育设施和场地空间的限制，只能开展对场地器材要求不高的运动项目。有体育志愿者指导且有组织性的体育活动项目单一，参与群体数量不多，但这些活动的管理方式也存在差异。实践中采用“社工+体育志愿者”的服务方式。社工主要来自社工专业毕业生，具有专业的社会工作者能力，但是欠缺体育专业知识和技能。由于每个社工服务站的社工人数较少，必须依靠体育志愿者为社区群众提供专业的技术指导和培训工作。社工主要是辅助管理，对所开展的项目进行日常的管理和运行。

第三节　体育公共服务改革的影响因素与实践

本节将对体育公共服务改革的影响因素与实践问题进行深入研究。

一、体育公共服务改革的影响因素

一是政府角色的转换。政府角色的转换是改革的前提之一，相关政府部门应明确自身在公共服务供给中所扮演的角色和应当发挥的作用，以及政府部门职能的重新划分。

二是需要确定公共服务供应方。体育公共服务的供应方是体育公共服务主体的合作对象，在一定程度上，供应方也是体育公共服务的主体之一。所以，应对体育公共服务的供应方进行资质审核，提高其资质水平，不仅需要确定哪些机构、部门可以作为政府体育公共服务的合作方，也需要明确供应方的责任、权利和义务，政府只应依据有关法律法规处理相关事务，而不可随意干预其内部运行。

三是服务供给主体应包括政府和服务供应方。政府作为购买者，根据社会经济发展水平和民众对体育公共服务的需求状况决定购买服务的类别、数量以及购买模式，并且根据体育公共服务的性质和服务内容有针对性地选择服务供应方。

四是公共服务市场化供给的有效运作。这依赖于体育公共服务市场化所处的制度环境的改善和社会参与式服务程度、体育公共服务网络构建等保障体系建立和完善，强调不同利益群体的诉求表达以及广泛参与。

二、体育公共服务改革的实践问题

（一）体育公共服务现状滞后

尽管我国政府部门采取了诸多举措努力提高、改善和满足我国民众对于体育的多样化需求，但总体而言，我国体育公共服务供给的现状仍不容乐观。城乡、区域性差异继续扩大，体育公共服务供给滞后现象仍普遍存在。

一是各地的体育公共服务还存在诸多矛盾和问题，与当地的经济发展状况不够协调。例如，多样性不足、公益性不突出、经费短缺、服务费用较高、政府提供的免费和低廉收费的体育服务较少。

二是我国体育公共服务总量严重不足，而且存在区域差异明显、城乡差异明显、阶层差异明显等问题。

三是我国体育事业发展经费投入不足，满足不了全民健身战略实施所需的财力保障，影响了各级政府部门有效履行体育公共服务的职能，对体育民生工程的建设造成财力和执行桎梏。

四是经济欠发达地区体育公共信息服务发展的落后与欠发达地区社会弱

势群体的体育需求贫乏同时存在。经济的发展对于体育的发展起着制约、促进作用，经济的发达程度往往可以通过体育的发展水平来体现。在我国体育公共服务体系的建设过程中，经济的影响同样存在，不仅体现在体育公共服务信息的供给方面，也同样对民众的体育需求的了解、通晓造成影响，使体育公共信息服务和民众体育需求之间出现较为严重的脱节。

五是资源配置不科学。有研究从横向与纵向上对我国体育公共服务资源配置的总体特征进行了分析，进而指出了我国体育公共服务在资源配置上呈现出不均等的趋势，即区域差异十分明显，省际差距不断拉大，城乡之间存在鸿沟。同时指出，没有合理的制度约束，体育公共服务的供给不会自动导向均等。

六是供给与需求矛盾较为突出。我国体育公共服务供给存在“事业经费规模扩大与财政支出占比下降、设施数量增长与实际面积占有率降低、指导服务需求旺盛与承载力不足、体育公共组织政府机构臃肿与社会体育组织亟待发展、国民体质监测服务站点减少与覆盖范围亟待扩大”并存现象，在供给与需求两方面造成双向的矛盾。

（二）制度困境

一是体育公共服务的管理体制和运行机制不够健全，在制度层面上的职责不明影响了财政的支持力度，造成了财政支持的软化，同时，在实践运行过程中，未建立起多元化的社会和市场参与机制以及有效的监督管理机制。

二是从制度的视角审视我国农村体育公共服务发展现状，发现影响农村体育公共服务发展的主要原因是制度困乏。主要表现在：城乡有别的体育公共服务供给制度，农村体育公共基本服务供给的优先次序制度，缺失的农村体育财政制度，式微的农村基层体育建制，不健全的微观基层民主制度，以及亟待转型的宏观政治制度。

三是体育公共服务的制度创新应从理念和实践层面确立相应的价值导向，加快推进政府制度创新，引导市场和体育社会组织参与体育公共服务的供给，构建多元化的协同治理机制。

四是我国体育公共服务在实际工作中面临法制缺失、部门沟通不畅、权力制约欠缺、问责程序模糊等制度困境。

五是体育公共设施不足严重制约了我国体育事业的发展，我国应积极拓展体育公共设施供给的多元路径，同时需要建立完善的制度保障体系，如财政投入制度、政府购买体育公共服务的制度、体育场馆等资源的捐赠制度、体育经营性税收的优惠制度，以及体育设施社会化开放制度等。

（三）供给机制不足

在传统的单中心治理模式下，体育公共服务的供给具有行政成本高、治理效果差、违背法治原则的特点，而多中心治理理论所倡导的多元主体自主参与治理决策和监督的理念，有助于解决单中心治理模式导致的供给效率低下、公共满意度不高等弊端。市场供给是体育公共服务多元主体融入的重要表现形式，具有弥补传统提供低效和打破以往政府垄断的特性，以确保体育公共服务资源最优配置。

（四）政府职能缺陷

一是我国政府供给体育公共服务应从主导理念、产品结构、运行机制、供给方式和供给评估等途径进行，即实现由管制向服务的理念、单一向多元的产品结构、垄断向竞争的运行机制和重视绩效向关注投入等方面转变。但在体育公共服务实际供给过程中，从理念到运行过程、环节和目标，都存在程度不同的脱节、偏失问题。

二是服务型政府目标下体育管理体制改革应当以“以人为本”作为体育事业发展的基本指导思想，确保政府体育公共服务职能的顺畅发挥，能够对民众提供充分的体育公共服务，满足民众对公共体育发展的多元化体育需求。但就体育公共服务践行而言，民众并未实际享受到体育发展的福利，距离体育落实到“民生”尚有一段距离。

三是基于当下建设服务型政府的要求与体育公共服务社会需求多元化的实际，体育公共服务过程中，应以政府、市场和社会多元合作供给的社会形势和环境出发，政府应重新认识自己的职能，积极转变政府职能，以期实现社会效应和社会服务效果最大化。但目前政府在体育公共服务过程中，各级政府对自己的职能并不十分明确，存在较多的缺位、越位、错位、失位现象。

（五）体系建设不完善

一是对我国人口老龄化背景下体育公共服务体系建设进行分析，认为作为需求主体的老年人对体育公共服务的需求不断增强，且老年家庭体育活动逐渐向老年群体体育转变。

二是对基本体育公共服务体系内涵和特征进行研究。城乡、区域、不同人群的体育公共服务不平衡，县以下体育组织建设薄弱，体育服务程度不高，体育公共设施存在总量不足和利用率不高的双重矛盾，体育公共服务评估和决策部门没有可信的、权威的一手资料等。

三、体育公共服务功能的对策与具体措施

（1）转变理念，从思想上重视体育公共服务。在转变政府职能、实现基本公共服务均等化的前提下，政府必须转变观念，要把工作重点适度转移到群众体育方面上来。群众性体育的发展体现了体育公共事业的发展水平，一方面可以塑造良好的体育氛围和环境，提升国民体质；另一方面，可以促进相关体育产业的发展，如电视转播、体育设施及健身器材的制造等。

（2）推进改革，建立健全体育公共服务体系。体育公共服务的发展必须立足群众对体育的需求，激发和引导群众的体育热情，建设群众身边的场地设施，开展群众喜闻乐见的体育活动，使群众的体育权利得到充分保障。

如何建立健全体育公共服务体系是需要多个政府部门共同参与思考和解决的问题。某种程度上，体育公共服务体系的建立是促进体育发展方式转变的内在要求，也是政府职能转变的一个重要体现。体育公共服务体系的建设，要求各级政府体育部门及其他相关政府部门进一步明确自身工作职能，增强体育公共服务意识，从制度建设、资源配置、优化环境等方面推进改革，建立健全体育公共服务体系。

（3）加大宣传力度，强化政府部门自身及民众对体育锻炼和体育发展建设的重视。采取有效措施促进民众对体育公共服务的了解和认知，政府部门应从多种渠道向民众宣传群众性体育运动以及国家体育的相关法规政策。

特别是在农村，要开展形式多样，且富有当地特色的农民运动会，一方

面加大对全民健身活动的宣传；另一方面有助于丰富农村居民的业余文化生活，扩大体育公共服务在农村的影响，促进农村体育的发展。

（4）拓展筹资渠道，一方面加大政府资金投入；另一方面也吸引社会资源和市场力量的参与，改善体育公共服务场馆和设施的建设。经费短缺是制约体育公共服务发展的重要因素之一，发展体育公共服务，提升政府服务质量，需要各级政府多种形式、多种渠道筹集资金，把建设群众健身场地设施作为民生工程，并纳入当地社会经济发展规划。

第四章　体育公共服务体系构建现状研究

体育是中华民族伟大复兴的标志性事业。当先，体育公共服务已然成为我国政府公共服务实践的重要组成，尤其是随着民生和全民健身战略的提出以及我国经济社会由生存型向发展型转变，体育公共服务体系的构建越发显得重要。

第一节　体育公共服务体系构建的时代背景

构建体育公共服务体系是一个动态演进的过程，一方面，我国经济、社会和政治的发展为体育公共服务的实践提供了不同维度的生成条件。另一方面，阶段性的发展特征已成为现有条件下体育公共服务数量不足、质量不高和体系化程度欠缺的制约因素。如何在新的时代背景下，按照新的价值标尺规划面向大众的体育事业，构建体育公共服务体系，成为深化体育事业改革创新的一个重大实践和理论命题。

一、体育公共服务体系构建是服务型政府建设的重要组成部分

改革开放 40 多年，商品化和市场化的改革打破了原有的公有制分配体制，市场机制在调节商品和服务价格上的作用日益突出。因而，市场经济的蓬勃发展，改革开放的日益深入，对我国政府的改革和转型提出了迫切的要求，而建设服务型政府成为我国新一轮政府改革的基本目标。

随着市场经济蓬勃发展，改革开放日益深入，我国政府正努力实现从经济建设型政府向社会服务型政府转变。公共服务体系的构建既是体育公共服务自身发展的要求，也是我国体育发展和强国建设的应有之义，同时也是经济社会发展的重要组成部分，也与全体公民的体质健康、卫生保健、文化教育有着密切的联系，是推进政府在体育发展上的职能转变，促进体育公共服务生态良性发展的重要内容。因此，将体育公共服务纳入政府职能的范畴，构建体育公共服务体系，在我国当前的经济社会和体育强国建设背景下不仅具有强烈的必要性，也具有非常大的可行性。

二、由体育大国向体育强国迈进的战略举措

改革开放40余年来，我国的经济建设取得了重大发展成就，经济建设积累的丰硕成果对体育事业的发展起到了强劲的推动作用，国家财政对体育事业的投入有所增长。例如，我国在2008年的北京奥运会向全世界展示了我国竞技体育强大的国际竞争力后，由体育大国向体育强国迈进的目标定位对这一新制度的诉求更为凸显。体育大国主要是指国家的体育发展数量和规模在国际上居于重要地位，而体育强国，则是国家体育发展的综合实力、总体水平明显领先于其他国家。建设体育强国，需要制定具有战略性、基础性及长远性的措施，我国应把握这一历史转轨的契机，科学地进行目标定位，积极调整发展战略，为实现体育强国做出新的贡献。

三、社会对体育公共服务提出迫切要求

20世纪90年代以来，我国明确建立社会主义市场经济体制，社会公众对体育公共服务需求的数量和质量日益高涨。就现状而言，我国体育公共服务在基础设施的有效供给、资源配置的均等化等方面依然任重道远。此外，青少年体质状况的不断下降，人口老龄化趋势的不断加剧，这些都已经构成国家综合竞争力提升和人力资源可持续发展的近忧远虑。

体育公共服务的制度构建尚不能适应公众日益增长且多元的需求，制度创新能力与解决我国体育公共服务地域性差异大和发展阶段差异大等问题存

在着较大的距离。尤其是在当前，体育公共服务的需求与供给问题使体育事业发展与经济社会发展更加紧密地交织在一起，而处理好这一关系，就是要把“坚持以增强人民体质、提高全民族身体素质和生活质量为目标，高度重视并充分发挥体育在促进人的全面发展、促进经济社会发展中的重要作用”，作为一条主线贯穿于今后一个时期体育事业发展的全过程。

由于我国民众对体育需求具有多元化、多层次、多样性等特征，体育公共服务就不再是群众体育或全民健身的简单延伸或拓展，而将是竞技体育、群众体育和体育产业三者有机联系且相互促进而形成的面向全体人民的产品、服务和制度系统。因此，构建体育公共服务体系对推动我国体育制度创新具有战略意义，也就是要以全民族的健康和体育公共需求为价值导向，把构建体育公共服务体系上升到完善体育发展战略和路径创新的层面进行考量和谋划，坚持体育为人民造福的理念和目标，切实维护民众的基本体育权益，努力满足公民的多样化、多层次性的体育健身需求。

第二节　体育公共服务体系构建的理论源流

公共服务研究领域正在逐渐成为学术界的一个焦点，多学科聚焦的对象，对其展开的研究近年来呈现出质、量俱增的态势。公共服务之所以难以界定，是因为公共服务本身具有历史性，随着时代的发展，其内涵和表现形式各异。在这种情况下，梳理和考察公共服务理论的演进脉络及其变迁历程就显得尤为重要。

一、从公共服务到体育公共服务

从类型上来分，服务可以划分为私人服务和公共服务，私人服务以追求个人利益、经济利润为目标，公共服务则以公共权利或公共资源的投入为标志，其最终目标是促进社会福利最大化。享用公共服务成为公民基本权利，是社会发展和文明进步的结果。

体育公共服务特指体育领域的公共服务，为满足体育公共需求而提供的产品和行为的总称。由于体育公共服务属于公共事业范畴，具有典型的公共服务特征，社会资源和市场力量往往缺乏对于体育供给的愿望和能力，尤其是体育公共服务的投入和效益差距较大，且效益往往具有延后效应，进一步降低了社会资源和市场力量提供体育公共服务的动力。同时，由于不同社会发展阶段体育公共服务的内容和形式不同，弄清体育公共服务供给的指导思想和体育政策形成的理论基础，是分析体育公共服务供给的前提。

二、不同理论视角下公共服务的价值取向及核心观点

（1）传统的公共行政理论。从传统公共行政理论孕育的历史语境来看，它是社会力量对市场力量破坏性的一次反击。这种回归政府全能主义的公共服务模式，有效地遏制了市场调节的恶果，扩大了公共服务的范围，丰富了公共服务的内容，使公共服务成为社会财富二次分配的主要形式，有利于社会朝公平的方向发展，缓和了社会矛盾，弥合了过度的贫富差距。

（2）新公共管理理论。新公共管理有两个重要的价值取向，第一是市场化，第二是顾客导向。新公共管理理论旨在适应新的社会经济状况，其内涵主要有："强调职业化管理、明确的绩效标准与绩效评估、项目预算与战略管理、提供回应性服务、公共服务机构的分散化和小型化、竞争机制的引入、采用私人部门管理方式、管理者与政治家、公众关系的改变九个方面的内容"。

通过对新公共管理运动理论脉络的考察，认为公共服务的理性化运作是其理论旨趣的主要方面，突出表现在：第一，新公共管理运动重新调整了政府在公共服务中的地位；第二，在公共服务领域实行现代管理技术、管理经验，采用项目预算、业绩评估、绩效工资等有效的管理手段；第三，重视公共服务的产出与结果，即重视公共服务的效益，改变传统公共服务只关注投入而不管产出的粗放型经营方式，同时根据民众的需求，有针对性地实行公共服务供给多元化的模式。

（3）公共治理理论。新公共管理仅仅指涉技术层面的问题，而忽视了公共行政的价值理念以及政府、市场和社会三者之间的关系如何协调等问题。20 世纪 90 年代初，公共治理理论在西方发达国家应运而生，明确提出了公共

行政的价值理念，即善治、公平正义，“以终极核心价值和思想的多元化为追求，从政治、经济、社会、文化价值等诸多领域，对政府与市场关系、政府与公民社会关系、政府内部关系、政府组织体制、公共事务治理规则、公共事务治理操作手段等诸多方面进行了全方位的反思和探索，以寻求全面医治现实问题、构建公共事务良好治理的整体性思维框架”。公共治理理论从公共服务的价值目标函数、公共服务的治理过程、公共服务的主客体、公共服务的治理手段与方式等多方面，对传统的公共行政管理服务及新公共管理理论进行反思。

三、体育公共服务供给的基本模式

根据供给主体，可以将体育公共服务供给的模式分成四种模式：

一是主流供给模式——政府代理供给。对公众集体消费的物品，无法依靠个人达到公共利益最大化，只能依靠政府才能实现体育公共服务系统效益最大化。这是由于政府作为公共服务最大的供给主体和公共服务制度的制定者和提供者，对其他公共服务供给主体提供制度激励，进行公共物品产权界定，规制其他供给主体的负外部性问题，为体育公共服务供给方式的规范提供应有的支持。

就体育公共服务而言，要求政府代理机制提供的领域有：市场外部性突出的领域；经济效益特别差的领域；全国性体育公共服务。

二是竞争性供给模式——市场化供给。体育公共服务领域可以通过市场化供给的产品和服务有：竞争性强的产品和服务，如常用体育器材、健身休闲俱乐部、体育培训市场、运动营养与保健品供应等；排他性强的产品和服务，如高尔夫俱乐部、体育医疗与康复、垂钓俱乐部、私人健身会所、攀岩活动等。

三是补充性供给模式——社会自愿供给。随着公民社会浪潮的兴起，在政府与市场之外，兴起第三种力量，包括三种公共服务生产：社会团体生产、社区生产以及家庭生产。并随着关系网络的不断扩展与利益结构的多元化，使非政府组织在某些领域提供公共服务成为一种必然趋势。

社会团体组织主要通过体育志愿者服务、利用各种非营利性组织或私营机构来整合社区的体育公共服务资源参与体育公共服务。社会自愿供给主要存在于公益性、互助性领域，如购买体育彩票、全民健身志愿者、大型体育活动的志愿服务、体育文化宣传、业余训练与比赛等，但这种供给方式也存在着范围小、资源少、效益低、专业化程度低等问题，可作为体育公共服务供给有益的补充。

四是综合供给模式——多元混合供给。混合型机制是政府部门之间、政府与非政府部门或市场主体合作生产公共物品或提供公共服务的一种新型搭配关系，其主要特征是多元共治、合作提供、目标协商。通过混合型供给方式，将市场化过程中的公共服务碎片化进行了有效整合，实现了公共服务的整体系统性。

多元混合供给模式是目前最受推崇的公共服务供给模式，其集合了多种供给模式的优势，但由于各种供给主体之间的界限不清、政府部门监管不力、服务质量评价机制不健全等原因，容易导致腐败、公共安全与公共秩序失控、私人部门追求利益最大化等问题。

第三节　体育公共服务体系构建的价值导向与制度创新

关于体育公共服务体系构建的价值导向与制度创新，本节将从以下几个方面进行研究分析：

一、构建体育公共服务体系的价值导向

体育公共服务体系的价值导向，具体表现如下：

（一）体育公共服务体系的价值取向——以人为本

1. 保障公民的体育运动权益：构建体育公共服务体系的逻辑起点

体育参与和运动权利作为人类追求生命健康的一项独立权利，正在被纳

入世界各国的法律之中，各国政府通过将其纳入法制体系对体育权利的内涵、政府在其中应履行的职责等予以确认，从而使体育参与和运动权利在政府公共服务实践中经历了从应有权利阶段，到法定权利阶段，再到实有权利阶段的发展演变，而体育权利所涵盖的具体内容也在实践中不断分解和明确，如体育健康权、体育结社权、体育控诉权和请求权、受体育教育权、体育创作权及体育社会保障权等，都是在各国实践中不断开拓和延展出体育的具体权益。

2. 满足公民基本体育运动需求：构建体育公共服务体系的最终归宿

当前，随着公众对生命权和健康权的认知不断发展，人民群众日益增长的对体育的需求与社会体育资源有效供给之间的不足，成了我国体育事业乃至经济社会发展过程中的主要矛盾。因此，建立和完善体育公共服务体系就成为破解上述瓶颈问题的应然之举，同时也为体育事业发展提供了重要机遇和广阔空间。

3. 以民众为中心的构建理念：体育公共服务体系科学有效的内在要求

在公共服务供给的机制设计中就会存在两种不同的理念，一种是以提供者为中心的理念，另一种则是以使用者为中心的理念。随着人本理念的深入人心和我国民生战略的实施，经济社会发展的落脚点应是服务于人民的合理需求实现。同时，随着强国战略的提出，我国由体育大国向体育强国转变和实现的过程中，离不开民众对我国体育事业发展的认可、参与和享有，只有切实使我国民众享受到体育事业发展的福利，我国体育事业才能在体育强国战略目标的指引下，充分发挥中国特色社会主义的巨大优越性，进一步提升体育事业发展，从而使体育事业成为全民的事业，使体育的公共性得到最大限度彰显。

（二）体育公共服务体系的实践导向——公平公正、注重效率、统筹兼顾

体育公共服务体系作为一个复杂的系统，其构建过程也是复杂的系统工程，需要处理好体育系统与其他环境变量的关系，处理好体育公共服务与其他相关公共服务的关系，政府部门应着眼于建立健全的体制机制，加强顶层设计，在以人为本的价值先导理念的指引下处理好公平与效率等价值取向的

关系，进一步梳理体育公共服务的内容，厘定体育公共服务的责任和供给主体，明晰程序和路径，制定体系化建构的时间表和路线图。

统筹兼顾的原则要求充分地吸纳市场和社会等多元力量，构建体育公共服务体系良性运行的大格局。市场供给以市场化运作的方式，利用经济规律聚合以体育企业为代表的体育公共服务的生产主体，这样不仅能够直接高效地回应多样化的社会需求，也能够高效地配置体育资源。统筹兼顾还要求从发展阶段和发展层次的角度对体育公共服务体系进行前瞻性的规划布局。应看到体育公共服务的内涵是动态的、发展的，在特定的历史阶段和国情之中，界定体育公共服务的内涵，甚至是其具体内容，不仅是一个事实的区分，而且还是一种价值判断。

二、制度创新

推动制度创新的能力是体育强国建设进程中建设服务型政府的重要体现。在构建体育公共服务领域，制度创新主要涉及体育公共服务供给内容的制度创新和供给方式的制度创新。

（一）体育公共服务供给内容的制度创新

首先，努力突破全民健身的瓶颈性障碍。随着人民群众生活水平的不断提高，人们对健康的需求将成为生活的基本需求，而政府提供的体育公共服务与广大人民群众的需求存在较大差距，因此，要建立健全体育公共服务网络，加大改善社会基层体育设施条件的力度，有效提升体育公共服务能力。

其次，要强化竞技体育的公共产品属性。竞技体育是满足人民群众精神文化生活的一种特殊公共物品，能引领群众体育的发展，能在培育践行社会主义核心价值观的过程中发挥更大作用。因此，竞技体育与群众体育可以相互促进、协同进步和发展，而将竞技体育纳入体育公共服务体系是服务型政府建设的内在要求，是实现体育强国战略的专项要求，也是世界竞技体育强国的共同经验。

最后，对体育产业的体育公共服务供给潜力进行发掘。体育场馆服务业、体育竞赛表演业和体育健身休闲业作为体育产业三个重要组成部分，都具有准体育公共服务性质。体育产业的发展，可以通过盘活体育公共服务存量资源来提高体育公共服务效率，扩大体育公共服务人群规模，丰富体育公共服务内容，提升体育公共服务质量。

（二）体育公共服务供给方式的制度创新

根据以人为本的价值先导理念和公平公正、注重效率、统筹兼顾的实践导向，把满足民众的体育公共服务需求建立在促进资源配置效益最大化和资源配置公平合理化的制度建构上，协调群众体育和竞技体育，协调体育事业和体育产业关系，从而更好地激发体育的经济价值、社会价值和政治价值。对构建体育公共服务体系而言，至少存在以下三种诱导性因素可资利用：

一是培育体育公共服务的市场供给主体。社会主义市场经济制度的完善有助于促进各类资源有效配置，按照市场机制配置体育资源，积极培育体育公共产品和服务的市场供给主体，能够改善体育公共服务领域政府投入不足以及区域之间投入失衡的结构性矛盾，并且在此基础上解决因历史积累和地域差异所造成的体育公共服务需求差异化和分层化的问题。根据目前国内外的实践经验，对市场力量的制度性吸纳和利用包括公私合作、凭单制、服务购买、合同出租等，其中公私合作的形式更多运用于体育公共设施领域，比如，由政府财政和社会资本共同投资对体育公共设施进行规划和建设。

二是加强对体育社会组织的制度性吸纳。成熟的体育社会组织可以与政府进行更加有效的信息沟通，提高政府在购买体育公共服务的过程中契约签订和项目实施的效率，从而达到优化资源配置、降低行政成本、提高服务效率的目的。随着各种体育组织和社会利益团体作为初级的行动团体提出政策倡导，拓展参与体育公共服务生产与供给的渠道，多元供给的局面将逐步形成，而政府则应在制度层面对社会组织进行规范和管理，逐步完善监管长效机制，确保其提供的体育公共服务能够优质高效地满足群众的体育需求。

三是激活公众力量参与体育治理。我国地域辽阔、民族众多，不同区域和社会阶层的群体对于体育公共服务的需求存在一定的差异性，政府和其他供给主体提供的产品和服务需要建立在公众偏好及评价的基础上，这样才能使体育公共服务供给与需求达到均衡，供给效率达到最优。

第四节　体育公共服务体系的基本架构

根据当今我国民众对体育公共服务的现实需求，以及体育公共服务内容与供给方式创新等方面的要求，本节将对科学有效、合理完善的体育公共服务体系进行研究分析。

一、体育公共服务组织体系

体育公共服务组织对体育公共资源进行系统的有效配置，是组织并向公众提供基本体育产品及体育公共服务的功能载体，是满足公众对体育公共服务需求，保障公民体育权利实现的重要力量。体育公共服务组织体系建设所要打造的是一个生产、供给、配置体育公共组织服务的庞大体系。

体育公共服务组织体系的建设与完善，既要契合我国群众体育发展的整体发展需要，也要体现组织建设在体育公共服务母体系中的角色与职能，通过体育公共服务组织的建设，从根本上满足人民群众健身参与过程中的组织服务需要。

二、体育公共服务监管和绩效考核体系

体育公共服务的绩效考核主要是针对体育公共服务水平的评估，是在有明确的体育公共服务数量和质量标准基础上的评价。明确的标准化既是世界各国促进基本体育公共服务均等化的经验，也是我国实现基本体育公共服务均等化的重要前提和核心步骤。因此，提高体育公共服务水平除了通过建立科学的规划体系、组织体系、设施体系、运行体系外，还应建立一个有效的体育公共服务监管和绩效考核系统。

无论是体育公共服务监管还是绩效考核体系的建立，都应以公众需求为中心，提高民众对政府体育公共服务的满意度；以服务为根本，促使体育行政主管部门树立服务意识；以奖惩为手段，提高体育行政部门的责任意识；以公共性为特征，追求实现公共利益的最大化。这些原则与体育公共服务体系整体的构建理念应是完全一致的。

第五章　体育公共服务体系多元化建设研究

本章主要从体育公共设施体系建设、体育公共服务组织体系建设、体育公共服务运行体系建设以及体育公共服务评价体系建设等方面对体育公共服务体系多元化建设进行研究分析。

第一节　体育公共设施体系建设

体育公共设施是体育公共服务体系的重要组成部分和基本条件，是各级政府部门履行体育公共服务职能的重要内容。体育公共设施主要是指由各级人民政府或社会力量举办，向公众开放用于开展各类体育活动的公益性体育馆、体育场、游泳池、灯光球场、社区体育中心、体育健身苑点、体育公园等的建筑物、场地和设备。从我国整体体育公共设施的发展现状来看，我国体育公共设施在改革开放以后，数量稳步增长、种类不断丰富、整合力度逐渐增强，政府对体育公共设施资金投入持续加大，大型体育场馆的作用也得到越来越有效的开发。

一、体育公共设施体系建设的重大意义

（1）承担体育事业发展和全民健身重任的物质载体。各级政府履行公共服务职能的重要内容就是加强和改善体育公共设施服务。作为广大人

民群众开展体育活动的基础，体育公共设施的规划和建设直接关系到广大人民群众的身体素质和精神面貌，对于构建和谐社会具有十分重要的现实意义。从贯彻落实科学发展观，构建社会主义和谐社会的战略高度，大力推进我国城乡体育设施建设，完善布局，为群众提供方便、多样的健身设施。

（2）建设和完善体育公共服务体系的基础核心环节。体育公共服务体系建设是一项庞大而复杂的系统工程。我国体育公共服务体系主要包括体育公共设施、组织、供给、政策法规、绩效评估 5 个子体系。体育公共服务体系是由满足公众体育公共需求的各级各类体育场馆和健身场所设施等要素构成的有机整体。

（3）直面当前我国体育公共设施建设的现实问题。改革开放以来，随着我国经济的连年高速增长、国家财政逐步宽裕以及人民群众对体育需求的不断增长，我国体育公共设施建设日新月异，政府的投入大幅度增长，体育公共设施对竞技体育、群众体育以及体育产业发展的作用日趋显现，为我国体育公共服务体系的建设提供了重要的载体，是我国体育公共服务体系的坚实基础。

（4）保障和维护人民群众生命健康和切身利益。改革开放以来，人民群众对物质文化需求不断增长，同时广大人民群众对体育及体育公共服务的需求也在不断增长。建立健全体育公共服务体系的根本目的和出发点就是要满足我国人民群众日益增长的体育参与健身需求，体育公共设施体系的建设则是广大人民群众参与体育活动的必要前提和物质条件。

二、体育公共设施体系建设的基本构架

体育公共设施体系建设是一项参与主体多样、涉及部门众多、服务对象广泛、内容供给多元的庞大系统工程。加强体育公共设施体系的建设与完善，需要对我国体育公共设施的主要总体框架和所属内容进行理论和现实的厘清。在体育公共设施建设的体系框架中，城市社区体育设施的建设是重要组成部分。它又可按照行政级别分为市级、区级和社区级体育公共设施。例如城区健身步道、自行车道等。

大型体育公共场馆的建设现在已经成为城市建设的亮点，也是城市的标志性建筑。体育场馆设施作为城市里的独特建筑，在设计和建筑风格上要展现出城市的主体形象，具有鲜明的指示性和个性，给人们留下深刻而美好的印象。实现大型体育场馆规划建设更加科学、功能布局更加合理、运营能力明显加强、使用效率大幅提高、体育公共服务水平显著提升，强调了大型体育场馆在体育公共设施建设过程中的重要地位，同时也体现了体育公共场馆设施在体育公共服务体系建设中的重要作用。

三、我国体育公共设施发展现状

改革开放 40 年来，我国体育公共设施的建设在质量上和数量上都取得了显著的进步，设施种类日趋多样化，国家财政投入不断增加，体育设施的普及率也有了明显提高。

（一）我国城市社区体育设施发展现状

一是城市社区体育设施数量逐年增长。随着改革开放的不断深入，我国城市社区体育设施的建设不仅在质量与数量上得到了较快较好的发展，而且普及率有了明显的提高。

二是城市社区体育设施类型不断丰富。随着大众体育健身意识的日益增强以及体育项目的不断更新，开展全民健身活动为主的非标准体育场地逐年增加和不断多样化，城市社区体育设施的类型得以丰富，由传统的单一型逐步走向现代的多功能型。目前，我国社区主要有健身路径、羽毛球场馆、乒乓球场馆、网球场、篮球场、室外和室内游泳池、台球馆、保龄球馆、棋牌室等大众化的体育设施，同时一些新兴时尚的体育设施逐步进入发达城市中的高档社区。

三是城市社区体育设施投入不断加大。随着我国经济社会的迅猛发展，国家经济实力的不断增强，大众对体育健身与体育休闲娱乐的需求日益旺盛，各级政府部门对城市社区体育设施的建设力度逐渐加大，投入逐渐增加并更趋向合理化。

四是城市社区体育设施法规日益完善。为了满足和保障大众体育健身、休闲娱乐的需求，国家各部门陆续制定、出台和修订了一系列相关的法律法规，旨在从法律层面确保我国社区体育设施的建设与管理。与此同时，各级地方政府根据当地的实际情况也制定和出台了社区体育设施建设与管理的具体条例和办法与之相呼应。

五是城市社区体育设施满意度逐步提升。随着我国社会经济的快速发展，新建小区的健身路径被列入小区建设的规划，也成为民众购房考虑的一个因素。各级政府对城市社区体育设施的建设越来越重视，加上各项体育法律法规的逐渐完善与不断落实，我国城市社区体育设施的建设与管理取得了显著的进步。

六是城市社区体育设施资源整合不断推进。城市公园、广场、绿地的开发与利用逐步得到重视，城市公共开放空间已成为大众体育健身、休闲娱乐的好去处，为促进社区体育设施资源共享起到了非常积极的作用。

（二）我国农村体育公共设施发展现状

一是农村体育公共设施数量不断提升。在我国体育公共设施分布中，农村地区所占的数量和比例偏少，与占人口比重较大的农村之间矛盾突出。从个别地区的调研状况中，也可以看到农村体育公共设施数量较少，而且所占比例不合理。

二是农村体育公共设施建设规划开始起步。完善的体育公共设施建设规划是农村体育公共设施发展的前提，可以保证农村体育公共设施在标准和系统方面的一贯性。和城市体育公共设施规划相比，农村体育公共设施规划出台的时间较晚。和城市体育公共设施规划较为不同，农村体育公共设施细化没有得到进一步推行。只有具备一定条件的县、乡镇建立了综合性群众健身活动中心， 在一定程度上促进和提高了农村体育场地设施的建设规模和水平。随着我国城镇化建设的推广，很多地方开展新农村建设和新型农村社区建设，成规模、人口密度较大的农村聚居区已经出现，为我国农村体育公共设施服务发展提供了良好的契机。

三是农村公共体育设施建设用地以集体用地为主。农村体育公共设施用地属于文化、体育用地范畴，和城市体育公共设施建设相比，农村体育公共用地属于管理性、公益性设施用地类型。

四是农村体育公共设施属地管理制度进程开启。农村体育公共设施建设是提升体育公共设施服务满意度的前提，其中的后续管理是关键。农村地区体育公共设施建设完成后，作为公共产品，在小农意识较为浓厚的农村地区管理的难度较大，因此，需要强化针对农民体育设施的制度建设。

由于我国地域差异较大，很多地方积极创新农村体育公共设施管理模式，取得了较为丰富的经验。我国农村体育公共设施的管理制度，很多地方政府进行了积极探索。我国农村体育公共设施管理问题是伴随着体育设施完备而产生的要素问题，而属地制度化是解决农村体育公共设施的管理问题，针对管理问题提出相应的制度建设建议，对未来我国农村体育公共设施管理水平的提升具有重要意义。

（三）我国大型体育公共场馆发展现状

一是大型体育场馆数量快速增长。同时，随着省运会、城运会、全运会等大型体育赛事在各城市的轮流承办，进一步加快了各地大型体育场馆的建设。近年来大型体育场馆建设的主要特征是数量增加。一方面表明各地对场馆需求量非常大，另一方面表明各地以往场馆设施数量严重不足，在短期内新建了大量场馆，导致大型体育场馆数量快速增长。

二是大型体育场馆建设投入急剧攀升。近年来，地级市成为大型体育场馆建设的主体，许多地级市计划建设的体育中心的投入也在数亿元甚至数十亿元，如湖北宜昌市计划投资 25 亿元建设体育中心。

三是大型体育场馆建设规模日趋扩大。目前国内正在筹建中的部分体育中心、体育场，如大连奥体中心、青岛奥体中心、河北奥体中心等体育场的规模均在 6 万人左右。各地新建的大型体育场馆有许多用地面积接近 100 万平方米左右。场馆建设规模的日趋扩大带来的问题必然是场馆建设投入的骤升。

四是大型体育场馆功能逐步多元。大型体育场馆功能设计的复合化、多元化是其建设发展的重要趋势。各地在大型场馆建设过程中普遍融入了宾馆、酒店、会展、休闲设施、商业和办公等多种设施，甚至部分城市大型体育场馆在建设过程中直接将体育和会展功能结合，建设体育会展中心，满足体育和会展等多种功能需要，如南通体育会展中心、哈尔滨体育会展中心等。

五是大型体育场馆服务能力稳步提高。为群众提供的服务项目和服务内容不断丰富，除了日常的全民健身、体育技能培训和健身指导外，多数大型体育场馆还向群众提供体质监测、个人陪练、体育用品、赛事组织与策划等个性化、差异化的体育服务，此外，许多大型体育场馆利用附属空间和配套设施开展多元化经营，为群众提供休闲、娱乐、餐饮和商业等多种服务，多元的群众体育消费需求得到满足，服务质量不断提升。

六是大型体育场馆积极提供公共服务。大型体育场馆在构建体育公共服务体系和供给体育公共服务中发挥着重要的作用，在承办体育赛事、开展全民健身和惠民服务等方面不断创新，取得了较为突出的成就。

（四）我国体育公共设施整体需求特点与变化趋势

为全面了解居民对于我国体育公共设施的需求状况与变动趋势，通过调查发现，民众对于我国体育公共设施的需求特点与变化趋势表现为以下几个方面：

一是城乡居民对体育公共设施的需求差异明显。调查显示，在参加体育锻炼的城乡居民中，城镇居民在正规体育公共场所（单位、社区、健身会所等）中进行锻炼的人数比例明显高于乡村居民。城镇居民参与体育锻炼的意向比农村居民更为强烈，城镇居民对于体育公共设施的需求也更为迫切。

二是缺乏场地设施是制约当前体育公共服务供给的重要因素。场地设施是居民参与体育锻炼的基本保障，从侧面反映出我国居民对体育公共设施的需求仍没有得到有效满足。

三是场地设施的资源整合是居民对体育公共设施的重要诉求。一方面我国居民的体育锻炼需求不断增强，特别是城市居民的体育锻炼意识更为突出；另一方面我国居民的体育锻炼需求得不到有效满足，体育场地设施不足已成为制约居民参与体育锻炼的重要因素。

四、我国体育公共设施发展存在的主要问题

通过分别探讨和分析，体育公共设施建设的诸多问题归纳为：第一，我国体育公共设施建设布局不合理；第二，我国体育公共设施使用效率低下；第三，我国体育公共设施建设投资主体较为单一。

（一）我国城市社区体育设施建设中存在的主要问题

1. 建设与布局失衡

一是从城市社区体育设施建设与规划角度来看。我国城市社区体育设施建设少规划、轻落实，致使建设成效不明显。近年来，虽然我国社区体育设施的规划编制工作已启动，指标体系逐步完善，但由于我国对城市社区体育设施建设的研究起步相对较晚，城市社区体育设施建设与规划的完善是一项艰巨而复杂的任务，还需经历一个繁杂的过程。

二是从城市社区体育设施功能与布局角度来看。首先，我国长期形成“重竞技体育”“轻大众体育”的传统思维定式，造成了体育设施建设主要用于满足竞技体育需要，可以用于群众体育发展的体育设施建设滞后的局面。当前，我国城市体育公共设施以竞技型居多，与群众体育息息相关的休闲型体育公共设施数量偏少。为了举办国际国内大型体育赛事，专门建造大中型体育场馆，其中以大型综合体育场（馆）居多，大型国有体育场馆的赛后利用一直是困扰我们的一大难题。其次，现在的居住区公共设施配套是按照“谁开发、谁配套”的原则进行，地块开发规模大小不一而导致体育设施配套的不一。

三是从城市社区体育设施数量与质量角度来看。我国城市社区体育设施的总量供给不足，类型功能相对单一，难以满足大众日益增长的多元化需求。

2. 管理决策与内部发展的失调

一是从管理决策角度上看，在实践层面，因缺少相关政府职能部门的监督与指导，多数房地产开发商出于对房地产销售利益的追逐，在社区规划中缩减乃至取消体育设施场地的规划，降低社区体育相关设施的标准，导致大量社区缺乏体育设施或体育场地。设施被占用、利用不充分而处于闲置状态，大众的体育健身、娱乐休闲的需求却难以满足。在利益的驱使下，甚至有些开发商挪用或挤占体育设施建设的空间，严重阻碍了社区体育设施的正常发展。管理决策上的弊端，是导致社区体育设施严重浪费与匮乏的重要因素之一。

二是从内部发展角度来看，我国大多数城市体育设施缺少整体规划，没能从城市总体规划全局考虑，部门之间缺乏有效的沟通，常常各自为政，互不联系。在服务方面，没有专业人员进行指导使用，体育设施如同摆设。

3. 利益需求与人文关怀的缺失

一是从体育需求角度来看。随着我国体育的发展和普及，人们对于体育锻炼、提升健康水平的需求不断上升，进而，对体育健身的需求也在不断变化，特别是人们对体育设施以及体育健身环境提出了更高的要求。

二是从人文关怀角度来看。首先，社区体育环境缺乏吸引力，个性化不明显，雷同性大，决策者与管理者往往只注重空间的物理质量，很少考虑居民需求的多元化，缺少与居民的生活方式有机结合，质量较低，现代化气息不强。其次，我国社区体育设施类型中以小型、单一、简易的体育场地设施为主，从需求角度上讲，与目前大众所喜爱的项目不相配套，加上体育活动缺乏组织指导，难以满足大众的体育需求。最后，建设者对社区文化内涵把握不明确，缺乏人情味，对设施使用者的环境行为心理考虑较少，社区体育休闲空间缺乏领域感、缺乏近人的尺度和气氛。

4. 投资主体单一，缺乏法律保障

一是投资主体单一。体育场地投资模式以政府为主导，具有明显的政治色彩，投资结构相对单一。首先，由于受传统体育发展思维的束缚，我国竞技体育与大众体育发展不平衡，用于竞技运动训练比赛与场馆设施建设的体育彩票基金远远超过发展大众体育的投入，行政区划的“条块分割”式的管理体制限制了社区间体育设施资源的共享。其次，由于我国社区体育设施主要性质是非营利性和公益性，属于公共产品或准公共产品，在市场经济的条件下，企业和社区开发商却以追求利润最大化为主要目的，致使他们不会主动投资于此类行业，大众体育场馆设施建设很难融入市场，导致建设资金非常有限。

二是缺乏法律保障。在城市建设和发展过程中，许多城市只关注城市基础生活设施的建设，而体育设施的建设往往被忽视，通常造成城市体育设施的建设管理滞后于城市发展的规模，甚至延缓了城市发展的速度，出现不和谐的现象，究其原因主要是体育设施的发展得不到强有力的法律保障。重视程度不够，人力分配、资金投入不足，是社区体育设施建设的重要影响因素，但从某种程度上来说，这些因素的存在恰好说明我国体育发展的相关法律法规存在一定的漏洞，缺乏法律保障是社区体育设施发展滞后最主要的因素之一。

5. 资源封闭，整合率不高

据课题组调查发现，我国城乡居民参加体育活动的主要场所是公园、绿地或广场等非正规体育场所，利用的正规体育活动场所如大型体育场馆、商业性体育设施等所占的比例较低，学校体育设施对外开放程度不高，表明单位、学校、社区所拥有的体育设施尚未得到充分利用，闲置浪费现象严重，而公园、广场和绿地等城市公共开放空间将成为大众体育健身、休闲娱乐的好去处。

（二）我国农村体育公共设施建设中存在的主要问题

就我国农村体育公共设施建设和发展的实际而言，虽然初步解决了设施短缺、管理低效等问题，但是存在的问题依旧较多，通过对农村体育公共设施问题的分析，可以为科学合理地认识农村体育公共设施发展状况，提供对策建议。

1. 农村体育公共设施规划与农村变革的背离

我国农村体育公共设施规划在一定程度上是滞后于我国农村经济社会发展的。但随着我国城镇化发展过程中，农村居民的居住条件和生活习惯都将发生明显变化，城镇居民和村庄居民的体育观念和体育参与行为也都发生了一定的变化。同时，当前的新型农村社区建设为体育公共设施发展提供了良好的契机，很多地方政府都把包含农村体育设施在内的公共事业发展纳入区域农村发展长远规划，这种规划与实践对我国广大农村地区进行体育公共设施建设具有重要意义。

2. 农村体育公共设施利用率不高

体育设施建设的目的是通过体育设施的合理安置，提高农村居民利用体育设施锻炼的频率，进而促进农村居民有效参与体育的程度。农村学校的开发状况较差，根本无法实现政策的原初目的，很多地方中小学校出于校园安全及教学开展的需要，不愿意对外开放学校场地设施，在多数情况下，农村学校即使对外开放，当地群众也很少有到学校进行体育锻炼的习惯。在农村体育公共设施利用上，很多农民的主要健身场地主要是自家庭院或室内及绿地、公园、广场、空地等，室外小型运动场和体育健身苑点的比例不高，我国农村体育公共设施的利用率不高。

利用农村中小学校体育设施推动农村体育活动开展是我国农村体育政策的重要构成部分。既有体育设施建设本身的原因，目前农村体育公共设施的主要类型是篮球场、架和乒乓球台。同时，农民群体体育参与积极性不高也是农村体育公共设施使用率不高的重要原因之一。农村体育公共设施利用率不高，直接体现了我国体育行政部门利用财政投资建设体育场地设施、提高农村体育参与率的政策设计遇到了一定挑战，从实践来看，农村体育公共设施数量的提高并没有相应的提高农村居民体育参与率，提高体育设施的利用率还涉及村落对于现代体育文化的接受等。

3. 农村体育公共设施投资主体单一

农村体育设施的投资主体相对单一，主要依靠政府财政拨款这一渠道，对财政资金拨款有很大的依赖性，但地方政府筹资能力和配套能力都处于较低水平。出于农村体育公共设施的公益性、非排他性、低盈利性等特点，社会力量和民间资本关注并投入农村体育场地设施建设的极少，农村体育产业化的可能性、抓手较少，难以在农村社区推进体育社会产业化。

4. 农村体育公共设施管理水平不高

公共文化体育设施管理是当前政府面临的难题之一。县级及以上政府是区域体育公共设施的管理主体。但是在农村地区，农村体育公共设施的管理存在很大的漏洞。比如，管理的主体、责任部门很难常态化地接触城镇和农村体育设施的“地气”，更难以加强对农村体育公共设施的管理。管理制度常常是“重有轻合理性、重存在轻可行性、重形式轻执行”。而农村场地器械配置和安置的合理性、体育设施的陈旧老化及损坏问题、体育设施的安全问题，常常在农村体育公共服务推进过程中不受到重视。同样，农村体育公共服务的运行过程中，“无人员、无制度、无经费”的现象贯穿于农村体育公共服务的推进全程，这与体育强国建设、全民健身战略实施及推进农村体育公共事业建设的初衷相背离。

（三）大型体育场馆在提供体育公共服务中存在的突出问题

1. 公共服务设施不完善，服务功能较为单一

各地新建的大型体育场馆的功能以承办各类大型体育赛事为主，场馆设计以赛时需要为出发点，场馆的竞赛功能和竞赛设施比较完备，但对场馆赛

后运营和配套服务的考虑较少，未能对场馆进行多功能、复合化的设计，导致场馆的体育公共服务设施不配套、不完善，各种公共服务设施严重不足，限制了场馆对于体育公共服务的供给，使得场馆的服务功能过于单一，不利于体育公共服务的供给。

2. 公共服务设施重复建设问题严重

大型体育公共场馆作为政府提供体育公共服务的重要主体和场所，各级政府负有建设、管理大型体育公共场馆的职责。但是由于各地政府未就场馆建设规划进行有效沟通协调，盲目筹措资金建设，导致大型体育公共场馆出现重复建设，个别地区甚至出现场馆供给过度的现象，严重浪费了大量国有资产。

3. 场馆管理水平较低，资源闲置较为严重

一是场馆管理专业化水平较低。目前，场馆供给体育公共服务过程中，专业化水平较低是管理水平较低的重要表现之一，国内尚未通过服务质量认证或体育服务认证等第三方认证的场馆占大多数，场馆内部未建立科学规范的管理制度，体育公共服务和场馆服务保障的国家标准尚未制定，场馆运行没有统一的规范标准。

二是场馆运营收入过低。场馆在提供公共服务的同时，适度进行市场开发，可以提高运营收入是反映其运营能力的重要指标之一。

三是场馆利用水平较低，资源闲置较为严重。一是我国场馆规模普遍较大，但主要满足于竞技体育的比赛，但从健身功能性角度和满足民众健身需求的角度出发，政府斥巨资修建大型体育场馆甚至不如中小型的全民健身中心。二是我国大型体育场馆存在一定程度的重复建设，且功能性大多相同。三是出于对体育场馆设施的保护以及出于盈利目的，大型体育场馆的实际利用率不高，甚至许多场馆被用于大型文艺演出，严重破坏和浪费了场馆资源。

四是民营机构难以参与场馆体育公共服务供给。部分场馆在自身运营举步维艰或资金严重短缺的情况下才选择引入民营机构，让社会资源和市场力量参与提供体育公共服务。封闭的场馆经营市场，严重限制了市场机制和竞争机制的积极作用，抑制了场馆运营主体的工作热情和积极性。

4. 公共服务供给不足，服务内容过于单一

大型体育场馆作为政府投入巨资建设的社会服务设施，主要用于提供体育公共服务，从各地大型体育场馆提供服务的情况来看，基本上履行了体育公共服务职能。体育公共服务的种类相对较多，从各地大型体育场馆提供的服务种类来看，以各种体育健身、体育培训和健身指导等体育公共服务为主。部分地方大型体育场馆仅仅是为了一次性承办大型体育赛事而建，没有完备的配套设施，导致这些场馆的体育公共服务供给严重缺乏，服务内容过于单一。而且，大型体育场馆的公共属性，应向民众提供公益性体育服务，但部分大型体育场馆完全市场化，提供的服务价格过高，服务项目设置完全商业化，将大部分中低消费群体排除在服务范围之外，难以体现公益性，进一步限制了大型体育场馆体育公共服务的供给。

5. 公共服务成本过高

我国大型体育场馆多为竞赛型场馆，为承接大型体育赛事而建，投资额巨大，运营成本过高，如南京奥体中心一年的运营费用高达 6000 多万元。大型体育场馆作为体育公共场所，提供体育公共服务。由于赛事、活动资源较为稀缺，大型体育场馆在非赛时也主要用于对群众健身开放。部分大型体育场馆为节省运营成本，甚至不对群众健身开放，进一步加剧了场馆的闲置状态和体育公共服务供给的不足。

五、我国体育公共设施建设中存在的问题成因分析

（一）我国体育公共设施建设体制大环境的转轨和脱节

一是我国经济体制的转轨导致体育公共设施资源不对称。在随着我国由传统农业经济向现代工业经济过渡的历史进程中，出现了城市现代生产、生活方式之间不断进步的不对称组织形式和社会存在形式及农村相对落后的生产和生活方式，即所谓“城乡二元结构”。

二是我国现行的体育管理体制导致体育公共设施资源配置不平衡。首先，城市社区体育公共设施。从长远的角度看，农村体育场地设施的维护、更换和管理成本远高于建设成本。在农村体育公共设施实际运行过程中，以

政府为主的投资方和地方社区的受赠方存在典型的博弈心态。其次，大型体育场馆。我国大型体育场馆多属事业性质，场馆供给公共服务受到这种体制的制约和限制，具体分析原因：预算管理制度束缚供给体育公共服务灵活性；编制管理导致人员流动不畅，冗员过多；场馆工作人员的流动受到现有编制管理制度的严重束缚；社会保障制度不健全，场馆供给体育公共服务负担过重。

（二）我国体育公共设施供给制度的滞后和缺失

1. 精英取向制度设计的固有缺陷，导致农村体育公共设施供给与需求脱节

由于决策过程中没有充分考虑民众需求的变化，尤其在当前我国农村推进城镇化改革，农村地区经济社会发展差距巨大，农民体育文化需求呈现多元化、复杂化等特点，传统意义上的精英决策模式导致服务供给与需求脱节。

农村体育文化、人口结构和体育健身习惯等与城市具有一定差异。从城市角度考虑，增加农村体育公共设施，推动农村体育发展的思路需要进一步验证。现有研究表明，民众体育健身需求呈现典型的阶层差异性，同时年龄等都是影响体育健身需求的重要因素。

2. 不良投资机制导致大型体育场馆供给体育公共服务难以获得补偿

体育场馆在政府提供体育公共服务的过程中是重要的代表物，地方财政应依法保障场馆供给体育公共服务的成本支出，但从实际情况来看，地方财政对于场馆的保障乏力，尤其是对于体育公共服务中的场馆供给投入严重不足，可以说，地方财政资金的短缺，造成体育场馆供给体育公共服务的成本难以获得及时和足够的补偿，导致难以供给体育公共服务。

由于场馆多为竞赛型场馆，为了保证赛后正常运营和体育公共服务，需对场馆进行相应的改造，所需资金量较大，同时，场馆赛后运营和文体活动开发均需启动资金，但是政府在场馆建成后对场馆的再投入十分有限，导致场馆赛后运营资金严重缺乏，日常运营和公共服务的供给受到了极大限制。在现行的事业单位会计制度下，所有的场馆都不计提折旧，多数场馆未设立发展基金，场馆维修经费严重不足。

（三）我国体育公共设施建设缺乏科学长远规划

1. 城市规划滞后、规划程序缺乏协调和城市土地资源稀缺

城市规划是城市建设与管理的指导性文件，是城市发展的龙头。在规划的制定与审核过程中，主要以城市规划行政部门为主导，缺乏其他相关部门间的沟通与参与，规划往往遵循传统的城市社区的硬性指标来进行，如根据城市的建筑密度、容积率、绿化率、停车位以及消防通道等；但是，在这些指标中，大众体育设施建设用地往往被市政部门所忽视。在社区体育设施的建设过程中，由于用地规模、建设时间以及投资主体的不同，很容易出现政府、企业和物业之间互相推诿的现象，即便预留了体育设施建设用地，由于难以落实投资主体而导致设施建设迟迟不能开工。

2. 农村体育公共设施规划滞后，导致农村体育公共设施无法可依

地方政府在农村建设过程中，探索农村公共文化体育设施规划的问题，在国家层面上始终没有得到认同，所以地方政府的探索得不到有效推广，国家层面的农村体育公共设施规划仍旧处于缺失状态，导致地方在建设农村体育公共设施过程中无法可依。

3. 大型体育场馆设计先天不足，未能充分考虑体育公共服务供给问题

大型体育场馆的建设理念和规划设计对于其供给体育公共服务具有重要影响。场馆在规划设计阶段就应考虑其赛后运营和体育公共服务的供给，但在我国场馆的规划设计中较少考虑场馆的赛后运营和体育公共服务的供给，以赛时需要设计为主，导致场馆赛后运营困难，不利于赛后场馆的对外开放和体育公共服务的供给。

我国部分场馆在选址中考虑到承办大型赛事对人流疏散、交通的影响以及城市内较高的土地成本，将部分场馆建在城市郊区。场馆建在城市郊区虽对举办大型赛事影响不大，但对场馆提供体育公共服务和经营状况来说影响却很大。

（四）我国体育公共设施建设法律监管不到位、配套政策不完善

1. 城市社区体育公共设施相关法律法规不到位

目前，我国城市社区体育设施的建设主体是政府，主要以政府主导投

资或募集社会资金为主，其性质带有明显的公益性和非营利性。任何组织和个人不得侵占、破坏体育公共设施。在法律的层面上，虽然《体育法》对城市社区的体育设施建设进行了立法保障，但在基层社区体育公共设施的建设与管理还是相当不规范，出现了一些法规空白或执行不到位，加上政府微观层面管理的缺位以及体育行政部门的不作为，社区体育设施被挪用、以土地置换的方式被侵占的现象相当严重。为了体现法律的时效性，相关的法律法规也应该与时俱进，不断健全和完善，提高其保障作用和免干预能力。与此同时，各级政府应该保障法律法规的统一性和可操作性，并加大执行力度。

2. 大型体育场馆相关配套政策不完善

一是公共服务标准缺失，监督考核缺位。大型体育场馆提供体育公共服务，国家应有相应的体育公共服务标准，以规范和约束大型体育场馆提供体育公共服务。但目前有关大型体育场馆等体育公共场馆的基本体育公共服务和公共服务标准并未出台，大型体育场馆管理机构因公共服务标准缺失，在实际的工作中也无所适从，不知该提供什么样的体育公共服务。因此，体育公共服务标准的缺失在一定程度上造成了大型体育场馆体育公共服务供给不足。另一方面，由于国家尚未出台大型体育场馆体育公共服务考核机制，导致没有监管主体对大型体育场馆提供体育公共服务的情况进行监督和考核，许多大型体育场馆缺少提供体育公共服务的主动性和积极性。二是税费政策不妥，扶持政策缺乏。

六、我国体育公共设施发展建设的对策建议

（一）分类推进体育公共设施体制改革，增强各类体育公共设施公共服务能力

1. 明确主体，加强监管，提升城市社区体育设施发展的管理成效

在城市社区体育设施发展过程中，政府的作用主要表现在管理和保障两方面。一是管理方面，通过行政和法律等手段对城市社区体育设施进行规划布局，制定相应的监督管理政策。二是保障方面，主要指资金保障和后期保

障。对政府在社区体育设施领域的投资范围，起到资金保障的功能，严格界定政府的投资范围；协调各部门，按指标要求验收建成的社区体育设施。完善监督机制的主要任务是解决如何发挥政府、媒体、社区组织等主体的监督作用，如何消除监督机制的阻碍因素，如何建立一套符合市民利益和可行的监督机制等问题。

明确体育职能部门的职责，提升监管能力。体育职能部门理应成为体育场地设施建设与监管的主要职能部门。在体育设施建设过程中，管理与监管是体育行政部门的主要职能。

探索城市社区体育设施管理模式，提高管理水平。城市社区体育设施作为一种具备准公共产品性质的物质存在，就可以适当地通过市场的供求机制来对其进行资源优化配置。在社会主义市场经济体制下，城市社区体育设施的供给越来越需要多元化的主体，政府虽然还是城市社区体育设施的产权所有者，但是政府可以更多地吸纳社会力量参与其管理，采取多样化的管理形式。

2. 创新管理体制，改善农村体育公共设施供给环境

改变决策形式，形成自上而下决策和自下而上表达的有机结合。短时间内，农村体育公共设施供给过程中自上而下的决策形式不会得到彻底性的改变。现阶段，农村体育公共设施建设过程中，需要进一步重视农民体育需求的表达。由于我国农村地区区域广大、民众需求多元化，因此应坚持区域化、民族化的供给原则。

改变既往“农民体育健身工程”的发展思路，不要求全国统一的体育设施供给，而是充分考虑区域特征和民族习惯，结合农村常住人口的体育需求特点，进行农村体育公共设施供给。重视农民群体的体育需求，强化以农民群体的需求为引导，促进农民所需的体育设施供给，奠定农民体育设施有效利用的基础。改变管理形式，创新管理制度，完善产权结构。强化制度建设，明确各类主体的责任。

3. 积极推进场馆管理体制改革，增强场馆供给公共服务能力

场馆供给公共服务长期受事业单位管理体制限制，急需参照事业单位改革的要求，深入推进场馆管理体制改革，设计有利于场馆公共服务的各项制度，提高场馆供给的公共服务水平。

（二）强化顶层设计，优化供给制度，提升体育公共设施专业化水平

1. 整合资源，优化城市和社区体育公共设施供给制度

对体育公共设施规划进行顶层设计工作是开展体育公共设施建设的重要前提。加大扶持，拓宽投资，保障城市社区体育设施发展的财政投入。城市体育公共设施是城市公共基础设施的重要组成部分，其建设资金的投入也是公共财政支出的重要组成部分。应以政府投入为主，各级财政结合城市总体规划保证体育公共设施建设资金的需要，同时可以采用体育彩票公益金或社会捐赠等多种资金投入方式，促进体育公共设施建设资金来源的多元化，缓解现实矛盾。在吸引社会企业或个人参与投资与管理过程中，引进激励机制，政府可适当采取免税收或适当减免土地出让金等优惠政策，甚至还可以制定奖励政策，对社区体育设施面积超过规划规定的企业进行奖励，旨在引导企业自觉主动参与社区体育设施建设。

整合资源，协同发展，扩大城市社区体育设施服务功能的外延。整合城市社区体育设施资源可以从以下三方面来实现城市社区体育设施系统内外的资源共享：一是调整城市中大、中小型体育设施的布局与比例，使其趋于合理化。因为不同规模的体育设施互相之间具有功能与经济互补作用，它们之间是相辅相成的，具有相互促进、共同发展的密切联系。二是扩大社区系统外体育设施资源的共享。三是促进社区系统内体育设施资源的共享。

2. 革新滞后投资和供给形式

改变投资形式，形成政府投资为主、其他投资为辅的投资格局。体育与其他公共服务项目整合，不仅不会减少农村体育公共服务的投入，在很大程度上可以吸引其他资金注入，有效增加农村体育公共服务的投入。促进公共服务中心建设，不仅将使体育活动获得较好的社会认可机会，同时与其他项目在一起，将最大化地吸引村民对体育活动的关注。

3. 加强专业化运营，提升大型体育场馆供给体育公共服务水平

场馆的专业化运营，应在相应的体育公共服务标准和运行标准等标准体系中运行。目前，国家体育总局等相关部门正在进行场馆相关服务标准和运行标准的研制工作，相关标准出台以后将为场馆的标准化、规范化管理提供客观依据。同时，场馆也应加强对现有标准和场馆运行规范的执行力度，建

立并健全场馆服务质量控制体系，精简和优化服务流程，提高服务质量。此外，与政府部门、社会组织合作，将场馆打造成各类体育社会组织的活动基地，由社会组织利用场馆资源组织开展各种体育活动，为群众提供各种专业化体育服务。场馆服务内容的丰富，运营的专业化，有助于提高场馆供给体育公共服务的专业化水平。

（三）科学规划，优化体育公共设施的整体布局

对全国体育公共设施规划、建设和利用应做统筹安排，要立足于整体性视角确立体育公共设施的发展规划。针对各类体育公共设施存在的不同状况，具体建议如下：

1. 优化城市社区体育设施空间布局

编制专项规划纳入控制性详细规划，进一步完善设施规划编制体系。社区体育设施的建设应遵循城市规划的基本规律，将规划编制分为总体规划、分区规划和详细规划三个不同的阶段。三个阶段是层层递进和不断细化的过程。其中总体规划是以城市总体规划为基点的顶层设计。控制性详细规划阶段是其中最关键的一个环节，主要协调好土地使用、单位产权、交通状况、周围资源等诸多问题的制约，设计好近期建设规划，布局好大中小型体育公共设施健身区域，明确社区体育设施建设的具体要求，综合考虑城市社区体育设施的布局与规模，确保城市社区体育设施建设的顺利进行。在控制性详细规划编制过程中，体育行政部门应和规划部门一起编制城市体育设施专项规划，提前考虑好近期的主要工作预案，明确各类体育设施的规模、布局和建设时序。规划、整合、盘活现有资源，促进城市体育公共资源共享。

承担社区体育设施建设的企业，应当积极配合城市规划、市政、消防、城管及体育等相关部门的工作，以协调解决建设过程中出现的问题。体育行政部门应当制定出相关指标，建议有关部门在制定社区体育设施建设规划时，应充分考虑居民参与体育健身的便利性、安全性以及体育健身设施、健身环境的优劣等，并将这些重要指标进行量化，形成一套完善的验收与评估管理指标体系。

城市社区体育设施按规模大小可以分为社会体育中心、社区体育中心和社区健身设施三个级别。选址是社区体育设施的空间布局的关键，怎样布局

才更加合理，居民能够最大限度地使用体育资源，这需要考虑周围的人口、环境和交通等多方面综合要素。各级社区体育设施的布局与功能不尽相同。社会体育中心建设规模较大，综合性强，主要满足承办社区内的各种大型体育赛事的需求；而社区级体育中心规模相对较小，功能较为单一，主要是满足居民日常体育锻炼和举办日常社区活动；社区健身设施属于微型体育设施，主要分布在每个小区中，旨在使大众可以享受到便民的体育服务。

2. 加强农村体育场地设施的整体规划

我国农村体育公共设施发展，首先要立足于整体视角确立农村体育公共设施的发展规划。对于农村体育公共设施的规划、建设和利用的统筹安排，学者们进行了较为系统的研究。完善国家整体规划、省市规划和区县规划的编制工作，在区域经济社会发展中列举体育公共设施专项规划，并且在我国区域体育公共服务发展的基础上，适时调整农村体育公共设施的各项指标。在农村体育公共设施建设方式上，建议以划拨方式供给所需土地，利用村级公共用地建设农村体育公共设施。将农村体育公共设施供给责任进行分解，采取委托代建制，建设农村体育公共设施。建成以后，由体育公共设施所在地的村级组织或专业体育社会团体承担农村体育公共设施的管理责任。

3. 大型体育场馆设计优化，“建修”并行

优化场馆公共服务功能设计，鼓励共建场馆。提高大型体育场馆的公共服务功能，首先从源头上解决问题，更新发展理念，从场馆的规划和设计入手，优化场馆功能设计，完善场馆公共服务功能，充分考虑赛后供给体育公共服务的需要，对场馆进行多层复合化设计，融入多种功能，比如文化、体育、社区服务等多种公共服务功能，实现场馆建设用地的集约利用，提高场馆的容积率和建筑强度。将场馆单一的体育中心设计成为城市的综合体和城市生活中心，为大型体育场馆赛后供给体育公共服务提供硬件基础。从目前场馆建设的情况来看，群众身边的场馆最为缺乏，需求最为迫切，但用地也最为紧张。

加快中小型体育公共场馆建设，改善体育公共服务供给基础。鉴于各地热衷大型场馆建设，而大型场馆后期利用困难、闲置比较严重的问题，今后各地应适度控制大型场馆的建设：各地承办大型体育赛事应充分利用现有场馆，通过对现有场馆增加临时看台、活动座席等临时设施以及搭建临时场馆等措施，满足承办大型赛事的要求，尽量控制新建大型体育场馆，将有限的

资金主要用于中小型场馆建设，加快场馆建设。

改建现有场馆，提高现有场馆公共服务能力。为促进场馆体育公共服务的供给，增强现有场馆的公共服务供给能力，应注重对现有场馆的改造，增设公共服务设施，提高现有场馆的公共服务能力。

此外，应注重对部分年久失修的大中型场馆的转型改造，由于部分大中型场馆修建的年代较为久远，而其承办大型活动的功能也已被新建的场馆所替代，应逐步转型为以全民健身为主。应注重和加强对现有场馆的转型改造，完善服务功能，以提高现有场馆的公共服务能力。

（四）完善相关法律法规及配套政策，扩大体育公共设施服务功能外延

1. 改善城市社区体育设施发展的制度环境

改善当前社区体育设施规划、建设和管理需要的法制环境，共建良好的社区体育设施发展法制环境，保障其健康可持续地发展。

要制定和完善指标体系，从而提高法律法规可操作性。逐渐完善社区体育设施指标体系，分区分类进行指导。社区体育设施指标体系主要包括建设指标体系和验收指标体系。社区体育设施建设指标体系是衡量社区体育设施建设的基本要求，主要指体育设施规划设计标准、相关配套设施标准以及设备标准。由于我国地域差异性大，统一的指标体系也难以符合不同城市不同社区的实际需要，应根据不同城市不同档次的社区进行分类，按就近原则，区域统筹社区间的体育设施，适时进行动态调整。建立合理而详细的社区体育设施验收指标体系。目前，我国城市社区体育设施的验收指标体系还不完善、可操作性差，导致社区体育设施建设的质量与数量难以度量，不重视验收工作成为我国城市社区体育设施建设过程中非常突出的问题。

2. 强化政策供给和执行，促进农村体育公共设施建设工作的开展

做好农村体育公共设施需求的调查研究工作。深入基层调查研究，既是我们党的优良传统，也是我们制定政策的前提和依据。我国农村地区覆盖范围广阔，民众的生活水平和生活习惯相差很大，由此带来的体育锻炼意识和体育锻炼需求也存在较大差异。特别是近年来，随着农村城镇化进程的逐步加快，农村地区的常住居民结构也在悄然发生改变，这都直接影响着体育公共设施的供给。因此，深入到广大农村地区进行自下而上的调查研究十分必

要，这有助于我们了解农村居民在体育公共设施需求上的特点及其变动趋势，明确农村在体育公共设施供给中的突出矛盾与突出问题，为做好农村体育公共设施的规划与政策制定奠定基础。

通过资源整合和组织建设提高农村体育设施利用率。在体育公共设施建设中坚持经济基础、群众基础好，土地容易解决的县先建的原则，不断完善有关设施，同时，要重视突出当地壮、汉、苗、瑶等不同民族风格。

3. 建立财政保障，保障大型体育场馆服务能力

加大财政保障力度，保障场馆供给体育公共服务。地方政府作为场馆建设的责任主体，应增加对场馆建设的资源投入和配置，将场馆建设所需资金纳入地方基本建设财政预算，确保场馆建设所需资金。体育组织是推进群众体育工作的重要保障，是群众体育事业发展的重要依托。

第二节　体育公共服务组织体系建设

本节主要从体育公共服务组织体系建设基本状况、体育公共服务组织体系建设存在的问题、体育公共服务组织体系构建模式以及体育公共服务组织体系建设的发展对策进行研究分析。

一、体育公共服务组织体系建设的基本状况

（一）我国体育公共服务组织体系建设的阶段

第一阶段：政府投入为主一元化。中央和地方各级体育事业单位，分别接受同级政府体育主管机关的领导和监督，为社会提供体育公共服务产品，相当于政府的体育生产“车间”。

第二阶段：探索社会化、市场化。依据社会化的内涵和改革要求，需要打破政府部门垄断体育公共服务的局面，形成以政府为主导、各种社会主体共同参与的体育公共服务供给格局。

第三阶段：政府、市场、社会多元化。我国体育公共服务组织体系建设任重道远。从计划经济体制到市场经济体制，我国体育公共服务经历了以政府投入为主的一元化组织体系，随后通过不断探索社会化、市场化，形成了政府、市场、社会多元化的框架，但体育公共服务组织体系仍然需要不断完善。我国体育公共服务组织体系仍然处在变迁与完善的过程中。随着经济社会的不断发展，政府由管理型向服务型逐渐转变，群众的自治意识和能力得到不断增强，许多原本由政府行使的体育权力得到逐步有序的下放，群众体育组织也呈现出多元化的发展趋势。

（二）我国体育公共服务组织体系的框架结构

1. 政府：体育公共服务的责任主体

一是明确主要作用。计划经济体制下，体育系统是我国政府行使体育管理职能的唯一系统，这个系统不仅自成体系、相对封闭，而且与系统外环境交流较少。建立市场经济体制以来，这一系统的外环境发生了翻天覆地的变化，原先的政策优惠难以为继，系统的稳定性受到了很大的影响。受原有体制路径依赖效应的影响，当下政府体育管理职能总体上变化不大。

我国的政府体育管理职能主要由体育系统承担，尽管机构形式在县级层面有所不同，但管理职能较为相似。经济人假设的有限理性、各层级政府掌握信息的不对称和不完全，使政府作为一系列有形或无形契约签订的起源，只是一个有限理性人与契约的结合，可以说，制度的建构是不完全的。虽然在理性能力和信息完全程度上政府占有较大的优势，但仍然囿于有限理性的宿命之内。

二是厘定具体内容。从全民健身的角度，我国体育公共服务体系中主要有场地设施、体育组织、体育活动、体育指导培训、体质监测等需要政府的供给和保证。

2. 市场：体育公共服务的优化配置

一是市场参与体育公共服务的必要与可能。按照新公共管理的相关理论，通过竞争性理念的引入，各种市场主体参与公共服务供给，可有效地回应公众的需求。

第一，体育公共服务中市场参与的必要性：弥补低效。

在政府供给中，政府综合公民的体育公共偏好，提供体育公共服务产品。公共政策方面，对公民急需的体育公共服务供给不足，但是竞技体育产品却是非公民自愿选择的超量供给。很大程度上不是公民体育需求的表达，而是压力型的官僚体制下官员基于自身利益最大化而推动的超量供给。城乡差距持续性增大。政府改革在体育领域步履维艰，运动项目中心和各种体育协会成为政府改革的避难所，变相造成了政府扩张。

第二，体育公共服务中市场的优势：市场机制。

市场机制指在市场运行中形成以价格、供求和竞争三位一体的互动关系为基础的经济运行和调节的机理。市场机制分为价格机制、供求机制和竞争机制。

二是市场在体育公共服务供给中的角色定位。市场是指在商品生产和交换领域扮演重要角色，以追求经济效益为主要目标的组织类型，其主要的表现形式是企业组织。在现实生活中，企业参与公共服务供给确实存在并逐渐发展。按照组织分工理论，市场在体育公共服务中主要扮演以下四种角色：第一，市场扮演体育公共服务的“提供者—生产者”角色。第二，市场扮演体育公共服务的“生产者—被采购者”角色。第三，市场扮演体育公共服务的“生产者—合作者”角色。第四，市场扮演体育公共服务的“购买者—提供者”角色。

3. 社会组织：体育公共服务的重要载体

在我国，民间组织这一称谓一直被使用着，它涵盖了社会团体、民办非企业单位、基金会所三类组织。

一是体育社会团体。社会团体是指中国公民自愿组成，为实现会员共同意愿，按照其章程开展活动的非营利性社会组织。我国的体育社团组织体系庞大、种类繁多。既有规模巨大、层级较多、会员众多的大型正式体育组织，诸如各行业的行业体协、体育单项协会等，也有规模较小、结构松散、成员较少的社区健身组织。

行业体育协会：行业体育协会是我国群众体育组织体系中的重要组成部分。自新中国成立起，我国便在各个行业系统内部建立了体系较为完备、覆盖较为全面的体育协会。

人群体育协会：人群体育协会是指在各社会阶层、社会群体内部建立的社会性体育组织。诸如青少年体育协会、农民体育协会、妇女体育协会、老年人体育协会和残疾人体育协会，等。

农民体育协会：农民体育协会成立以来，在全国动员与发展了大量的农民朋友积极地参与体育活动，并举办了6届全国农民运动会和多届其他形式的农民体育活动。

老年人体协：老年人特殊的身体特征对体育提出了较高的要求，运动健身成为老年人生活方式的重要组成部分，由此也使得老年人成为群众体育发展中的一支主力军。老年人不但在动员老年人参与体育中具有十分积极的作用，在动员其他社会群体参与体育中的作用也十分显著。

残疾人体育协会：体育在提高残疾人身体社会适应能力、锤炼残疾人的意志品质、促进残疾人正常社会生活回归中具有十分重要的作用。

青少年体育俱乐部：体育对于青少年有着十分重要的教育与健身价值，青少年由此成为除老年人之外重要的体育运动参与群体。各地的青少年体育俱乐部采取会员入会与登记制度，一般在当地的体育、民政部门进行了相应的注册登记，获取了法定的民间组织身份。

单项体育协会：改革开放以来，我国单项体育协会得到了迅速的恢复与发展。近年来，除了各单项体育协会蓬勃发展，各区域的民族传统体育项目亦成立了相应的单项协会，这些民族传统体育项目单项协会的成立既起到抢救、保护民族传统体育项目及其文化的作用，亦在当地起到了较为良好的群众体育动员与参与的作用，依靠各种类型的民族传统体育项目组织，各地长期化地举办、开展各种民族传统体育活动。

基层体育组织：改革开放以来，经济体制转轨，传统单位制逐渐式微，国家开始不断向社会让渡治理空间，由此使得社会力量得到不断的孕育与生长，各种类型的社会组织如雨后春笋般生成。为数众多的基层体育组织以其独特的结构与功能优势，在基层群众体育运行中扮演着十分重要的角色。

二是体育类民办非企业单位。体育类民办非企业单位，是由企业事业单位、社会团体、其他社会力量和公民个人利用非国有资产举办的，主要是以开展体育活动为主要内容的非营利性社会组织。

三是体育基金会。体育基金会是指对国内外社会团体和其他组织以及个人自愿捐赠资金进行管理的民间非营利性组织，属于社会体育团体。

二、体育公共服务组织体系建设存在的问题

当前制约体育公共服务体系组织建设的诸多问题归纳为这样五个方面：其一，体育组织建设与发展的合法性问题；其二，体育组织建设与发展过程中的资源约束问题；其三，体育组织建设与发展所遇到的结构性阻滞问题；其四，体育组织建设与发展的治理问题；其五，体育组织建设与发展的社区环境演变问题。这五个方面是当前建设与发展体育社团组织需要着力解决的问题。

（一）体育组织发展的合法性问题

社会力量的不断孕育与发展，逐渐催生与发展出数量众多的社会组织，这类组织虽未得到政府以及相关行政管理部门的明文认可，但这类组织契合了基层社会的各种需求，因此被群众广为认可，在群众的日常生活中扮演着十分重要的角色。社会合法性基于社会生活的逻辑，它与社会领域的道德、价值规范是契合的，因而，其具备社会合法性。与社会道德、社会文化规范的吻合，使得具备社会合法性的组织能够在基层社会较好地发挥良好的社会资源整合、公共服务供给等功能。因此，具备社会合法性的社会组织，不但在民间具有广泛的基础，往往也能得到政府的默认与鼓励。

合法性问题是体育组织生存与发展过程中最基本的要素条件。尤其是那些规模较大的体育社团，其能否取得合法性身份与地位，决定了社团活动的可能与否，合法的身份往往构成了大规模体育社团的生存底线。如果没有合法的社团身份，且大规模的社团活动又未得到政府及其相关部门的认可，那么其活动性质会被定性为非法，非法的社团活动就受到政府的禁止与取缔。除了对大规模体育组织的活动具有限定作用，是否具备合法身份对于组织的资源获取有很大的影响作用。按照我国现行的法律，如果体育组织到相关的机构进行了相应的等级与备案，取得了民间组织的相应身份，那么这类型的组织将在税收以及其他政府资助层面获得较大的有力资助。税收方面的优惠政策意味着体育组织发展的成本将大幅度降低，这对大规模体育组织而言，具有极大的促进与激励作用。当然，当前活跃在基层社区的体育组织，主要还是那些结构松散、规模小型的社区健身组织。

（二）体育组织发展的资源约束问题

体育社团组织作为一类社会实体，其存在与发展必然需要具备一定的资源条件。第一，资源条件是体育社团组织良性运行的先决条件。尤其对大规模的体育社团组织而言，组织实施专业化的运作需要组织内部有相应的专业化结构与技术进行支撑，专业化的技术人才、专业化的技术支撑均需耗费大量的资源。同时，维系较大规模体育社团组织的运行还需要较多的日常维系经费。因此，资源的充足与否将较大程度地决定大规模体育社团组织的运行质量。为了获得社团组织所需的发展资源，大规模的体育社团组织一方面通过获取合法的组织身份，积极争取政府税收减免、项目资助等优惠政策；第二，大规模的社会组织也会通过一定的市场化手段，诸如冠名等积极地从市场领域筹集资源；第三，大规模的体育社团组织还会通过种种策略获取社会领域的资源赞助，诸如，通过收取一定的会费，游说社会名人对于体育社团组织的赞助等。虽然，大规模体育社团组织通过种种方式尽力地去化解组织发展的资源约束问题，但从当前的大规模体育社团组织的发展现状来看，资源短缺仍然是制约组织进一步发展的重要条件。资源短缺，使得较多的体育社团采用了依附性的生存策略——或挂靠、或结构性依附，即通过依附政府而获得组织生存发展所急需的各类资源。依附政府，虽然有利于获取发展资源，但将较大程度地降低体育组织生长孕育的自主性，导致难以获得自生长的能力。

当然，当前活跃在基层社区的较多体育社团组织是规模较小的健身组织，这类组织由于规模较为小型，因而，其运行成本较小。在难以获得政府、社会、市场资助的条件下，小型体育社团组织往往依靠组织内部的社会精英分子个人的资源优势来解决组织的资源困境问题。社区的社会精英分子以公益人身份积极地介入健身组织的发展中来，不但无私地以个人的努力工作维系健身组织运行与发展，还积极地将自己的社会资本、社会资源用于健身组织的发展之中。在我们的社区调研中，遇到了较多的社会精英推进健身组织发展的个案。

（三）体育组织发展的结构性问题

不同的体育社团组织往往具有不同的组织结构。从当前活跃在基层社区的体育社团组织的结构来看，可以粗略划分为两种类型：

第一种是具有正式科层组织结构的体育社团组织。

第二种是不具有正式组织结构的松散健身组织。这类健身组织少则数人、多则数十人，一般规模较小，依靠几个核心人物的组织联系开展体育活动。由于组织规模不大，组织对于成员的进入与退出也没有十分严格的界限，因此，组织的运行方式相对没有正式组织那么严格，组织活动开展的随意性较大。也正是由于组织的规模较小，组织进一步成长乃至获取合法身份的意愿较弱，所以这类组织基本都无正式的法定身份。组织依靠社会领域广泛的认同而无拘束地开展社团活动。非正式的健身社团依靠基层社区的“能人”开展活动，“能人”凭借自己的社会关系网络、社会资本而能够迅捷地动员与聚集组织成员，并以自己独特的动员方式而使得这些组织成员较为稳定地团结在自己身边。

由于组织小型，组织日常运行的成本相对较低，对于场地器材也无过于严苛的要求，因而这类组织的生命力较为旺盛。从我们调查的几个社区来看，平均每个社区都有数量较多的健身组织。由于这类健身组织的日常运行主要依靠组织内部的“能人”，组织自身并无严格的规章制度，组织的运行受“能人”的影响较大。往往“能人”个人的自身状态会较大程度地影响到组织的运行状态。从调查的社团组织的运行情况来看，发展较好的健身组织一般都是组织内部“能人”工作状态较为稳定的组织，而少量组织，出现了由盛转衰的情况，究其原因，就是因为主导组织运行的“能人”在代际流动的过程中出现了流动不畅的问题。因而，这类由个人主导的组织，较大程度地受到了人的状态影响。

对于正式组织而言，组织依据其正式的制度以及科层架构来自行治理组织，制度的刚性约束，使得组织的日常运行均较为正式、严苛。与非正式的健身组织“以一人之力治理组织”所不同的是，正式的体育社团组织科层组织一般规模较大，组织运行需要专业化治理，因此组织内部会有十分明确的分工，使得其治理结构表现出以“一群人之力治理组织”的特征。组织内部治理精英的结构及其互动关系对于组织运行的影响较大，往往具有良好精英治理结构的体育社团组织，运行状态较为良好。调查中一些运行状态不佳的体育社团组织，从治理结构看，其精英构成是存在较大问题的，比如说某些组织内部的精英治理结构单一，依靠某一类型的精英来主导组织的日常运行，单一的精英意味着单一的资源背景，这显然是不利于组织运行的。当然，对于正式的体育社团组织而言，尽管有正式的科层架构存在，但由于大多数正式体育社团组织本身处于整体的社会权力网络之中，导致组织的很多日常运作仍然较多地受到非正式权力的影响。

三、体育公共服务组织体系建设的发展对策

（一）体育公共服务体系组织建设的价值诉求

一是契合我国群众体育整体发展需要。当前，推进体育公共服务体系建设的重点是确保体育公共服务的均等化，也就是说要通过进一步完善体育公共服务体系，从而确保全国各族人民都能平等地享受到基本的体育公共服务。为此，国家体育总局提出要从保基本、强基层、建机制三个方面出发，来积极推进体育公共服务均等化。作为体育公共服务体系构建工作的重点领域——体育组织体系建设应当契合我国当前群众体育发展的整体需求，具体而言，就是应当在组织建设的过程中完好地体现“保基本、强基层、建机制”这一整体的工作思路，通过体育组织体系的建设，推动体育公共服务体系的健全完善，推进我国群众体育发展水平的整体提高。

二是体现体育公共服务体系建设诉求。体育公共服务体系构建是一个庞大的系统工程。从结构来看，体育公共服务体系包含场地设施体系、组织体系、服务供给体系、政策法规体系与监管体系 5 个子体系。其中组织体系在体育公共服务体系中具有十分重要的作用，是体育公共服务体系的重要构成，也是体育公共服务体系结构与功能实现良性结合所不可或缺的重要元素。建设体育公共服务体系，组织建设是十分重要的建设领域与着力点。体育公共服务体系的组织建设应当体现体育公共服务体系总体的建设诉求，以组织建设为纽带来更好地促进体育公共服务体系的构建。

三是回应体育公共组织服务现实问题。当前我国体育公共服务体系的组织架构建设工作仍然存在很多的问题，诸如体育社团组织数量规模仍然较小，仍然不能有效满足群众基本的组织需求；体育社团结构问题仍然突出，各类社团

组织的比例结构仍不合理，各类社团的互补功能尚未得到有效的发挥；体育社团的功能发挥仍受局限，在满足群众多元化组织需求方面尚存在较多的不足；体育社团治理层面尚存在体制、机制不畅的问题，体育社团获取合法身份仍然存在较多的登记门槛；体育社团组织自身的活力仍然不强，难以依靠自身的努力有效化解资源约束的问题。当前，解决体育公共服务组织体系建设与运行中暴露的诸多问题，有利于体育组织建设的改进与完善，建设体育公共服务体系必然需要着力化解这些制约体育公共服务组织体系良性运行的问题，以化解体育公共服务组织建设问题为契机进而有效推进体育公共服务组织建设。

四是满足群众健身参与社团组织的基本需求。体育社团组织是联系群众参与体育的重要纽带，是组织群众开展体育活动的重要平台，是维系与激励群众体育参与热情的重要支撑。体育社团提供的组织服务是体育公共服务中满足群众基本体育需求的重要部分。在建设体育公共服务体系的过程中，应当全面把握目前阶段民众对于体育服务组织的需求特征，依据群众基本的组织需求特征，建设体育社团组织。我国地域辽阔、民族众多，不同区域的社区群体对于体育公共服务的组织需求存在一定的差异，不同的社会阶层其组织需求亦有所不同，在建设体育公共服务体系组织架构的过程中，既需要考虑如何去满足群众基本的组织需求，还应当考虑不同区域、不同社会阶层之间所存在的组织需求的差异，以满足群众基本健身需求为根本出发点来有效地推进体育组织建设。

（二）体育公共服务体系组织建设的根本目标

依据我国公共服务体系构建的整体目标，结合体育公共组织服务体系发展的实际，提出当前阶段我国体育公共组织服务建设的根本目标。

1. 保基本

体育公共组织服务作为国家运用公权力与公共资源所提供的一项公共服务，其服务的标准与水平应当与我国群众体育发展的实际以及政府体育公共服务的供给能力相适应。基于政府有限的财力无法也不能满足不同社会阶层多元化、差异化的全部组织服务需求，因而，政府所供给的体育公共组织服务所立足的只能是基本层面的体育公共组织服务，所面向的只能是普通民众诉求最为强烈的体育公共组织服务需求。就当前而言，由于我国经常参与体育锻炼的人口数量仍然很低，因而，基本层次的体育公共服务应当立足于如何确保人民群众能够有效地参与到体育锻炼中来，因而这一阶段的体育公共服务应当将重心置于群众参与体育的各种必要性条件的保障之上。就组织建设而言，应当立足于基层，依托现有的各类人群体育组织、单项体育组织、行业体育组织，依靠社区、村委会等政府延伸组织的组织机能，努力将各类组织建设发展到基层的城市、农村社区之中，实现网络化的组织发展与建设布局，从而有效发挥各类组织的互补功能，从而吸收与发动不同民族、不同年龄、不同兴趣爱好的群众广泛地参与到体育锻炼中来。当然，强调体育公共组织服务的基本面向，并不是说体育公共组织服务的供给标准与供给水平将是固定不变的，事实上，伴随经济社会的发展，随着国家体育公共服务供给能力与供给水平的提高，体育公共组织服务的标准也会相应提高。伴随国家经济社会发展水平的提高，体育公共服务组织建设的内涵也将随之不断提升、领域不断扩大，服务的群体不断拓展。

2. 广覆盖

政府供给的体育公共组织服务的服务对象为全体国民，因而，体育公共组织服务体系的建设应当是立足于国家的层面，通过体育公共组织服务体系的建设，使体育组织服务能够覆盖全国所有的区域，使体育公共组织服务能够惠及全国各族人民。当前阶段，我国的群众体育发展，尚存在较为严重的区域不平衡现象，经济发达的东部沿海地区，尤其是东部沿海地区的城市社区，体育发展的组织条件比较成熟，依托人群体育组织、单项体育组织、行业体育组织以及各类松散的非正式健身集群的动员与聚集效应，东部沿海的城市社区形成了各类组织网络化、互补性的发展格局，组织的触角已经延伸到群众生活的小区之中，组织的覆盖面广、辐射能力强。相比于城市的广覆盖，我国中西部地区，尤其是中西部的农村地区，由于经济发展相对滞后，群众的生活方式受传统的习俗影响，人们的体育参与意识相对淡薄，由此而制约了各类体育以及健身组织的孕育与生长。在这些区域中，建设与发展体育组织仍存在较大的观念层面、器物层面的阻力，因此建立健全体育公共服务体系，应当充分考虑区域平衡的问题，使打造与构建的体育公共服务体系组织网络能够真正覆盖不同区域的群众，使不同区域的群众都能够受惠于这一动用公共财政建设的体育服务。

3. 可持续

作为体育公共服务体系的重要组成部分——体育组织体系也应当充分体

现体育公共服务体系运行的这一特征。因而，体育公共服务应始终贯彻与落实体育组织可持续能力的培养与提升，要通过一定的制度创新与机制建设，使体育公共组织服务体系具备可持续的发展能力。当然，随着国家公共服务整体水平的提高，全国各族人民基本服务需求的提升，体育公共组织服务体系也将动态地适应环境的变迁，不断地将相应的发展姿态进行调整，从而能够满足全国各族人民基本层面的体育需求。

4. 有层次

体现组织服务建设的结构性与互补性。将纵向组织建设与横向组织发展（国家、省/市、区/县、街道/乡镇、社区/村为纵向层次；人群组织、单项组织、行业组织为横向层次）、全国组织统筹与区域组织发展、大型组织建设与基层组织建设三者有效结合起来，从而构建起以政府为主导，全社会共同参与，自上而下“结构完整、机制健全、功能完备”的体育公共组织服务体系。

国家有限的财力喻示体育公共组织服务建设无法采取全面铺开、整体推进、一蹴而就的建设策略。建设体育公共组织服务体系应当依据我国群众体育发展的实际，采取有重点、有步骤的建设方针，将公共资源率先投放到发展效率快、发展效益好的体育组织建设领域。从当前我国的体育组织建设格局与功能来看，基层层面的体育组织由于“亲民、便民、利民”的组织功能特征，能够长效化、生活化地为群众提供体育组织服务，此类组织应纳为政府优先建设的范畴之内。对于基层层面的体育组织建设，则应当优先考虑社会弱势群体、青少年群体、老年人群体、妇女群体等人群的体育需求。

（三）体育公共服务体系组织建设的实践取向

通常的理解中，体育公共组织服务建设所涉及的只是如何去建设与发展各种类型的体育组织。不可否认，建设与发展各种类型的体育组织是体育公共组织服务建设的重要组成部分，这是由体育组织在体育公共服务体系构建、群众体育事业发展中的重要地位所决定的。但我们同时也应看到，在积极推进各种类型的体育活动开展的过程中，亦会客观地促成体育组织现象的生成——或许短期性的体育活动开展只能够使得群众形成并不稳固的临时性的集群，尚不具备形成稳定的、正式的体育组织的可能，但经常性、长期性、制度化体育活动的开展与举办，却能够稳定地将分散的体育参与者有机地整合起来——经常性的体育活动开展能够自然而然地使原本分散的体育参与者生成结构性的关系形态，并逐步演变为体育组织。可见，动态体育活动开展的过程中既本真地蕴含了组织现象，又内含了孕育体育组织的内在机理，因而动态的体育活动开展过程亦是体育组织建设的重要过程。

四、政府体育组织保障与非政府体育组织保障体系

（一）政府体育组织保障体系

1. 政府体育组织保障体系

在政府体育组织架构中，管理国家体育公共服务的行政部门主要有：国家体育总局、省体育局、市体育局（图5-1）。

（1）国家体育总局的组织机构及其职能。国家体育总局的总体职能：制定体育公共服务发展规划并组织实施；调整公共财政支出结构，增加体育公共服务的资金投入；监督检查体育法律、法规和政策的贯彻落实；制定相关政策法规，推行体育公共服务，积极引导群众体育活动的开展，加快体育公共服务在我国的普及速度，促使民众日益增长的体育需求得到良好的满足。

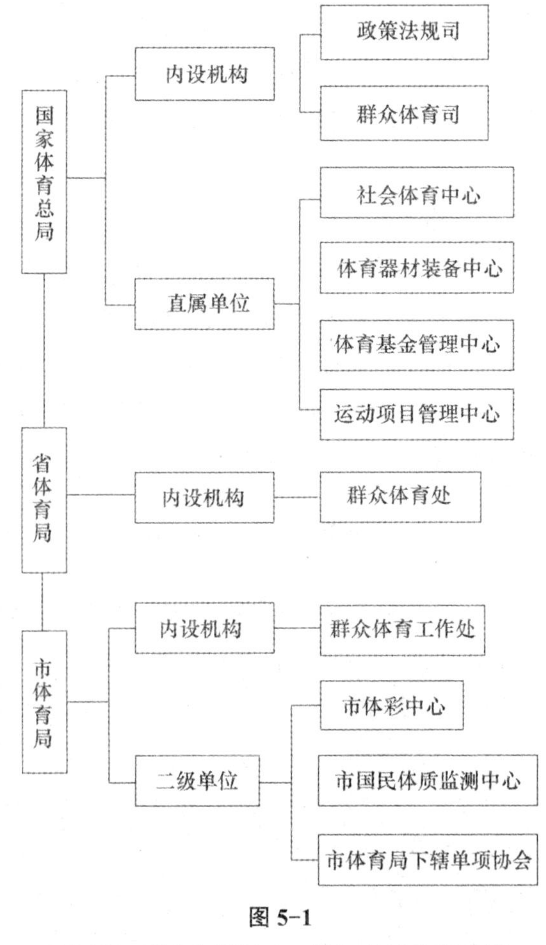

图 5-1

（图片来源：《体育公共服务——内涵、目标及运行机制》）

在国家体育总局的组织部门中，与体育公共服务工作相关联的部门主要有政治法规

司、群众体育司在内的内设部门；包括社会体育中心（社会体育指导中心）、体育器材装备中心、体育基金管理中心、运动项目管理中心在内的直属部门。下面就对其中几个部门的主要职责进行介绍。

国家体育总局政策法规司的主要职责在于：研究拟定体育工作方针、政策、法规，同时，还要调查体育工作和体制改革中的重大问题，并根据研究将相应的解决方案提出来。

国家体育总局群众体育司的主要职责在于：拟定群众体育工作的发展规划；推行全民健身计划，监督管理国家体育锻炼标准的实施，开展国民体质检测；积极引导和推动学校体育、农村体育、城市体育及其他体育公共事业的发展。

（2）省体育局的组织结构及其职能：对体育公共服务工作起到积极的推动作用，对体育服务效果进行积极的监督，从而有效保障体育公共服务的真正贯彻实施，同时，其还能作为群众体育处与国家体育总局群众体育司的连接枢纽，以群众体育司制定的有关体育公共服务发展的总任务、总目标为主要目标，将与本省体育公共发展相符的分级任务确定下来，并结合实际情况，创造条件，努力完成其分级任务，达成其分级目标。

（3）市体育局的组织结构及其职能：在省体育局的领导下，贯彻体育公共服务总目标，结合本市实际，完成省体育局分配的体育任务，实现本市的体育发展目标。

2. 政府非体育组织的结构及其职能

我国体育公共服务的政府非体育组织部门主要有省地市体育局下辖体育协会、省地市教育局、团省地市委、省地市妇联、省地市总工会等，这些组织部门相互协作，在政府相关部门和机构对其有效管理和制约的前提下，也进行积极的自组织管理，为民众提供良好的体育公共服务。

需要强调的是，这些非政府体育组织是体育公共服务的具体执行单位，直接面对民众，召集体育指导员，指导民众的体育活动，是落实我国体育公共服务不可缺少的组织部门（见图 5-2）。

（二）非政府体育组织保障体系

体育俱乐部、体育协会都属于非政府体育组织的范畴，但是，由于体育俱乐部属于营利性组织，而体育协会属于非营利性的公益组织，因此二者的组织结构存在着一定的差别。

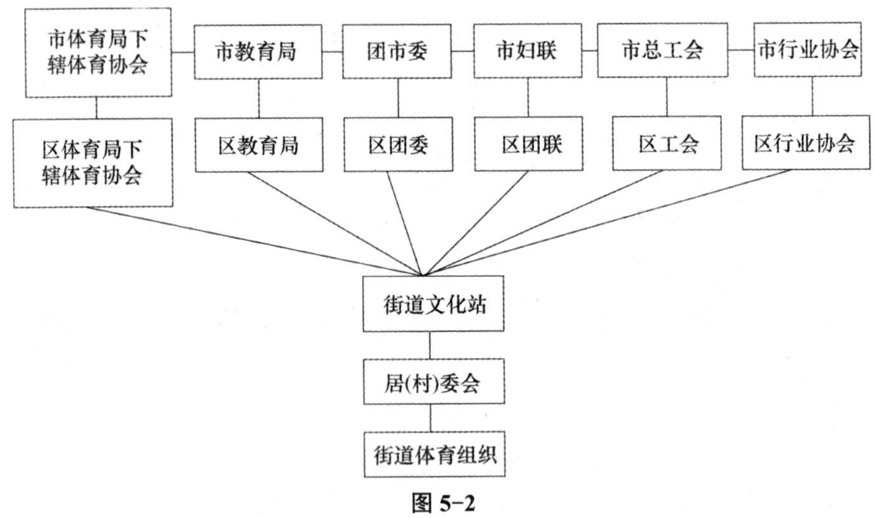

图 5-2

（图片来源：《体育公共服务——内涵、目标及运行机制》）

1. 体育协会组织结构及其职能

体育协会有着非常重要的职责（图 5-3），主要表现为：推广相关体育活动的开展及协会自身在民众间的影响力，宣传体育的价值和功能，组织民众积极参与体育运动，团结并动员社会力量参加体育运动，对体育事业的发展起到积极的推动作用。

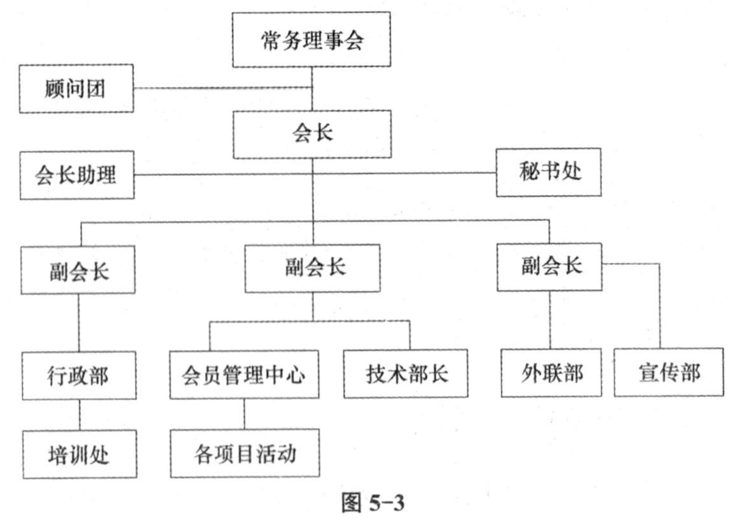

图 5-3

（图片来源：《体育公共服务——内涵、目标及运行机制》）

常务理事会的主要职责：代表协会签署重要文件，召开、主持协会部门大会，检查理事会决议的落实情况，行使人事任免权等职责。

会长的主要职责；向管理委员会汇报工作。

秘书处的主要职责：管理协会的人事档案和活动档案；联系成员举办会议，并做好会议记录；活动期间人员协调调用；将协会的最新信息传递给会员；将会员的意见和建议及时反馈至常务理事会；全权处理社团财务管理工作。

副会长的主要职责：协助会长监管全面工作，监督协会财务，会长不在时，代理会长行使职能，向会长和管理委员会汇报工作。各副会长分管其下属部门具体操作实施。

培训处的主要职责：制订切实可行的培训计划，对体育指导人员进行培训，提高其业务能力。

会员管理中心的主要职责：对协会会员进行统一登记、管理。

技术部的主要职责：技术创新与开发。

宣传部的主要职责：宣传本体育协会的宗旨、计划，负责活动的宣传，为活动开展创造良好的氛围，并设计海报、宣传画、横幅，从而建立良好的群众基础。

外联部的主要职责：与商家联系，为协会开展各种活动争取资金等方面的支持。

2. 体育俱乐部组织结构及其职能

政府部门核准登记，由社会自发兴办的开展体育活动、实行独立核算、自负盈亏的一种体育经营实体或体育组织，就是所谓的体育俱乐部（图 5–4）。

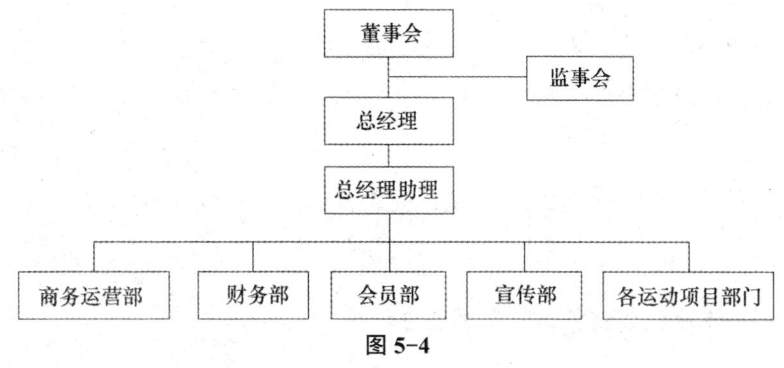

图 5–4

（图片来源：《体育公共服务——内涵、目标及运行机制》）

董事会的主要职能：出台俱乐部的战略规划、重大方针、管理原则和经营目标；挑选、聘任和监督管理和经营人员，并确定给管理、经营人员的报酬与奖惩；协调公司与股东、管理部门与股东之间的关系；提出利润分配方案供股东大会审议。

总经理的主要职能：俱乐部最高行政管理领导人，对俱乐部全局业务全面负责，主持俱乐部的日常经营、行政和业务活动，努力营造良好的发展运营环境。

总经理助理的主要职能：协助总经理处理俱乐部的内部事务。

商务运营部的主要职能：根据市场发展趋势，提供体育服务，推动俱乐部的市场化运营。

财务部的主要职能：收取会费，做好预算与结算工作，对各项经费进行登记和管理，保证俱乐部财政方面正常运转。

会员部的主要职能：会员档案的登记、管理等。

宣传部的主要职能：本俱乐部的形象宣传工作，吸引更多会员。

各运动项目部门的主要职能：俱乐部项目的开发，以会员需求为主，科学安排体育锻炼活动。

第三节　体育公共服务运行体系建设

体育公共服务运行体系以体育公共服务供给的基本结构、体育公共服务的评价、可利用的体育公共服务以及体育公共服务产品提供过程的民主参与等为核心内容，是体育公共服务的政策制定、财政保障、组织建设、生产供给和监管评估等要素环节相互联系、相互制约、相互作用的运行方式。

一、体育公共服务运行体系的要素构成

（一）体育公共服务运行体系历史沿革

新中国成立以来，我国经济社会发展经历了三次较大的改革和变化，这

些改革和变化与当时我国的政治、经济、社会发展环境息息相关。国家作为一个大系统，当其发生社会变革时，其内部各个部门、各个环节的子系统必然受到外部环境的制约和影响。因此，按照我国经济社会发展水平，我国体育公共服务运行体系发展的历程，大致可以分为三个阶段。

第一阶段：政府投入为主。我国在社会建设、外交、经济发展方式等方面受苏联的影响很大，其模式被广泛运用于社会主义初期的各项建设中，体育领域也不例外。通过制度学习，我国很快建立了各级各类体育组织，建设了一大批基础体育设施。

第二阶段：探索社会化、市场化。人民群众也在探索适应生活方式变化的体育发展之路。政府根据体育发展形势出台相应的政策支持，围绕深化体育改革、加强区域间体育交流的讨论，为大众体育的发展提供了舆论支持，大众体育逐渐从曲折时期摆脱出来，走向恢复稳定时期。随着社会主义市场经济体制和政治体制的改革，体育公共服务的社会化改革步伐也不断加快。

一方面能通过市场满足人们日益增长的体育服务需求，特别是个性化体育需求。另一方面能通过市场机制的调节产生多层次、竞争式效应，从而在一定程度上解决体育公共服务政府“单一中心供给”的缺陷，即解决“政府失灵”问题。遗憾的是，由于我国社会主义市场经济体制刚刚建立，体育体制改革步伐较为缓慢，一方面出现政府行政部门忘记了自己作为体育公共服务提供最终“责任人”的使命，在鼓励市场化和民营化的同时，忽视了强化市场监管的职责。另一方面，在推行市场化、社会化改革，缩小政府行动范围的过程中，政府制定和执行法规与政策的能力有所削弱，还不能很好地适应市场化改革对政府能力提出的新要求。

第三阶段：多元主体供给。进入21世纪以来，随着中国经济社会的快速发展，市民对公共服务的需求不断增长，日益呈现出多元、异质和动态化，政府部门公共服务供给机制迫切需要创新并改善服务品质。公共选择理论告诉我们，公共物品的供给并非是政府一家的专利，市场和民间组织也可以提供公共物品，政府、市场和民间组织无缝隙合作则是公共服务供给的理想模式。

在传统意义上，体育公共服务由政府独家提供，供给内容、途径、数量等都由政府这个单一的权力中心来决定。从体育公共服务运行过程来看，政府既负责资金的投入，还要负责具体的服务生产。在建立与完善社会主义市场经济体制的当下，政府允许市场以及相关企业逐渐进入体育公共服务领域，丰富体育公共服务供给主体的筹资方式和筹资渠道。

（二）体育公共服务的要素构成

1. 政策制定

体育公共服务关乎群众身心健康，关乎群众的切身利益，其政策制定的各个环节应做到科学、合理、有效。从体育公共服务政策法规数量的变化趋势上看，政策变迁总体上呈现增长趋势，尤其是2002年以后，政策生产的数量更是大幅度提升，在政策变迁上，总体增长，稳定性强，但更新率低。从政策制定部门看，我国体育公共服务政策的制定部门以国家体育总局为主，政府多部门联合参与。我国体育公共服务具体性政策多，宏观性政策少，这也反映出作为体育公共服务主管部门的国家体育总局在具体事务上仍然牵扯较多的精力。大型体育场馆运营效能不佳、服务能力不强、利用水平不高不健全等问题依然需要进一步通过政策法规加以规范和解决。而在如何使用社会体育指导员，尤其是对社会体育指导员的合法地位、权益保护、激励措施等方面也缺乏专门、统一的规范。

2. 财政保障

我国政府从建设型政府向服务型政府转型的过程中，需要树立服务意识，优化财政支出结构，构建体育公共服务的财政保障机制，以解决体育公共服务的供求矛盾。

除此以外，为了激励更多的主体参与体育公共服务供给，加强体育公共服务的管理和监督，政府还经常采用融资激励机制来募集体育公共服务供给所需的资金。近年来，随着经济社会发展，各地各级政府部门加大了对关系民生的体育公共服务的投入，出台了一系列的政策措施，增加了财政预算，保障并促进了体育基础设施建设、群众体育活动开展和全民体质监测等体育公共服务的开展。

3. 组织建设

计划过程实质上是某项公共政策的决定过程，将决定生产什么、如何生产、生产多少、分配给谁、如何分配的问题。另外，还要对生产主体的准入资格、财政供给体制、合同履行与监督机制、竞投方式和服务质量评价进行规划，以保证公共服务供给的效率、质量，预防公共服务供给成本过高、乱收费、非法竞争、逃避责任、服务质量差、权力寻租等现象发生。体育公共服务计划的制订决定了体育公共服务的基本模式和运行方式。

4. 生产供给

生产是将各种有形和无形的资源转化为产品和服务的技术过程。公共服务的生产可以分为直接生产和间接生产两种方式，即是自己生产还是去市场购买，也称第二次分工。生产过程中的关键因素是生产规模和相应的技术。由于政府的职权边界是固定的，无法像私人企业、非营利组织和个人那样改变生产规模，可能无法适应千差万别的公共服务需求。影响公共服务生产决策的另一个因素是公共生产商。由于生产商数量较多，市场必然存在着竞争，竞争强度决定着公共服务与产品的价格高低。越来越多的事实证明，很多公共服务的工作由政府以外的组织承担，比由政府承担更有效率。提供是将公共服务和产品送到消费者的过程。公共服务的提供方并不天然是公共服务的生产方。提供方主要就以下几个事项进行规定：提供什么样的服务和产品，提供物品与服务的数量与质量，政府如何限制和规制私人活动，公共服务的成本如何收回，公共产品和服务如何达到消费地点。

新中国成立以后，根据国际国内形势，确定了计划经济体制。相应地，我国的体育事业单位作为政府代理人，获得和支配体育资源的权利，决定了体育公共服务的国家垄断供给模式。2007 年 10 月，党的十七届六中全会将建设服务型政府作为行政管理体制改革的目标。服务型政府的最高目标是满足公民需求，特别关注社会管理和公共服务职能。作为计划经济体制的遗留物，我国体育行政事业单位实际承担着几乎全部基本体育公共服务和部分一般体育公共服务，已力不从心，公众满意度也非常低。按照建设服务型政府的需要，体育行政事业单位应理顺与其他体育公共服务供给主体来分类供给：可以完全市场化的，则应积极向市场下放权力，体育行政事业单位完全回归裁判员角色；可以部分市场化的，则制定行业准入制度，允许社会资本进入，坚持公平、公正的招投标制度，实行社会化管理；不能市场化的，则根据公共产品供给的二次分工，采用体育行政事业单位完全供给、市场和非营利性组织生产的方式来保证其公益性和均等化。

政府供给模式造就了其职责范围不断扩大的局面。当政府能力较弱时，提供基本的体育公共服务和保护弱势群体的体育权利；当政府能力较强时，可以发挥积极职能作用，行使体育公共服务产品的分配等。

从实际操作层面来看，由于我国幅员辽阔，各地资源禀赋不同，经济社会发展水平不均，中、东、西各区域人民生活水平存在较大差异，因此各地区体育公共服务供给模式不尽相同，西部地区纯政府主导的供给模式占据较大比例，而东部地区则是市场和社会组织供给模式占据比例较高。

5. 监管评估

监督管理全过程，确保提供优质服务。服务型政府，本质要求自身是“服务者”，而非“管理者”。然而，有些地方政府和体育部门在没有充分调查和征求民意的情况下，构建的体育公共服务体系具有比较明显的政府意志，并不能完全体现出广大群众的体育需求及其变化特征。

（三）我国体育公共服务运行体系存在的问题

体育公共需求结构的变化、公众个人消费需求偏好、区域经济发展水平、民间资本发育程度、体育产业结构与规模、政府职能转变与制度供给等因素，同样影响着我国体育公共服务体系运行的效率及质量。

1. 顶层设计缺乏

在体育公共服务运行体系中，体育公共服务的供给是重中之重，除政府供给之外，还包括市场供给和社会供给。市场供给以市场化运作的方式，聚合以体育企业为代表的体育公共服务的生产主体，往往能够直接高效地回应多样化的社会需求，能够高效地配置体育资源。社会供给是指社会团体成为体育公共服务主体，常以社会组织的形式出现。社会组织作为体育公共服务的生产主体，能够更加贴近民众需求，往往能够聚集具有自发自愿性质的社会资源，从而不断满足民众对体育公共服务的需求。政府在制定相关政策法规和条例时，应高度重视体育公共服务运行政策的顶层设计，激励市场、社会组织的广泛参与，从而进一步增加体育公共服务的资源总量，扩大服务范围，提高服务品质。

2. 运行效率不高

（1）需求导向偏离。从体育公共服务供给的外在形式和内容看，政府及社会组织、市场力量提供的体育公共服务往往以自身的利益为出发点，重在供给的形式和事实，缺乏对公众实际体育需求的了解和重视，需求导向在一定程度上造成了弱化。

（2）服务观念陈旧。在倡导全民体育的今天，由于全运会赛制的存在，体育行政部门不仅在资源投入上向竞技体育倾斜，而且竞技体育成绩在考核指标体系中占有较大的权重。在体育投入资金总量不足的情况下，体育公共服务运行势必会受到较大影响。

（3）信息沟通渠道不畅。政府等体育公共服务供给主体尚未建立起全方位收集市民体育需求和建议的渠道，因此在提供体育公共服务时，缺少政府体育公共服务决策与市民体育诉求互通的平台，导致政府等体育公共服务供给主体在体育公共服务供给与市民需求信息上的不对称，即政府等体育公共服务供给主体并不十分清楚市民的体育需求以及不同人群不同时期有哪些体育需求。

3. 资源投入不足

我国经济社会仍处于高速发展运行区间，区域经济发展不均衡，往往造成体育公共服务供给的巨大差异。由于经济发展条件的制约，经济发达地区与欠发达地区、城市与农村之间所拥有的体育公共服务资源差异巨大。一些欠发达地区因公共财政投入不足，往往不能提供基础的体育公共服务，长期存在体育公共服务的硬件建设匮乏、专业的体育公共服务人员短缺的情况。体育公共服务应惠及全民，尤其是基础性服务应覆盖至农村，各级政府应进一步统筹规划，不断加大对经济欠发达地区的资源投入。

4. 供给主体单一

目前，我国体育公共服务的供给主体依然以政府为主体，一定程度上忽略了服务对象的实际需求。市场供给由于需要面对政府主导的相关体育服务，营利生存空间狭窄。多以提供体育咨询指导、场馆租赁、健身服务等形式出现，在体育场馆设施使用上处于弱势。对比鲜明的是，政府机构拥有包括学校体育设施在内的绝大多数场馆资源，除了将部分具有较高收益的场馆资源外包给企业运营外，多数处于闲置状态。这不仅意味着体育公共资源的浪费，还使得市场在供给体育公共服务时受到制约。民间体育组织更加贴近大众需求，供给体育公共服务的意愿较为强烈，但由于资源匮乏、活动能力较弱等原因，目前只能成为政府体育公共服务供给的助手。

5. 购买机制缺位

尽管政府在体育公共服务运行体系中处于主导地位，但自身却不是唯一的供给主体，也没有必要自行生产。政府用公共财政购买社会组织、市场供给公共服务，不仅可以提高供给效率，还有一定程度的经济性。政府购买体育公共服务的对象，不仅包括企业、社会组织，还应该包括非体育公共部门，如教育部门、行政机关、事业单位。目前，向企业、社会组织购买体育公共服务存在着竞争不充分、准入门槛难以确定、供给质量难以保证等问题。我国公共财政投入建设的体育场馆设施，并不全部掌握在体育部门手里，还有相当一部分掌握在教育部门，少部分掌握在行政机关和事业单位手里。

6. 绩效评估不力

从现阶段情况来看，各级政府已经开始意识到对体育公共服务进行绩效评估的重要性，并努力解决体育公共服务运行中存在的问题。但是，缺少绩效评价，就无法保证群众真正获得有效的体育公共服务，体育公共服务体系的运行就会陷入低效无序状态。例如，浙江省通过开展体育强县、体育强镇建设，引导、培育、强化各地、各级政府对群众体育工作的投入，建立完善体育组织机构，加大体育设施的建设力度，广泛开展群众性体育运动，全省体育公共服务供给得到了明显的改善。

（四）体育公共服务运行的指导原则

1. 以人为本

以人为本，作为一种社会思潮和价值观念，古已有之。我国古代思想家早就提出“民惟邦本，本固邦宁……天地之间，莫贵于人”，强调要利民、裕民、养民、惠民。

在人类发展的历史长河中，体育之所以作为文明成果而传承下来，源于体育自身存在着独特的价值。体育不仅有助于人们强身健体、延年益寿，而且有助于增加社会交往、克服心理障碍，同时也是增强国家与国家之间交往的有效工具，是当代社会发展不可缺少的“稳定器”和“减压阀”。当前，体育的政治功能、经济功能、文化功能、教育功能等已经被世界各国所认可，许多国家都把为社会提供体育公共服务作为政府的基本职能之一。

2. 效率公平

政府的职责之一就是维护社会的公平和正义。在体育公共服务的运行过程中，要进行“成本一收益”分析，努力追求体育公共服务的运行效率。因为政府的资源来自社会，作为代理人的政府理应高效率地提供产品和服务，否则就失去了赖以存在的合法性基础。

效率通常是指成本与收益之间的比例关系，即收益 / 成本比。如果用这种理论分析体育公共服务的投入与产出，就需要对概念的本质内涵进行拓展性分析，否则我们将无法度量体育公共服务供给的效率。体育公共服务的投入往往是人、财、物的组合，与一般意义上的产品或服务的投入相比并没有什么特别不同之处。但是，体育公共服务的产出和收益很难用传统方法加以测度。由于体育公共服务作为一种公共性的服务，具有非竞争性和非排他性，难以对消费者实际获得的收益进行量化，特别是以社会效益为主的体育公共服务，更难以用经济学指标来衡量。如政府兴建的体育公共设施投资较大，主要用于向市民开放或举办群体活动，在经济学、统计学意义上亏损是明显的，但这并不妨碍城市政府兴建体育设施。群众参加体育社团举办的培训班，其活动成果往往反映在参与者掌握了某项体育技能，接受了某些健身方面的指导或在活动中提高了社会交往能力，这些服务输出很难在经济效益上反映出来，虽然它们具有相似的特质，都是由某项活动产生，所以，这种结果可以当作是一种广义的产出。体育公共服务不能仅仅考虑经济效益，更要把社会效益放在重要的位置加以衡量。

与效率相比，公平的概念就比较复杂，无论是在经济学上，还是在哲学上，一直争议较大。在我国，地区经济发展之间的不平衡和二元结构下的城乡差异比较明显。如果公共服务的提供不能有效地考虑群体差异、地区差异，那么就可能加剧原本存在的不平等现象。因此，体育公共服务的运行要切实考虑主体间存在的差异。从实践来看，我国的体育公共服务在某些领域已经遵循了这一基本原则，如浙江省在建设全民健身路径过程中，将城市、乡村都纳入供给范围，资金由省体育彩票公益金进行统筹安排，政策上对欠发达地区进行适当倾斜，努力实现基本体育公共服务无差异原则。

3. 法治责任

政府的权力来自人民的授予，但权力一经形成就具有滥用的可能性，为此世界各国都努力在政治架构上加强制度设计，强化政府的责任以及权力作用的边界，以保障政府机构真正为全体国民服务。

在体育公共服务方面，强调法治责任原则，就是要强化政府应该承担的责任，而不是完全按照政府的偏好行事。政府的资源来自人民，服务于民是理所应当的。如果没有明确的责任，政府官员势必会根据自身的偏好安排项目，资源的有限性可能会导致体育公共服务难以立项。从我国体育事业发展的实际来看，尽管国家一直重视群众体育工作，但在具体开展的过程中，地方政府对群众体育投入不够，甚至侵占体育公共设施的现象并不少见。因此，在依法治国的今天，各级政府应积极回应社会民众不断增长、变化的体育公共服务需求，积极履行政府应该承担的体育公共服务职责，在体育公共服务运行过程中发挥主导作用。

4. 多元主体

在全能政府时代，政府的权力渗透到社会生活的各个领域，造成体育公共服务产品单一、效率不高等局面，难以在推进体育公共服务实践中满足公众对体育的需求。政府垄断体育公共服务供给，抑制了社会团体发挥作用的空间，由于自身能力有限，加上信息搜寻成本较高，政府只能从自身的价值取向出发提供有限的体育公共物品，而很少考虑这类物品是否符合公众的需求。社会主义市场经济体制的确立，政府角色发生了很大的变化，在职能转换的同时，政府机构也在进一步精简，促使体育社团等非营利机构成为体育公共服务供给体系的主要组成，从而为公共服务供给注入新的活力。为了适应利益主体多元化的体育需求，客观上要求政府、社会组织和市场力量积极主动提供有效的体育公共服务。同时，我国正处于社会转型期，法律体系尚未健全，政府职能转换的步伐比较缓慢，体育社会组织不够成熟，因此，现阶段体育公共服务供给需要政府的引导，培育并提高体育社会组织的能力和影响力，真正成为体育公共服务供给的主体之一。对于体育公共服务来说，政府独家供给的格局难以持续，政府应该有所为、有所不为，在市民阶层日益壮大的今天，推动政府机构改革，转变政府职能，承认和鼓励各种社会力量参与体育公共服务，发挥各自的比较优势与竞争力，形成体育公共服务多元供给的新机制。

二、我国体育公共服务的供给

公共服务供给主体是指公共服务的提供者，它是公共服务体系中最为重要的要素。实践中，公共服务供给主体理所当然是“国家或其代理人——各级政府机构”，但还应该包括公共部门、企业、民间组织、社会乃至公民个人。公共服务供给主体在很大程度上决定了公共服务供给的模式、范围及服务的客体，而不同的公共服务主体，其供给理念、方式、途径以及供给规模存在较大的差异。与其他公共产品和服务比较，作为一种特殊的产品和服务，体育公共服务具有分类庞杂、公民需求多样、供给方式复杂、社会交往性强等特性，决定了体育公共服务供给模式并不具有统一性和不变性，因此也造成了供给模式选择的困难性。世界各国在选择体育公共服务供给模式的过程中，依据国情，探索多种体育公共服务供给模式，并根据经济社会发展水平，选择一种或几种供给模式综合使用，以保证体育公共服务的供给效益和质量。

（一）我国体育公共服务供给方式

1. 体育公共服务供给的基本思路

（1）根据体育公共物品的属性和特征，确定不同性质的供给主体。只有科学地安排供给主体，才能使体育公共服务的供给与需求达到均衡，供给的效率达到最优。在实践中，公共物品属性特征的多样性与公共物品供给主体的单一性之间形成了激烈的矛盾，产生了很多的社会问题。

部分地区已经在探索引入市场与社会机制，在政府主导下共同供给体育公共服务。在活动开展上，坚持“大型示范、小型受益、特色推动、主体多元”的工作思路，促进全民健身活动常态化。围绕市民体育需求，合理安排不同的组织和机构来供给体育公共服务，使健身活动走进社区、迈进小巷、踏入庭院、步入家庭。在体育设施建设上，利用体彩公益金作为引导资金，积极探索全民健身工程建设和管理新模式。市财政主要负责大中型体育工程，县（区）财政主要负责辖区内体育中心改造、健身广场修建，乡（镇）财政负责乡村居民健身设施建设，街道和社区负责 10分钟健身圈建设。

（2）体育公共服务供给引入竞争机制，发挥不同主体的供给比较优势。民众对体育公共服务需求的多元化要求供给主体结构的多元化，强调政府部门、市场企业、社会组织都可以成为体育公共服务的供给者，而且应各具特点、优势，因而竞争机制的引入就能充分地发挥不同主体的优势，提高体育公共服务的供给效率和供给质量，更好地满足公众对体育公共服务的需求。

（3）发挥政府、市场、社会组织等多种主体力量，协作供给体育公共服务。体育公共服务供给同样要以科学发展观为指导，根据政府财力和现实需求，科学、合理地供给广大民众多样化的体育公共服务产品，不断地满足人民群众对体育公共服务日益增长的需求。

体育公共服务的供给者主要包括公共部门、私营部门和非营利部门三大部门。由于不同的供给主体都有各自的作用领域，因而在供给体育公共服务过程中各主体要分工明确、相互协作，形成彼此间优势互补的局面。在构建体育公共服务多元供给的制度模式过程中，必须保证各种供给主体都有发挥效益的空间，从而多元化地整合各方体育资源，从而更好地促进和改善体育公共服务的有效供给。

2. 政府在体育公共服务供给中起主导作用

（1）政府在体育公共服务供给中处于主导地位。长期以来，体育公共服务供给一直由政府独家垄断，因为计划经济体制排斥市场机制，社会组织发育不良、能力不足。只有在市场经济条件下，吸引社会资源和市场力量的积极、有效参与，提高他们对于体育和体育公共服务的积极性，才有可能实现体育公共服务的多元化供给。

政府、社会组织和市场是现代社会经济资源配置的三大主体，它们各自独立又相互渗透、相互依赖、相互补充，其中政府部门应发挥主导作用。

首先，政府是体育公共服务的统筹安排者，这是政府主导体育公共服务供给的具体体现。但政府并不是体育公共服务唯一的供给者，但不能因此推脱或削弱政府的责任。政府不仅要保障基本体育公共服务的供给，保障公众享受到基本均等的体育公共服务，而且更重要的责任在于对体育公共服务做出安排，组织、协调一切可能的社会力量对体育公共服务有效供给，满足民众对体育公共服务的多元化需求。

其次，政府是体育公共服务的生产者之一。政府是体育公共服务正式制度的主要供给者，政策、法律法规的出台无疑是政府提供给民众参与和享受体育公共服务发展成果的产品，所以，从这个角度上说，政府也是体育公共服务的生产者。事实上，在体育公共服务供给中，有些体育公共服务由政府直接供给，在一定程度上，政府供给的生产效率较高，相对较好地满足了公众的体育需求。

再次，政府是体育公共服务多元供给主体的培育者。虽然私人部门和社会组织是体育公共服务多元供给的主体之一，但如果政府不能降低门槛、放松规制，那么这两个主体很难真正发挥作用。因此，各级政府应进一步转变职能，从体育公共服务部分领域退出，为私人部门和社会组织供给体育公共服务腾出空间。同时，政府应采取积极的姿态，充当体育公共服务多元主体的培育者，为它们的发展营造良好的环境和氛围，使它们具备足够的能力来承担部分体育公共服务的供给职能。

最后，政府是体育公共服务供给的监督者。由于多元主体参与体育公共服务供给，因而打破了政府垄断的格局，同时，也提高了体育公共服务供给的效率。政府既要营造公开、透明的竞争环境，又要监督体育公共服务的价格、质量是否符合要求，供给过程是否体现公平效率原则。只有这样，政府才能真正履行好服务提供的职能。

（2）重新界定政府角色，切实转变政府体育管理职能。我国的政府体育管理职能主要由体育系统承担，尽管机构形式在县级层面有所不同，但管理职能较为相似。在计划经济体制下，体育系统是我国政府行使体育管理职能的唯一系统，这个系统不仅自成体系，而且与系统外环境交流较少，相对封闭。在当时的历史条件下，由于竞技体育得到国家的政策倾斜，体育系统在很长一段时间内发展较为稳定。但是，财政拨款大多被用于发展竞技体育，群众体育没有得到应有的重视，原因是竞技体育的业绩容易衡量，而群众体育的成效难以测度，因此我国的体育事业在结构上长期处于失衡状态。政府体育公共服务的供给内容简单、方式单一，与社会需求相比差距较大。建立市场经济体制以来，这一系统的外部环境发生了翻天覆地的变化，原先的政策优惠难以为继，系统的稳定性受到了很大的影响。受原有体制路径依赖效应的影响，当下政府体育管理职能总体上变化不大。面对复杂的体育公共服务供给问题，单纯依靠政府部门本身解决是不太现实的。

第一，政府需要进一步转变理念，职能上由“划桨”转向“导航”。政府部门要习惯于宏观管理和调控，在体育公共服务供给上有所为、有所不为。在具体工作过程中，要坚持依法办事，不能按照官员个人或领导意志、遵循个人利益或部门利益的原则进行体育公共服务的生产和提供。应加强调查研究，把公众利益作为工作指向，积极引进市场、社会组织共同提供体育公共服务。

第二，政府职能由管制向服务转变。在建立市场经济体制和构建和谐社会的今天，政府需强化对体育市场的培育、规范和监管功能，高度重视体育公共服务的供给。政府要根据公众实际需要，决定政府体育管理职能的抓手和着力点，进一步明确各级政府之间在体育公共服务供给上的分工与合作，并在此基础上思考体育公共服务供给的方式和机制。同时，加强对群众体育需求的研判，使政府提供的体育公共服务能够有效对接公众需要。

（3）合理确定财政支出结构，努力实现基本体育公共服务均等化。体育公共服务供给的地区差异、城乡差别比较明显，贫困地区体育公共服务供给严重缺失。公共服务理论认为，无论公民居住在国内任何地方，公民均应公平、均等地享有基本的公共服务权利。尽管国家体育总局开发了不少扶贫项目，各省市体育局也有部分转移支付项目，但总体上还不能满足相对贫困和欠发达地区民众对体育公共服务的基本需求。

体育公共服务供给要明确划分各级政府的职责。全国性和跨省、自治区、直辖市的体育公共服务，在性质上是属于全国性体育公共服务，应由中央财政支出。地方性体育公共服务，受益者为本区域的民众，应由地方财政支出。中央和地方共同管理的体育公共服务，要具体情况具体分析，明确各自的管理范围，分清主次责任。同时，各级政府要加大对体育公共服务的投入，要根据财政收入增长的幅度稳定提高体育公共服务的支出水平，保障人民群众的体育公共需求得到及时的满足。

各级政府在制定区域经济社会发展规划时，应将体育公共服务的供给纳入其中，城市规划应充分考虑体育公共设施的合理布局，以可及性、便民性以及是否符合公众需求作为考量的主要因素。财政预算应根据规划逐年增加体育建设资金的投入，以此确保体育公共服务供给的稳定资金来源。深化政府采购制度改革，推进政府管理职能与操作职能分离，促进政府采购体育公共服务的规范化管理。同时，建立完善绩效考评制度，对政府提供体育公共服务的效能进行评估，并建立健全财政监督机制，努力使财政资金的投入效益最大化。

3. 促进和扩大市场对体育公共服务的投入

（1）发挥政策导向功能引导社会资金投资体育公共服务。长期以来，社会资金很少投入到体育公共服务领域，源于我国政府垄断体育资源，排斥社会资金的投入。

首先，体育公共服务供给需要以政府为主导投资或给予大力支持，为社会资本的进入奠定基础，消除社会资本的进入障碍，带动社会资本更大程度地跟进。

其次，政府设立服务业引导资金，可将体育公共服务供给纳入进来。为了提高资金筹集和利用效益，应发挥政府财政资金的引导和带动作用，改善体育公共服务的发展环境，合理引导社会资本持续加大对服务业的投入，许多地方政府都设立了服务业引导资金。政府在确定扶持项目时，应考虑将体育公共服务供给纳入资助范围。如商业性的体育俱乐部举办公益性群众体育活动，只要按政府程序申报、备案并如期举办，可根据活动性质、规模大小确定服务业引导资金补贴额度，从而进一步调动市场供给体育公共服务的积极性。

最后，采取多种方式委托市场经营体育公共场馆，提高场馆使用的频率与效益。因此，可以通过委托经营、承包制、合同制等方式由市场进行管理。相对于政府机构来说，市场善于进行成本核算、拓展经营渠道、创新服务内容与方式，经营主体的变化能够带来体育公共服务质量的提高。

（2）探索多种形式的公私合作关系，广泛吸引社会资金流入。资本是趋利避害的，有收益的领域资本才会流动进来。从体育公共服务的特性来看，“公共性”容易造成“搭便车” 现象，从而造成直接投资的主体利益受损；同时，体育公共服务的投入和产出往往具有延后性，而很多体育公共服务的区域往往投入与产出的效益不大，市场参与这类服务的供给意愿不足。这就需要根据具体情况，强化多种合作关系，政府“购买服务”和财政补贴是政府鼓励社会资金投资、改善体育公共服务的重要手段。

从我国目前县级以上城市的体育设施建设情况来看，大型体育设施一般由政府直接投资。但从体育公共服务供给的角度来看，公众更加需要小型多样、收费低廉的体育场馆，这些场馆往往投入不大，但交通较为便捷、服务到位，更加符合大众体育消费需求。政府投资这些项目缺少激励，而市场投入建设也有困难，只能采取租赁经营、合作经营等方式，由于经营成本居高不下，许多商业体育俱乐部难以为继。我国许多城市散落了不少边角地块，进行房地产开发缺少规模优势，居民受政策制约又不能兴建房屋。这些地块可由政府和市场合作开发，建成后交由体育企业根据合同运作商业性体育俱乐部。政府在城市规划中应统筹考虑体育设施建设，像布局商业网点一样考虑小型体育设施建设，预留好存量土地。

（3）合理整合政府政策资源，形成市场供给体育公共服务的长效机制。从我国的行政建制来看，县级以上体育局属于政府的直属机构，但掌握的资源十分有限。尤其是在政策层面，在我国，主要是由国家、省、地市出台，县级部门往往重在执行上级部门的政策和文件精神而出台相对细化的文件，面对需要整合多部门资源的事务显得权威不足。所以，为了形成市场供给体育公共服务的长效机制，需要在制度层面有“顶层设计”，对各级政府的政策资源进行有效的归置和整合，消除彼此冲突、不协调、相矛盾的政策，统一政策尺度和范围，提高体育公共服务的运行水平。

（4）市场对体育公共服务的供给。市场对体育公共服务的直接供给，体现了市场对体育福利的重视。市场针对体育公共服务消费群体，直接提供相应的体育公共设施，引导民众成立多元化的体育组织，对体育公共服务发展进行直接投资。在推进体育公共服务供给过程中，公有制企业和非公有制企业的发展有所不同。

公私合作更多在体育公共设施领域，政府资本和社会资本合作投资建设体育公共设施，实现民众参与体育服务的设施供给，在国内外体育场馆建设中已得到较好的运用。

4. 充分发挥社会组织在体育公共服务中的作用

长期以来，我国对社会体育组织规定较严，抑制了社会体育组织发挥的空间，导致我国的体育社会组织能力总体上的不足。在政府机构改革力度加大、政府职能转变日益深化的今天，需要进一步更新、转变观念，根据实际创新管理模式，大胆实践探索，促进体育社会组织在体育公共服务供给中的作用得到更好的体现。

政府提供的体育公共服务往往具有普惠性，政府在统一供给基本体育公共服务方面具有优势，发挥着规模经济优势和资源动员、整合优势，但面向特定人群供给体育公共服务，政府就显得信息不灵、定位不准，很难有针对性地供给体育公共服务。如老年人对体育公共服务有强烈的需求，他们有着充足的闲暇时间，强身健体的愿望特别强烈，但政府不太可能安排专门的人员指导他们的活动。活跃在全国各地的老年体协就发挥了独特的功能，他们自我组织、自我管理，自主安排体育活动，为我国老年体育事业发展作出巨大贡献。

（1）重新定位体育社会组织的角色，引导体育社会组织参与供给体育公共服务。如果说在计划经济时代，政府对体育公共服务的垄断有一定的合理性，那么在强调政府职能转变、构建和谐社会的当下，可以进一步为体育社会组织发挥作用提供空间，使其成为体育公共服务供给的主体之一。

（2）为体育社会组织发挥作用提供适宜的制度环境。国家政策要为社会团体发挥作用松绑，进一步明确公益产权的概念。首先，各级政府可以通过优先注册、资金扶持、税收优惠等措施，进一步增强体育社会组织的活动能力。其次，要加强体育社会组织的自身建设，进一步完善治理结构，切实提高体育社会组织的实际运作能力。体育社会组织之所以能够发挥作用，就在于保持自身的自治性与相对独立性，坚持民间化方向，能够贴近基层民众，了解基本民众的基本体育需求。最后，政府需增加对体育社会组织的扶持力度，体育行政部门要帮助体育社会组织人员提高开展体育工作的实际能力和业务水平。政府对体育社会组织要强化服务职能，淡化管控职能，赋予体育社会组织更多的机会和更大的空间。

（3）完善政府委托体育社会组织供给体育公共服务制度。公共物品具有外部性特征，回报与付出无法对应，企业供给往往会导致搭便车行为，使得企业无利可图。体育公共服务的供给应该发挥体育社会组织的独特作用，由于数量众多、形式多样、覆盖面广、渗透性强、灵活机动等特点，比较适合填补体育公共服务供给的空白地带。

体育社会组织也是由人组成的，同样也有追求自身利益的冲动，要加强制度设计，防止体育社会组织供给出现偏差。一是要设计委托、评估、问责的相关程序，确定好服务项目和标准、专业评估机构、问责与责任追究的执法机关。二是强化责任意识，完善责任机制。体育社会组织要明确组织宗旨、任务、使命，要加强信息公开和民主运作，要有明确的工作目标，并将目标转化为具体的考核标准，真正落实到组织的行动之中。三是政府要建立引导机制，支持和鼓励体育社会组织提供体育公共服务。

（二）体育公共服务供给机制

1. 决策机制

我国体育公共服务供给决策机制仍然存在着一些问题，为了提高政府体育公共服务供给决策程序的科学性，应以平等参与为导向，合理配置体育公共服务的供给，“自上而下”与“自下而上”相结合，在建构决策层权威性的同时，也要考虑方案的民主性、可行性，更要关注到基层群众的民意，能够切实反映广大群众真实的体育需求，通过公共服务决策程序的双向互动，实现体育公共服务供求平衡。

2. 效率机制

一般情况下，地区的经济发展水平越高就越有能力提高体育公共服务的效率，体育公共服务普及性和惠及民众的程度也就越高，公共服务资源的利用效率就越高，政府对体育公共服务资源的投入越多，产出效率越高，不同的地理位置和政策制定对体育公共服务的效率也会产生较大影响。

首先，保证体育公共服务，特别是保证农村体育公共服务资源使用的优先、持续增长。在体育公共服务的财政保障中，要改变预算形成过程中的人为因素及其他因素的影响，结合经济社会发展水平，如GDP、年度预算总额、人口总量及结构等，确定体育公共服务财政预算总额，保持财政投入的稳定增长。

其次，解决体育公共服务运营和管理问题。根据体育公共服务的分类和政府职责的定位，政府不能成为所有体育公共服务的直接提供者，应成为制度的供给者，鼓励企业、社会组织、个人等举办体育公共服务，确立以服务对象为导向的体育公共服务供给模式，建立举办主体多元化的体育公共服务供给方式，以扩大公共服务的总供给量。

再次，建立考核问责制度。体育公共服务中的问题突出表现为重投入、轻管理，重建设、轻效果。要建立监督考核和问责制度，对体育公共服务供给者，包括政府和体育服务提供机构形成激励，将服务供给者的个人收益和机构收益，与体育公共服务供给的效果紧密结合起来。

3. 公平机制

政府在体育公共服务供给中主导地位的适度强化，财政收支结构的调整、政府的社会资源再分配职能的强化，省、市、区（县）、乡镇（街道）各级政府体育公共服务供给分工体制的合理建立，保障了体育公共服务的公平公正。就客体而言，体育公共服务的对象是全体公民，基本体育公共服务是向社会全体成员提供基础性、一般性的体育公共服务，是一种底线服务，而非基本体育公共服务则要考虑不同群体的不同体育需求，在着眼于实现城乡之间、不同地区之间体育公共服务均等化的同时，还要针对不同地区、不同群体的多样化体育需求提供体育服务产品。体育公共服务要达到公平正义就必须关注包括弱势群体在内的每个公民的体育需求。具体而言，需要确定合理的城乡体育公共服务建设投入比例、加大农村体育基础设施建设投入力度、建立严格的公共财政资金转移制度、健全考核制度体系，努力实现城乡和不同地区之间体育公共服务的均衡发展。

4. 监督机制

构建体育公共服务供给的指标体系是为了准确有效地评估体育公共服务供给情况，但是目前所有的绩效评估体系都缺失政府体育公共服务供给的监督机制。一些地区的体育行政部门以追求经济效益为主旨，把手中掌握的体育公共资源，异化为本单位创收的工具，背离了政府建设体育公共设施是为了满足公众基本健身需求的根本目的。因此，要将监督机制纳入体育公共服务绩效评估体系中去，构建多元化监督主体，特别是引进第三方监督主体，联合人民群众与大众传媒形成一个立体化、全方位的监管网络，对政府的体育公共政策执行情况进行全面的监督。政府可以采取公开听证、行风热线、民意调查等多种方式，收集广大市民对体育公共服务的意见和建议，方便公众参与和社会监督。

总的来说，目前我国体育公共服务绩效评估指标缺乏系统性和有机性，难以全面反映政府体育公共服务供给的组织效能、服务质量和管理水平；设计的指标未能突出反映体育行政部门为广大人民群众谋福祉的责任，其对体育公共服务能力和水平的追求往往让位于上级主管部门任务指标的压力，对改进体育公共服务供给能力没有根本性、实质性作用。因此，迫切需要建立和完善政府绩效评估指标体系，来进一步加强体育公共服务供给的监督。

（三）体育公共服务供给绩效

1. 遵循绩效评估的原则

体育公共服务绩效评估自然也遵循公共服务绩效评估的基本原则，但首先应该强调公平和效果，其次是经济和效率。政府需要保障的是基本体育公共服务，而准体育公共服务应该尽量让社会和企业来供给。政府在提供基本体育公共服务的过程中，要力争做到机会平等、过程平等、结果平等。在保障基本体育公共服务均等化的同时，还需要重视供给的效果，即是否提升公众满意度。

由于政府财力有限，特别是欠发达地区的基层政府，必须精打细算，用最少的钱，办最多的事。但经济和效率在体育公共服务绩效评估中比重不宜过大，否则非常容易导致追求价廉而放弃质优，牺牲长远利益。这方面的教训非常多。例如一些小区投入的体育健身器材，不到半年即处于弃用状态，排除管理失败的因素外，其质量不过关是根本问题。由于招标时，对价格过度敏感，使一些价格较高，但质量较好的器材无法进入政府招投标范围，只能在质量较差的备选供货商中选择。

2. 按照地域一致性要求来评估体育公共服务供给绩效

由于受历史和自然条件的限制，我国地域、城乡之间的经济社会发展存在着巨大的差距。因此，制定统一的绩效评估体系非常困难，应当允许不同区域、城乡之间的差距存在。各地、各级政府可以依据自身的经济发展水平和财政能力，合理地制定体育公共服务供给目标。在绩效评估的过程中，依据其人口规模、经济水平、地理位置、自然资源等方面的条件，按照地域一致性的要求，制定出科学合理的评价体系，从而在可操作、可比较的前提下，对不同层级的政府进行比较，实现合理、可行的绩效评估，以促进改善政府体育公共服务的目的。

3. 增加体育公共服务供给绩效评估体系中量化指标的硬度

由于我国公共服务绩效评估更多地从行政实施的角度来设计评估指标，

加之评价主体与评价客体之间存在千丝万缕的利益联系，因此评价指标采用较多的定性指标比重过大，必然导致评估就是走关系，给权力寻租提供了极大空间，先进单位往往是先“进贡”的单位，而与是否真正提供了公众需要的体育公共服务关系不大，失去了绩效评估的本来意义。因此，必须增加体育公共服务供给绩效评估体系中可量化指标的权重，以增加评估指标的硬度，减少评估操作过程中的弹性。

4. 引入多元化的体育公共服务供给绩效评估主体

在以效果为导向的绩效评估过程中，公众享受体育公共服务的满意程度应优先考虑。目前，体育公共服务供给的绩效评估更多地通过上级主管部门对其下级部门来进行，由于评价主体与评价客体只有行政权限不同，并没有职能上的差异，“投上级所好”成为下一级部门公共服务供给的重要考量。政府行政部门、公众个体都难以独立承担体育公共服务绩效评估职能。与此同时，我国缺乏第三方独立评估机构。目前，只有将公民、政府、社会组织结合起来，形成多元化的体育公共服务供给绩效评估主体，才能全方位、科学合理地评估体育公共服务供给质量。

三、我国体育公共服务的财政保障

公共服务从狭义上来理解指的是政府所提供的社会性服务。公共服务具有公共产品的属性，满足的是社会公共需求，是市场经济下政府的主要职能之一。在现代市场经济条件下，公共服务的提供是现代市场经济对政府职能的本质要求，也是我国在由计划经济向市场经济转轨进程中对政府转型的基本要求。 随着我国社会主义市场经济体制的逐步完善及全面建设小康社会进程的加快推进，完善体育公共服务体系，提供高质量的体育公共服务是社会主义市场经济对我国政府体育职能转变的本质要求，是体育强国建设的基本要求，也是公共服务型政府建设的必然要求。

（一）我国体育公共服务财政投入的现状

1. 体育公共服务财政投入的规模分析

（1）体育公共服务的财政投入。随着我国加入 WTO，受西方新公共管理运动及新公共服务理论的影响，建设“服务型政府”成为中国政府改革的目标和发展战略。为顺应时代发展，满足民众对体育公共服务不断增长的需求，提供体育公共服务已成为中国政府职能转变的重要内容，政府对体育公共服务的财政投入不断增长。体育事业是市场经济体制下人们对体育公共需求的集合，因此体育事业财政投入是政府公共财政支出的重要内容。

（2）基本体育公共服务的财政投入。民生中的“民”指普通民众，“生”指普通百姓的生存和生活事宜，因此，民生就是指人民的生活、生计问题。而体育的“民生”在于体育促进民众的生命质量的提高、能否享受体育发展的成果以及多大程度地享受到体育发展的成果。当前，体育如要更好地落实到民生层面，需要保证基本的体育公共服务财政投入，这样才能提供给民众基本的体育公共服务设施、信息服务、管理服务、技术指导服务等。相反，缺失了基本的财政保障，则难以在体育公共服务实践运行中提供有效的服务供给。

2. 体育彩票公益金的使用分析

发行体育彩票是国家为筹集体育事业发展资金、拓宽体育事业经费的来源而实行的一项特殊政策。体育彩票公益金已成为我国体育事业经费中事业收入的主要来源，是体育事业经费的重要来源。

随着体育彩票公益金收入的不断增加，体育系统内彩票公益金对群众体育的支出也呈增长趋势，体育彩票公益金中群众体育支出的不断增长使基本体育公共服务的供给有了稳定可靠的经费来源。

我国体育彩票一直倡导“公益体彩乐善人生”的公益理念，所筹集的公益金全部用于社会公益事业和体育事业的发展。在社会公益事业方面，体育彩票公益金主要支持社会保障、人道主义援助、红十字会、灾区重建、扶贫帮困、残疾人、基层文化建设等事业的发展。在体育事业方面，体育彩票公益金支持全民健身计划和奥运争光计划的实施，主要用于体育场、群众体育和竞技体育三方面。体育场用于其建设及维护等方面的支出，主要用于修建训练场地、添置训练竞赛器材。群众体育则主要用于全民健身和业余体校训练、竞赛、场地设备等方面的支出；全民健身的投入主要是全民健身路径工程、农民体育健身工程、雪炭工程、全民健身中心、全民健身基地、社区俱乐部建设、青少年俱乐部建设、学校场馆向社会开放补贴、社会体育指导员培训管理等。竞技体育主要用于综合性运动会及单项体育比赛支出，各级体育运动队训练补助及器材购置等方面的支出，具体用于国际大型运动会、国内大型运动会、研制购进辅助设施、改善训练生活条件等方面。

3. 我国体育公共服务的供给

第一，新建体育场地。主要是地方根据自身体育发展需要，选取相对人口较为集中的区域、同时便于民众体育锻炼的地方新建体育场馆，这样既能为体育公共服务发展服务，也能较好地满足竞技体育的训练和竞赛需要。

第二，改（扩）建体育场地。我国改（扩）建体育场地，一方面可以逐渐减少占地面积，缓解土地供需矛盾，另一方面体育场地的建筑面积和场地面积逐渐得到增加，提高了土地资源和体育公共场地的利用率。

第三，政府命名群众体育场地。全民健身活动中心包括国家体育总局命名和地方政府命名两种。而地方命名的形式又包括社区健身中心、健身活动中心、健身广场等多种形式。

第四，政府援建体育场地。政府援建的体育场地类型主要有乒乓球台、篮球场、小篮板、健身路径等。

（二）体育公共服务财政投入存在的问题

1. 体育公共服务财政投入

（1）体育公共服务投入总量偏少。尽管各国统计体育事业经费投入的口径不尽相同，中西方体育事业经费投入的相对数值也许不能代表实际的差距，但中国体育事业尤其是群众体育事业经费投入低于发达国家是不争的事实。由于我国群众体育事业的经费投入不足，限制了体育公共服务产品供给的数量，供给质量也没有得到有效的改善和提高，因此难以满足民众对体育公共服务日益增长的需求，民众对体育公共服务总体状况的满意度较低。

（2）体育公共服务经费来源仍较单一。虽然近年来我国体育公共服务供给模式改革初见成效，供给主体逐渐多元化，但体育公共服务供给经费来源较为单一的局面仍未得到有效的改变，我国体育公共服务经费仍主要来自财政拨款，体育事业经费中财政拨款所占比重均值仍达到61.82%。

2. 体育彩票公益金使用的民生性不强

体育场方面，体育彩票公益金用于修建训练场地的支出占体育场总支出的比重均值达到78.4%，用于添置训练竞赛器材方面的支出占体育场总支出的比重均值为10.2%，可见体育场体育彩票公益金支出主要支持发展竞技体育，民生性的落实有待进一步提升。

3. 区域基本体育公共服务发展不平衡

人均群众体育彩票公益金支出可进一步论证区域基本体育公共服务发展的不平衡。通过研究还进一步发现，西部人均群众体育彩票公益金支出已超过中部的支出，主要原因是在西部大开发战略的影响下，我国体育彩票公益金加大了对西部的投入力度，促使西部基本体育公共服务供给水平提升，并超过了中部。

4. 体育公共财政资金支出效率低

财政供养人员经费开支日益膨胀，挤占了基本体育公共服务资金。行政事业单位财务支出主要包括工资福利支出、商品和服务支出、对个人和家庭补助支出以及其他资本性支出；工资福利支出主要包括基本工资、奖金、津贴和社会保险；商品和服务支出主要包括办公费、福利费、劳务费、取暖费和差旅费。体育系统财政供给人员过多，导致体育事业公共财政支出加重，挤占了急需的体育事业公共项目的经费。

由于政府提供的国民体质监测服务惠及民众有限，因此调查居民对国民体质监测服务的满意度较低。过低的国民体质监测覆盖率，导致我国体育行政部门不能准确地对国民体质状况进行判断和考量，从而影响到我国全民健身计划的修订以及实施，进一步影响了民生体育工作的开展。

（三）完善我国体育公共服务财政投入的对策建议

1. 树立公共财政的理念

改革开放以来，我国体育行政机关工作人员规模如同全国行政机关人员规模一样，陷入了“精简—膨胀—再精简—再膨胀”的怪圈。公共财政主要是指为市场提供公共服务的财政，市场经济条件下财政之所以是“公共”财政，还因为它是“社会公众”的财政，而“社会公众”是财政公共性的具体表现。我国要完成从传统的行政管理到新的公共管理的改革，促进政府职能的根本性转变，就必须加大公共财政的宣传力度，使公共财政理念深入人心，政府职员和领导能从传统的财政理念桎梏中解脱出来，改变思维定式，加深对公共财政的内涵和基本特点的认知，并将公共财政理念贯彻到日常的行政工作中，这样政府的职能才能得以根本扭转，公共服务型政府目标才能得以最终建立。

公共财政的理念主要包括政府预算、纳税人理念和基本准则理念。从某种意义上来说，这些公共财政理念的转变属于非正式制度的变迁，相对正式制度改革而言，非正式制度的转变在某种程度上更为困难，需要经历一个较长时间的逐步变革才可能最终完成，因此，公共财政理念问题是一个长期改革思路的探讨。

（1）政府预算理念和“纳税人”理念。政府预算制度是公共财政制度得以存在和运转的基本制度，是公共财政制度的核心，对公共财政制度的建立起着关键性的作用。我国体育事业公共财政制度在政府的财政工作中要得以贯彻实施，就必须对政府的体育预算进行约束，只有在体育工作中深化部门预算制度改革、“收支两条线”改革、政府采购制度改革等，才能从源头上反腐倡廉，体育行政职能部门的财政行为才能公共化，才能有效提高体育事业财政资金使用的规范性、安全性和有效性。为此，各级体育行政部门的官员尤其是主要负责人，应贯彻政府预算理念，严格制定并执行政府预算制度，并对工作中出现的违反政府预算的行为坚决制止。

（2）基本准则理念。在政府的体育事业收支活动中违反了这些基本原则，就不是体育事业公共财政的收支活动。对于我国的财政改革来说，公共财政的制度框架容易建立，但如何使其内容尽快公共化则是改革的难点和关键，能否成功在于政府官员的传统财政思想观念的转变及公共财政的基本准则是否深入人心。

2. 调整和优化体育事业公共财政支出结构

体育事业公共财政支出结构是指体育事业财政支出总额中各类支出所占总额的比重，表明体育事业财政支出的基本内容及各类体育事业财政支出的相对重要程度，是政府体育职能在量上的体现。科学合理的体育事业财政支出结构成为体育事业可持续发展和社会发展的强大杠杆，而不合理的体育事业财政支出结构则会阻碍体育事业的可持续发展，因此体育事业公共财政支出结构的优化问题具有十分重要的现实意义。

优化群众体育公共财政支出结构。群众体育公共产品中，群众体育场地设施的公共性最强，而群众体育场地设施不足目前也是制约我国群众体育发展的主要瓶颈，因此群众体育场地设施应成为我国体育公共服务财政保障的重点。体育行政部门要改变群众体育场馆建设的发展思路，投入重点应放在群众体育适用的体育场地设施建设。由于群众体育场地设施的建设受惠的是当地的居民，因此主要由当地政府承担其建设费用，但群众体育场地设施的建设具有较强的效益外溢性，中央政府和省级政府也应根据群众体育场地设施外部性的大小及当地经济的发展情况，给予相应的财政支持。

群众体育组织、群众体育活动和竞赛的公共属性相对群众体育场地设施的公共属性要小。因此财政只负担一部分经费，但政府应根据这些公共产品受益范围的大小承担不同的供给责任。对于全国性的体育组织、全国性的体育活动和竞赛，这些产品属于全国性体育公共产品，中央政府应承担主要责任；对于省级体育组织、省级体育活动和竞赛，省级政府也应承担主要的责任。

3. 拓宽群众体育发展的经费来源

（1）鼓励和吸引社会资金投入群众体育事业。群众体育的发展如果仅仅靠有限的政府财政支持，很难满足民众多样化的体育需求。因此，要鼓励社会资源和市场力量乃至民众个人对体育公共服务的投资及资源输出，提升包括政府在内的对体育公共服务投资的动机，提倡群众自愿筹资或捐资开展群众体育，形成政府和社会共同筹措体育资金，多种形式发展群众体育的发展模式。

（2）不断完善体育彩票发行。体育彩票公益金收入现已成为我国体育事业预算外收入的一项重要经费来源，对促进我国体育事业发展尤其是群众体育的发展做出了重大贡献。

4. 完善财政转移支付制度

分税制是市场经济国家普遍实行的一种财政体制，因此 1994 年我国开始实行的分税制财政管理体制是适应市场经济发展要求的，对于理解中央和地方的分配关系，保证财政收入和增强宏观调控能力发挥了重要作用。但我国分税制是作为克服财政包干制的手段而推出的，与国外科学规范的分税制财政体制有很大差距，因此我国应发挥纵向和横向财政转移支付的均衡作用，促进各地区享受大致均等的基本体育公共服务。

（1）调整转移支付模式。目前国际上有纵向转移支付及以纵向为主、纵横交错转移支付两种基本模式，大多数国家采用纵向转移支付模式。这两种模式各有优缺点。根据我国地区间经济发展不平衡的国情，我国可采用以纵向为主、纵横交错的转移支付模式。中央政府应逐步规范纵向转移支付，取消不规范的专项补助，有步骤地直至完全取消税收返还方式，通过因素法取代基数法。

（2）改善转移支付形式。随着一般性体育转移支付规模的扩大，我国可将财政收入增量部分都用于一般性转移支付，提高其在转移支付中的比重，并成为我国主要的转移支付形式，从而使地方能有足够的财力实现其事权。逐年降低税收返还，中央每年从对地方税收返还额中提出一定的资金用于一般性转移支付，直到最终取消税收返还，这样既减少了新制度出台的阻力，又削弱了返还基数中的不合理因素，对目前地区间体育公共服务的差距缩小具有积极的作用。

5. 完善体育公共服务财政监督机制

加强和完善体育公共服务财政监督是加快体育事业公共财政建设的重要方面。体育公共服务财政监督主要包括财政对预算单位使用体育事业财政资金的监督，人大、审计对体育事业公共财政的监督。

（1）加强对预算单位的监督。在公共财政框架下，财政部门对预算单位的监督主要侧重于对预算单位使用体育事业财政资金的效益监督，这样既可与审计监督合理分工，又可以相互协作，发挥财政监督的独特作用。对预算单位的监督重点包括体育事业公共财政支出的监督、体育行政部门行政管理成本的监督、体育事业财政转移支付资金及各级体育行政部门体育专项资金的监督、对体育公共投资建设项目的监督四个方面。通过对预算单位使用体育事业财政资金的监督，可有效解决体育事业公共财政支出的“缺位”和“越位”问题，遏制体育行政成本的过度膨胀，发挥体育事业有限经费的社会经济效果，促使体育事业公共财政支出更加公平、合理、有效。

（2）开展人大、审计对体育事业财政的监督。人大对体育事业财政的监督是指各级人民代表大会依据宪法、预算法和地方组织法等，对体育行政部门的计划预算行为、财经执法行为实施监督。加强人大对体育行政部门的监督，一是要对体育事业经费预算调整加强监督，只有经过本级人民代表大会常务委员会审查批准的体育预算调整方案，体育行政部门才能调整体育预算，严格防止先实施后审查。二是加强体育事业经费决算的监督。

第四节　体育公共服务评价体系建设

本节重点对我国体育公共服务评价体系的建设问题进行研究，以期为我国体育公共服务事业的发展提供合理的评判标准与方法。

一、我国体育公共服务监管体系研究

（一）我国体育公共服务的监管现状

监管主体包括体育公共服务体系在内的社会公共服务体系，囊括的领域非常宽广，涉及的部门也较多。对社会公共服务体系来说，它就需要在特定场合充当较多的角色，如资产所有者、政策制定者、监管者以及付费者等，如此一来尽管在某些方面可以获得一些便利的因素。但不可否认的是，也很容易造成一些利益冲突。除此之外，还可能在购买公共服务的流程中出现职权不清或不作为的情况。

我国在体育公共服务领域存在着一些问题，这些问题的出现并非偶然，而是与我国特殊的社会管理体制和行政部门划分有关。其中面临的最大问题就是在体育服务的工作环节中集多重角色于一身，采用包办形式，通过行政体系完成体育公共服务供给，最为典型的就是管办一体。但是，改革开放以来，我国市场经济体制的建立以及不断完善，使经济迅速发展，人民的物质生活得到了极大的丰富，群众参加体育运动的热情高涨，对体育公共服务的需求增加，并且随着体育商业化、职业化的发展趋势，这种角色过多的管理形式就暴露了更多的问题，有些问题甚至演变成体育事业发展的矛盾。不过为了应对这些问题，有关部门也做出了一些改革，具体的做法主要表现在两个方面，一方面表现在政府不断改变其管理方式，市场激励机制更加明显；

另一方面非官方的经济体或体育管理机构加入体育公共服务领域之中，市场失灵对于私人部门来说提供体育公共服务是无法避免的，同时为了市场的公平竞争，建立“公平、透明、独立、专业”的问责和监管体系刻不容缓。

（二）我国体育公共服务监管体系的基本框架

现代的监管制度较之以往已经有了较大幅度的改善，它逐渐形成为一种规则的、独立的、专业化的监督管理模式。而这种完善的最大意义在于它是实现市场自由公平竞争、信息公开透明的一种重要手段，并且更加符合市场经济和法制社会的发展规律。具体来看，我国体育公共服务监管体系的基本框架主要包括以下两个方面：

1. 体系构建原则

构建我国体育公共服务监管体系一般要遵循以下六项基本原则。一是确保市场主体能够在平衡的地位下进行交易，展现出交易的自由性。二是监管过程要做到公平、透明，并且受众拥有真正的问责权。三是建立专业的体育服务专家队伍，包括监管所必要的专家外的其他体育行业专家。四是“依法管体”，即在体育公共服务监管体系的全部工作过程中要有法必依、执法必严，以期为体育公共服务监管的顺利进行保驾护航。五是监管者与服务主体相分离，具有完全的独立性。六是完善对监管执行者的考核制度和任用制度，确保监管者的廉洁奉公。

2. 基本思路

（1）监管机构的独立性和权威性。与监督有关的三大机构（监督机构、政策制定机构和服务提供机构）在监督时要做到彼此分离，互不打扰监管行为，不给监管设置任何阻碍和做出指导，使监管切实在一种自由的状态中进行。如此才能保证在市场中每一个体育服务提供者都在平等的地位上竞争，进而促进我国体育服务市场的发展。

（2）监管规则和监管程序的透明性。监督管理的规则，需要根据产品和服务性质的不同来制定相应的法律法规。在监管内容上，对市场准入、主体资格、服务质量、服务价格、竞争秩序等要有明确规定。此外，公开透明的监管程序也是必不可少的，也只有加强监管程序的透明化，才能使监管更加公开、公正，避免“裁判员和运动员”“管理者和执行者”身份的重叠。

（3）监管行为的可问责性。现代监管体系中包括自由问责的环节，在这一要求原则下，独立而且专业的监管机构代替了过去长期维持的自我制定政策。这样就可以在一定程度上防止监管失职行为的发生。同时要建立有效的问责机制，发挥社会组织和社会舆论的监督作用。

（三）我国体育公共服务监管体系的主要内容

1. 明确监管主体

市场经济条件下的市场资源配置的决定因素一定是市场本身，也就是力图通过经济来决定一切，而非由其他人为的因素来决定。由于我国的经济体制，政府在经济当中充当的“有形之手”作用也有其存在的必要性，不过这种调控需要在不扰乱市场秩序的情况下进行，具体可以为依法对关系到人民群众重大生命财产安全的领域、对市场失灵的领域、对严重扰乱市场秩序的行为进行监管。各省、市人大设立体育公共服务监管委员会，省、市工作委员会设立体育公共服务监督管理部门，地方各级政府也要设立独立的监督机构，并由这些机构统一负责原体育局体育公共服务的监管工作，并对各省、市体育局进行监督和协调。同时应积极发挥社会机构、公众、媒体在体育公共服务领域的监督作用，明确监督地位。

2. 合理区分各级政府职责

行政管理体制改革要求按照权责一致原则划分中央和地方政府的市场监管职责，因此中央政府需要担负起制定战略规划、政策法规和标准规范、对监管体制改革的推动的重任。中央监管机构可以设立垂直机构来监管全国范围内或跨省区的经济社会问题。而地方政府应该把更多的精力转到维护市场秩序和政府的执行和执法监督职责上。

（四）我国体育公共服务监管体系的运行机制

在今天，包括体育服务在内的众多公共服务供给过程中，监督主体的构成是较为单一的，监督不够多元化且权责划分比较模糊，如此就使得监督不能发挥实效，只是好似摆了一个样子，基本公共服务监管机制并未形成理想的监管合力。

在体育公共服务供给过程中加强行政系统内部机关的监管功能，强化行政系统外部组织的监督地位，发挥公民和社会舆论的监督作用，从而构建一种多主体、多层次的监管主体体系势在必行。其必要的工作就是要拓宽监督渠道，提供多样化的监督平台，制定鼓励受众参与监督的政策，进而形成一种长效且合理的公共服务监管机制。

有关我国体育公共服务监管体系运行机制的具体措施主要包括以下三个方面：

一是提升体育行政系统内部机关的监管功能。提供体育公共服务的体育主管部门的内部监管是在具有一定独立性并且在政府授权的情况下，通过相关评估机制审核评估被监管部门，并对监管中发现的问题提出必要的修改指导的行为。政府内部监管在发达国家的运行状况良好，而对于我国来说则算是一种较新的监管理念。政府内监管，有助于有效地解决公共服务监管中的“政府失灵”问题，并可以通过相关政府内部机构来设定标准，选择那些独立于直接从事体育公共服务监管的政府组织，然后再依此进行监控，要求其遵守制定的标准来实现政府内的监管。

二是给予外部组织监督的足够权力。加强对体育公共服务的监管仅仅依靠政府组织的相关机构是远远不够的，除此之外，还需要将整个体育行业协会的力量融入进来，形成共同监管的局面。为了实现这一目标，首当其冲就是要改革社会组织的监管体制；其次是要科学规划、引导体育组织和协会的健康发展。这里有三点工作需要做好，第一是要对行业内的组织进行统一考察，在确认其监管资质的基础上建立信用评价体系；第二是建立畅通的申诉渠道，建立奖惩机制；第三是设立公共相关服务质量投诉机构，在接到投诉后要尽快研究并制订解决方案，妥善处理公共服务中的不当行为。

三是发挥公民和社会舆论的监督作用。在现今信息传递速度飞快的社会中，舆论传播的快速、广泛和公开等特点被放大得淋漓尽致。正因为这些优点才使得舆论成为现在监督工作中的有力武器。

实际上，在我们的生活中就已经出现了很多通过舆论来影响监督行为的事物，如最常见的就要数针对体育公共服务满意度的调查了。这些通过舆论来作为监管途径的方式基本用意都是在于加大体育公共服务信息公开力度，形成声誉信息评价机制，创造公民和社会舆论发声的渠道，使其表达传递至上面两点中阐述的监管机构，从而从最广泛的受众中获取最客观有效的信息。

（五）我国体育公共服务监管体系的保障措施

目前我国对体育领域的改革可谓大刀阔斧，涉及面非常广泛。体育公共服务的改革也在计划之中。这些改革已经取得了初步成效，最直观的表现就是目前政府已经从单一的体育公共服务生产者变为了服务的提供者、生产者、付费者和监管者。相信随着改革的深入，其中的监管职能会与其他职能相分离，这也是监管职能的特殊性所决定的，是一种国际惯例。对政府而言，从直接的行政干预转变为依法依规监管，是一项崭新的事业，尽管这种转变可能会造成自身利益的受损，但从宏观角度和体育公共服务事业的发展来看，最终获得的效果还是有利的。因此，为使我国体育公共服务监管体系及其功能获得保障，特总结出以下几点措施：

一是建立完善的监管组织体系。在我国，多数体育公共服务职能是由地方政府统一规划并指导，由基层政府负责提供和实际组织的。因此，从这个角度上看，中央政府所提出的就是一种战略性的宏观方针，而并不能对具体的体育服务开展实施。为此，要想实现体育公共服务的监管就需要地方政府牵头，建立相对独立的体育公共服务监管机构，重视该机构并给予相应的资源支持。

二是强化监管手段的功效。要想使众多监管手段行之有效，就需要有意识地强化它的功效。首先就需要对监管行为保持严肃严谨的态度，而不是走形式和摆样子，特别是对违规现象要严加处罚，将这种破坏体育公共服务监管体系及其功能的行为扼杀在初期阶段；其次相关监管机构应本着公开透明的原则定期向外界发布监管报告，促进监管机构内外部的信息流通，提高监管的透明度和体育公共服务监管机构的政策影响力。

三是提升监管人才的专业化程度和信息化管理能力。目前我国的体育公共服务监管工作尚处于初期阶段，其中还有许多问题急待解决和完善。为此，培养专门的监管人才是不容忽视的。在此之前，为了保证监管工作得以进行，需要将与体育服务相关的部门人才吸纳到体育服务监管机构当中发挥作用，如卫生、文化、教育等部门，特别是在体育公共服务的信息系统构建方面，为监管体系的顺畅运行提供了重要的支撑。

二、我国体育公共服务绩效评价指标体系的构建

（一）绩效评价指标选取的原则

一是评估指标与理念相一致原则。体育公共服务绩效评估指标的确立应该与政府绩效评估的价值取向或者评估理念相结合，它不能是独立于这些规则和理念之外而存在。理念是一种客观事物的抽象表达，同时在具体操作层面上，也是政府绩效评估方向、措施、目标等方面的依据和指导。因此，政府绩效评估的理念应该作为政府绩效评估指标确立的支撑与导向。

二是定量与定性指标相结合原则。政府的绩效评估是一种具体的实践与操作，如果对这种评估工作更多的是在理论方面来完成的话，则评估工作也就失去了本应有的意义。绩效评估能够展现其意义，起决定性因素的应该是对绩效评估指标的尽早确定，从类型来说，这种指标可以被分为定性指标和定量指标。定性指标无法直接通过数据计算分析评估内容，定量指标则是可以进行准确的数量定义，可以开展精确衡量并能设定绩效目标的评估指标。基于两种指标的不同特点，在设定评价指标时就要视情况而定，最好的方式是将两种类型的指标相结合，这样既能关注工作过程的开展情况，又能对工作结果有准确的把握。

三是可行性与客观性相结合的原则。由于目前我国相关学界对体育公共服务绩效评估的研究不多，相应的对于体育公共服务绩效评估指标的研究也比较匮乏，而且许多研究由于视角不同、界定的维度不同，因此确立的评估指标也各不相同。当然，采用哪种指标并不重要，重要的是所设置的指标是否与客观相符，是否真的能在评估中体现出它的意义。所以，指标的可行性是首先需要被关注的，应使所设计的指标在实际的绩效评估过程中均能运用。需要注意的是，那就是由于这些目标的制定者是人，而人（学者）对于指标的设置会受自身的学术水平、实际考察情况和主观思维的影响往往容易显得更加主观，因此，在指标的设置过程中应尽量避免这种人为因素过多的干扰，强调客观性原则，充分保证指标设计的客观性与可行性。

（二）绩效评价指标选取的流程

我国体育公共服务绩效评价指标体系构建中指标选取的流程主要有以下两个：

第一个流程为事先通过查阅文献资料以及充分发散思维思考，以此初步确立绩效评估的指标。

第二个是运用德尔菲法进行指标的筛选与修正。这种筛选与修正的方法需要进行两轮。第一轮首先删除隶属度 <0.3 的绩效评估指标，第二轮删除变异系数≥ 0.25 的绩效评估指标。然后再对在两轮筛选之后的剩余指标进行信度和效度的检验，这是整个德尔菲法筛选的关键步骤。在此之后再对确定下来的绩效评估指标运用模糊综合评价法确定其指标的权重系数，最终完成绩效评价指标的选取工作。

（三）绩效评价指标确立的方法

绩效评价指标确立的方法主要有以下两个环节：

第一，借鉴英国政府公共服务的绩效评估框架，初步将政府体育公共服务绩效评估的一级指标界定为投入类、产出类和结果类三大指标。这三大指标是体育公共服务涉及的三大块内容。

第二，充分分析国内有关政府绩效评估的研究成果，确定一级指标下属的二级指标，具体确定一级指标 3 个、二级指标 10 个、三级指标 61 个。

三、我国体育公共服务绩效评价体系的实证研究

（一）数据的采集及处理

数据采集是体育公共服务绩效评价研究的首要工作。之所以将数据采集放在如此重要的位置上，主要原因就在于获取数据的质量直接影响着实证研究的准确性以及指标体系的合理性。

为了尽可能全面地对我国体育公共服务绩效评价体系的相关数据进行采集，通过走访与调查，特将其中几项重要的数据汇总：一是资金投入。二是

场地设施。体育健身场所总数量是指前文提到政府援建的国家级体育场、政府援建的省级体育场、政府援建的地级体育场、政府援建的县级体育场、政府命名的各级全民健身基地、政府命名的各级全民健身中心、政府命名的各级体育公园、政府命名的各级群众体育场地。三是组织机构。体育组织数量主要包括各级公益体育俱乐部、国家级和省级青少年体育俱乐部、各级社区健康俱乐部、各级其他性质（半公益）的体育俱乐部、各级综合运动项目组织和各级单项运动项目组织。四是人力资源。体育指导员总数量主要包括当年统计的各等级职业性社会体育指导员数量、各等级公益性社会指导员数量，其总量作为体育指导员总数量的数据资料。五是体质健康。六是经常参加体育活动的人群。

（二）绩效评价的呈现

在收集到各单项指标的评分结果后，就可以根据评分方法计算出我国各省、市、区在体育公共服务领域的资金投入、场地设施、人力资源、体质健康、经常参与锻炼的人群等的指标得分以及相应在全国中的排名，并能获得最终的综合得分情况和最终全国排名。

第六章　体育公共服务实践体系建设研究

本章主要从体育公共服务指标与模型构建、体育公共服务实证以及生态体育开发两方面对体育公共服务实践体系建设进行研究。

第一节　体育公共服务指标与体系构建

本节将从体育公共服务指标与模型构建进行研究。

一、体育公共服务体系指标选择

体系是由诸多相互联系的要素所构成的整体。学者们对于体育公共服务体系组成的探讨倾向于用系统分析方法进行。体育公共服务体系指标设计的原则要求：一是科学性要求。各个指标要达到定义规范、内涵清晰的要求，评价指标体系内部同级指标之间确保不冲突、不重复，符合体育公共服务体系示范区指标设计的逻辑思路。二是可操作性要求。从对应指标值的可获取渠道和可量化程度两个方面进行衡量。三是可比性要求。在示范区创建指标的设计，需要兼顾地区之间、地区本身的横向及纵向比较。四是适用性要求。反映体育公共服务发展导向，符合工商、财政、统计、民政等职能部门的管理活动规范，符合各级体育管理部门的业务活动规律，提高观测点内容的适用水平。

体育公共服务体系包含的要素有体育活动、体育组织、体育场地设施、体育信息、体育指导、体育资金、体育政策法规、体育监督反馈和体育绩效评价。在具体任务中，指出要加强基层体育公共设施建设，大力推动体育公共设施向社会开放，健全学校等企事业单位体育设施向公众开放的管理制度，健全基层全民健身组织服务体系，扶持社区体育俱乐部、青少年体育俱乐部和体育健身站（点）等的建设，发展壮大社会体育指导员队伍，建立国家、省、市三级体质测定与运动健身指导站，普及科学健身知识，定期开展国民体质监测。

二、体育公共服务体系评价体系

体育公共服务指标体系由组织管理、经费投入、服务运行、服务效益、群众满意等5个一级指标。各大指标之间相互联系、相互依赖、相互制约、相互作用，进而构成了一个体育公共服务的综合分析。因此，怎样根据评价指标体系把64个指标值综合起来，采用何种方法科学地解决各个指标权重问题和指标量化问题，对体育公共服务体系评价至关重要。以江苏省体育公共服体系示范区指标体系的确立为例。根据调研和专家的评审，对原有指标体系进行修改、完善，最终确立了江苏省市级体育公共服体系示范区指标体系。指标体系有5个一级指标、13个二级指标、64个三级指标构成。见表6-1。

表6-1　江苏省体育公共服务体系示范区指标体系（市级）

指标		序号	观测点	单位
一级指标	二级指标			
A1 组织管理	B1 政府机构	E1	政府牵头成立本级示范区建设工作机构数量	个
		E2	政府牵头成立本级示范区建设工作机构覆盖率	%
		E3	体育公共服务的从业人员数	人
		E4	体育公共服务的从业人员数占本地常住人口数比例	%
	B2 社会组织	E5	提供体育公共服务的企业单位数量	个
		E6	提供体育公共服务的事业单位数量	个
		E7	提供体育公共服务的社会体育组织数量	个
		E8	国家高水平体育后备人才基地创建数量	个
	B3 政策保障	E9	体育公共服务的“三纳入”	
		E10	示范区建设的《实施意见》	
		E11	体育公共服务购买、体育组织发展的相关政策	
		E12	新建小区健身场地保障政策	

续表

指标		序号	观测点	单位
一级指标	二级指标			
A2 经费投入	B4 财政投入	E13	年度体育公共服务资金预算额度	万元
		E14	体育公共服务预算额在财政总预算中所占的比例	%
		E15	体育公共服务预算实际完成率	%
		E16	年体育公共服务经费投入增长率	%
		E17	年人均体育公共服务实际支出	元 / 人
		E18	体彩公益金本级留成用于体育公共服务经费	万元
		E19	体彩公益金本级留成用于体育公共服务的经费比例	%
	B5 社会投入	E20	社会资本投入总量	万元
		E21	社会资本与财政投入比率	%
A3 服务运行	B6 设施建设	E22	已有体育公共场地面积	m^2
		E23	人均体育公共场地面积	m^2/ 人
		E24	人均年新增体育公共场地面积	m^2/ 人
		E25	学校场地设施的社会开放率	%
		E26	城市社区“10 分钟体育健身圈”建成率	%
		E27	标准化健身步道千米数	km
		E28	市级“两个中心”建成率	%
		E29	市（县、区）“新四个一工程”建成率	%
		E30	乡镇（街道）“三室一场一路径”建成率	%
		E31	行政村（社区）“两室一场一路径”建成率	%
		E32	体育公共设施管理维护	
	B7 活动开展	E33	年度承办国家级及以上竞技体育赛事次数	次
		E34	年度承办省级竞技体育赛事次数	次
		E35	年度承办省级及以上群众性体育活动次数	次
		E36	年度开展群众性体育活动次数	次
		E37	年度开展本级及以上特殊人群体育活动次数	次
	B8 健身指导	E38	晨晚练健身站点数量	个
		E39	每万人拥有晨晚练健身站点数量	个
		E40	社会体育指导员数量	人
		E41	每万人拥有社会体育指导员数量	人
		E42	3A 级以上体育社团数量	个
		E43	每万人拥有体育社团数量	个

续表

指标		序号	观测点	单位
一级指标	二级指标			
A3 服务运行	B8 健身指导	E44	体质测定与运动健身指导机构数量	个
		E45	年接受体质测定人次	人
	B9 运动康复	E46	运动康复机构数量	个
		E47	年接受运动治疗人次	人
		E48	年接受运动疗法的特殊人群人次	人
	B10 信息服务	E49	地方性体育公共服务网站建设	
		E50	地方性体育公共信息服务应用软件建设	
		E51	基础数据库建设	
		E52	地方主流媒体体育宣传频次	次 / 年
		E53	年开展体育健身讲座次数	次
A4 服务效益	B11 经济效益	E54	年体育产业增加值	万元
		E55	年体育服务业增加值在体育产业增加值中比例	%
		E56	年体育产业营业收入	万元
		E57	年体育产业营业收入增长率	%
	B12 社会效益	E58	经常参加体育锻炼的人口比例	%
		E59	《国民体质监测标准》总体合格达标率	%
		E60	《国家学生体质健康标准》总体合格达标率	%
A5 群众满意	B13 满意度调査	E61	场地设施满意度	%
		E62	活动开展满意度	%
		E63	健身指导满意度	%
		E64	信息服务满意度	%

江苏省体育公共服务体系示范区指标体系（市级）指标解释与采集方法：

E1. 政府牵头成立本级示范区建设工作机构数量。工作机构指由政府领导担任主要负责人，成员包含示范区建设的相关责任单位，承担体育公共服务体系示范区建设的组织推进工作。统计的目标包括：市、县（市、区）、乡镇（街道）的示范区建设工作机构数量。采集方法：工作机构成立的文件。

E2. 政府牵头成立本级示范区建设工作机构覆盖率。覆盖率主要指辖区内工作机构数量，涵盖辖区县（市、区）、乡镇（街道）相关工作机构的总数。采集方法：工作机构成立的文件。

E3. 体育公共服务的从业人员数。指辖区内体育系统行政管理部门、事业单位在体育公共服务机构的在编人员、聘用人员和体育社会组织人员。采集方法：体育系统行政管理部门和事业单位在编人员提供当地编办人事统计证明材料；聘用人员提供聘用证明材料；体育社会组织人员以社会组织内部人事任免文件为准。

E4. 体育公共服务的从业人员数占本地常住人口数比例。指辖区内体育系统行政管理部门、事业单位在编人员、聘用人员和体育社会组织人员数量占辖区常住人口总数的比例。采集方法：辖区常住人口总数按统计部门公布的上一年度数据确定。

E5. 提供体育公共服务的企业单位数量。指相关企业单位以政府招标采购、服务外包、项目补贴、授权管理等方式，参与体育公共服务的活动组织、体育场馆管理、休闲健身、体育培训以及其他相关体育公共服务内容等方面。所提供体育公共服务内容排除。

E6. 提供体育公共服务的事业单位数量。指政府相关的事业单位以政府招标采购、服务外包、项目补贴、授权管理等方式，参与体育公共服务的活动组织、体育场馆管理、休闲健身、体育培训和其他相关体育公共服务内容等方面。同样在所提供的内容中排除“体育用品制造”一项指标。

E7. 提供体育公共服务的社会体育组织数量。指社会体育组织（在民政部门已正式登记注册）以政府招标采购、服务外包、项目补贴、授权管理等方式，参与体育活动组织、体育场馆管理、休闲健身、体育培训和其他相关体育公共服务内容等方面。同样在所提供的内容中排除“体育用品制造”一项指标。

E8. 国家高水平体育后备人才基地创建数量。指辖区内由国家体育总局认定的国家高水平体育后备人才基地数量以及体育总局各运动项目管理中心认定的国家高水平体育后备人才单项基地数量。采集方法：国家体育总局正式批文。

E9. 体育公共服务的“三纳入”。指把体育公共服务纳入政府工作报告、纳入财政预算、纳入国民经济和社会发展规划。采集方法：年度政府工作报告，国民经济和社会发展规划证明材料，财政预算凭证。

E10. 示范区建设的《实施意见》。指政府及体育系统出台本地示范区建设的《实施意见》。采集方法：当地政府及体育系统出台的《实施意见》文件。

E11. 体育公共服务购买与体育组织发展的相关政策。指地方出台《购买体育公共服务的实施办法》《社会力量参与体育公共服务的绩效考核办法》，以及相关促进体育组织发展的政策文件等。采集方法：当地政府管理部门出台的相关政策、文件。

E12. 新建小区健身场地保障政策。指地方出台本地新建居住区和社区按照标准配套居民健身相关设施的文件办法。如按照室内人均建筑面积不低于0.1平方米或室外人均用地不低于0.3平方米的标准执行健身场地面积配套等保障性政策。采集方法：当地规划、住建部门出台的新建小区健身场地面积建设标准与办法等文件。

E13. 年度体育公共服务资金预算额度。指年度用于体育公共服务的财政资金预算总额。包含：用于群体事业经费（含青少年体育）、健身赛事与竞技竞赛活动、健身培训、政策宣传、产业引导资金等。采集方法：年度经费预算文件。

E14. 体育公共服务预算额在财政总预算中所占的比例。指年度用于体育公共服务的预算经费占地区财政总预算的比重。采集方法：年度经费预算文件。

E15. 体育公共服务预算实际完成率。指年度实际用于体育公共服务的资金在体育公共服务预算额中的比率，以及完成的年度体育公共服务事项与金额在年度体育公共服务规划中的总事项及总金额中所占的比率。采集方法：年度决算数据。

E16. 年体育公共服务经费投入增长率。计算办法：（本年体育公共服务预算－上年体育公共服务预算）/上年体育公共服务预算 ×100%。采集方法：年度决算数据。

E17. 年人均体育公共服务实际支出。计算办法：年度体育公共服务预算/地区年常住人口。采集方法：年度经费的预算文件与用于实际体育公共服务的发票金额统计。

E18. 体彩公益金本级留成用于体育公共服务经费。指年度本级体彩公益金安排的体育公共服务预算数。采集方法：体彩公益金预算文件。

E19. 体彩公益金本级留成用于体育公共服务的经费比例。计算方法：（年度本级体彩公益金留成－年度本级体彩公益金安排的体育公共服务预算）/ 年度本级体彩公益金留成。采集方法：体彩公益金预算文件。

E20. 社会资本投入总量。社会资本主要是指来自除政府财政投入之外的社会市场组织以及个人投入体育公共服务的资金总量。包括企业、事业单位、社会团体和个人的资金投入。采集方法：社会市场组织以及个人资金投入证明材料。

E21. 社会资本与财政投入比率。计算方法：（政府年度体育公共服务预算总额－年度社会资本投入总量）/ 政府年度预算中体育公共服务总额。采集方法：资金投入证明材料。

E22. 已有体育公共场地面积。指所辖区域已经建成，可用于健身锻炼、训练、比赛使用的体育场地有效面积（按第六次全国体育场地普查标准进行统计）。采集方法：省体育局公布的数据。

E23. 人均体育公共场地面积。指按照本地区常住人口计算的人均可拥有的体育公共场地的面积。计算公式为：人均体育公共场地面积－辖区体育公共场地面积 / 年末常住人口。采集方法：省体育局公布的数据。

E24. 人均年新增体育公共场地面积。计算方法：年新增体育公共场地面积（平方米）/ 本地常住人口。采集方法：省体育局公布的数据。

E25. 学校场地设施的社会开放率。指具备开放条件，在节假日、课余等可利用时间向学生和周边社区居民开放体育设施的学校数量占地区学校总数的比例。采集方法：地方教育局统计公布的数据。

E26. 城市社区“10 分钟体育健身圈”建成率。指建成“10 分钟体育健身圈”的县级以上城市社区数 / 县级以上城市社区总数。采集方法：省体育局统计公布的数据。

E27. 标准化健身步道千米数。指配有健身器材、健身标识等体育元素的健身步道。采集方法：当地报送的设计方案、健身步道图片、千米数证明材料。

E28. 市级“两个中心”建成率。指市级建成一个 5000 个座席体育馆，一个 30000 个座席塑胶跑道标准体育场；一个包括游泳馆在内的体育中心和一个 5000 平方米以上全民健身中心。采集方法：省体育局统计公布的数据。

E29. 市 （县、区）“新四个一工程” 建成率。指各县（市、区）建成一个塑胶跑道标准田径场，一个 3000 个座席的体育馆，一个游泳馆或标准室内游泳池和一个 3000 平方米以上全民健身中心。采集方法：省市县体育重点工作督查的市 （县、区）由省体育局统计数据提供，其他的市 （县、区）需报送设计方案和竣工验收证明等材料。

E30. 乡镇（街道）“三室一场一路径” 建成率。指辖区内建成以室内及灯光球场为主，含有“三室一场一路径”的体育中心乡镇（街道）个数 / 乡镇（街道）总数。“三室一场一路径” 指建有健身室、乒乓球室、棋牌室或其他健身活动室，篮球场或其他球场，一条拥有 10 件以上健身器材的健身路径。采集方法：建成“三室一场一路径” 乡镇（街道）名录和统计部门提供的乡镇总数数据。

E31. 行政村（社区）“两室一场一路径”建成率。指建成“两室一场一路径”的行政村（社区）个数 / 行政村（社区）总数。“两室一场一路径” 指建有乒乓球室、棋牌室或其他健身活动室，篮球场、网球场等健身活动场所，一条拥有 10 件以上健身器材的健身路径。采集方法：建成“两室一场一路径” 行政村（社区）名录和统计部门提供的行政村（社区）总数数据。

E32. 体育公共设施管理维护。指由各地体育部门管理的体育公共设施管理维护情况，管理维护制度必须有政府或部门出台的正式文件；经费投入证明需有当年的下拨或支付凭据，人员队伍需要提供相关具有证明力的材料。采集方法：当地体育管理部门提供的管理制度文件、经费和人员队伍证明材料。

E33. 年度承办国家级及以上竞技体育赛事次数。指年度承办国际、国家级体育赛事次数。采集方法：赛事秩序册。

E34. 年度承办省级竞技体育赛事次数。采集方法：赛事秩序册。

E35. 年度承办省级及以上群众性体育活动次数。采集方法：活动通知、秩序册。

E36. 年度开展群众性体育活动次数。指辖区内举办的群众性体育活动次数。体育活动需要制订方案，进行宣传报道，规模要在 1000 人以上。采集方法：活动通知、秩序册。

E37. 年度开展本级及以上特殊人群体育活动次数。指辖区内为特殊人群

（视力残疾、听力残疾、肢体残疾、智力残疾）举办的本级及以上体育活动次数。采集方法：活动通知、秩序册。

E38. 晨晚练健身站点数量。指区域内群众自发形成、自愿参加、自我组织、依托相对固定的体育场地设施，有社会体育指导员参与指导服务，定时开展科学健身活动，并形成一定规模的公益性群众体育组织数量。采集方法：当地体育管理部门公布的统计数据资料。

E39. 每万人拥有晨晚练健身站点数量。辖区晨晚练健身站点总量 / 常住人口总数。采集方法：当地体育部门公布的统计数据资料。

E40. 社会体育指导员数量。指本地在社会体育指导员管理信息系统注册的社会体育指导员数量。采集方法：省体育局公布的统计数据资料。

E41. 每万人拥有社会体育指导员数量。指本地在社会体育指导员管理信息系统注册的社会体育指导员数量 / 常住人口总数。采集方法：省体育局公布的统计数据资料。

E42.3A 级以上体育社团数量。指按照《江苏省体育类社会团体评估评分细则（2013 年修订）》，评估结果为 3A 级（AAA）（含）以上体育社团数量。采集方法：当地民政部门公布的统计数据资料。

E43. 每万人拥有体育社团数量。指辖区内体育社团总量 / 常住人口总数。采集方法：当地民政部门公布的统计数据资料。

E44. 体质测定与运动健身指导机构数量。指建有达到《省体育局关于印发〈江苏省体质测定与运动健身指导站点工作方案〉的通知》（苏体群〔2014〕40 号）规定的国家级、省级、市级标准的“国民体质测定与运动健身指导站”数量。采集方法：省体育局公布的统计数据资料。

E45. 年接受体质测定人次。指年度接受体质测评并上传体质测试数据的人数。采集方法：省体育局公布的统计数据资料。

E46. 运动康复机构数量。指年度在卫生行政部门登记注册的运动康复机构数量。主要采用运动康复手段进行康复治疗的机构。采集方法：当地卫生部门公布的统计数据资料。

E47. 年接受运动治疗人次。指年度接受医院及运动康复机构及运动治疗的就诊人次。采集方法：当地卫生部门提供的统计数据。

E48. 年接受运动疗法的特殊人群人次。指年度采用运动疗法，分别为视力残疾、听力残疾、肢体残疾、智力残疾人群所开展的盲人定向行走训练、听力残疾康复训练、肢体残疾康复训练和智力残疾康复训练的人次。采集方法：当地残联部门公布的统计数据资料。

E49. 地方性体育公共服务网站建设。主要包括网站、网站维护经费与网站管理人员等方面。其中，网站包括独立的体育公共服务网站或体育管理部门的门户网站栏目。经费投入证明需有当年的下拨凭据；管理维护人员含专职与兼职（签订劳动合同、缴纳五险一金）。采集方法：网站域名统计表、经费投入与人员信息证明。

E50. 地方性体育公共信息服务应用软件建设。指地方为体育公共服务开发建设的网上体育电子图书馆、数字健身馆和健身远程指导平台等信息服务应用软件。平台包括电脑网络及手机移动设备等，内容包括体育健身场地设施、健身组织、体育竞赛、健身活动、健身指导、体育文化等，功能包括信息查询、场馆预订、学习体验、互动交流等。采集方法：信息服务软件资料。

E51. 基础数据库建设。指地方为体育公共服务开发建设的晨晚练点、社会体育指导员、国民体质监测、体育场馆、后备人才、运动员、竞赛信息等大基础数据库。采集方法：数据库网站资料。

E52. 地方主流媒体体育宣传频次。指在市级（含）以上媒体（报刊、电视、广播、官方公众号）刊播的体育公共服务专栏。主要包括健身场地设施信息、健身指导、竞赛、健身活动开展情况等。采集方法：当地体育部门与媒体合作协议、专栏资料等证明。

E53. 年开展体育健身讲座次数。指辖区内举行的规模超百人的健身讲座和培训。采集方法：培训通知、方案和名单。

E54. 年体育产业增加值。增加值为劳动者报酬、生产税净额、固定资产折旧和营业盈余四部分之和。采集方法：当地统计局公布的统计数据资料。

E55. 年体育服务业增加值在体育产业增加值中比例。指体育组织管理、体育场馆管理、体育健身休闲、体育中介及其他体育活动的增加值占体育产业增加值的比重。采集方法：当地统计局公布的统计数据资料。

E56. 年体育产业营业收入。指依据国家统计局、国家体育总局颁布的《体育及相关产业分类（试行）》中对体育产业的分类及其行业代码进行营业收入统计。采集方法：当地统计局公布的统计数据资料。

E57. 年体育产业营业收入增长率。采集方法：当地统计局公布的统计数据资料。

E58. 经常参加体育锻炼的人口比例。指每周参加 3 次及以上，每次锻炼时间半小时以上，每次锻炼达到中等以上运动强度的人数占常住人口的比例。采集方法：第三方机构抽样调查数据。

E59.《国民体质监测标准》总体合格达标率。指达到《国民体质测定标准》合格及以上标准的城乡居民，占常住人口的比例。采集方法：省体育局公布的统计数据资料。

E60.《国家学生体质健康标准》总体合格达标率。指达到《国家学生体质健康标准》合格及以上标准的中小学在校学生人数比例。采集方法：当地教育部门公布的统计数据资料。

E61—E64. 群众满意度抽样调查。指对本地体育公共场地设施、活动开展、健身指导、信息服务等方面的满意程度。采集方法：第三方机构抽样调查。

采用加权和模糊隶属度函数模型构建体育公共服务体系评价模型，需要解决两个关键性问题：一是科学确定各指标的权重系数；二是科学地进行指标的量化处理，使其量纲、表现形式以及与总目标的作用趋向彼此不同的指标之间具有可比性，进而进行体育公共服务体系评价模型的构建。

第二节　体育公共服务实证研究

体育公共服务实证研究主要从以下几方面进行研究分析。

一、政府主办的体育公共活动

政府在全民体育健身活动的开展中的职能主要有：一是必要的宏观管理职能，即调控全社会体育服务和活动的总供给和总需求；二是政府具体承担的、直接向全体公民提供的基本体育服务。相比于社会团体和企业组织，政府更侧重于宏观上的管理和调控，通过制定合理的法律法规与政策，建立有效运营机制，从而促进全民健身事业的良性发展。大力发展体育事业，开展全民健身运动，是政府承担社会责任、履行公共服务职能的重要体现。

二、社会团体主办的体育公共活动

（1）群众体育活动。群众体育活动是全民健身活动开展的重要组成部分和主要的体现形式，应以各级各类体育协会为主，组织各类体育健身活动。如全国性单项体育协会，就是利用其态度和力量的专业，有效地推广了安全、规范的体育健身活动的有效方式和方法。此外，社会体育团体组织群众性的体育活动，从民间发掘出很多具有一定专业水平且热衷于健身指导的健身活动指导者，为社会大众提供体育技术指导和组织服务。

体育社团主要是开展群众体育活动的事业性组织。它与企业组织的区别在于：在组织活动时体育社会团体以提高社会福利，实现一定的体育公益性为目的，同时，体育社团的公益性与经营活动并不是完全对立的。我国体育社团是提供体育社会服务、满足个体体育活动需求多样化的重要组织形式。它承担着体育行业自治管理的重任，并且在配置体育资源、提供体育服务方面，有效弥补了政府失效、市场失灵的不足。

体育社团是非营利性组织，具有两大重要功能：一是填补政府功能的空白，建立新的体育活动管理体系；二是政府和社会非营利性组织都可以提供某些公共物品，政府与非营利性组织之间合理的多元竞争与合作有利于提高体育公共服务效率。随着体育市场化逐步推进，在适度允许社会团体具有一定经营性质的同时，制定有效的规章制度，以制约社会团体向市场经营者身份转变。

（2）竞技体育活动。体育协会大大促进了体育行业运动技术水平和赛事组织水平的提高。在开展竞技性体育活动时，体协具有对本行业成员身份、代表队、技术水准、资格水平等认定和鉴别的权力。我国的体育行业协会对职业运动的促进作用较大，可以对职业运动进行有效的协调和控制。一开始是依托于政府的行政组织，后来逐步建立起具有事业性质的体育项目管理中心。

三、体育俱乐部主办的体育公共活动

我国的体育俱乐部大致可分为职业体育俱乐部、基层体育俱乐部、社区体育俱乐部、商业经营性体育俱乐部和学校体育俱乐部等类型。

（1）职业体育俱乐部。职业体育俱乐部为我国体育的社会化、产业化、市场化产生了巨大的推动作用。具有重大影响力的体育赛事的举办，能够有效带动当地体育产业的发展，提高当地健身场馆的数量。

（2）基层体育俱乐部。基层体育俱乐部是以实现社会成员体育健身为目的，由社会成员自愿组织参与体育健身活动，是符合有关法律法规约定的社会群体。各种体育俱乐部之间既独立存在，又相互依赖。

（3）社区体育俱乐部。社区体育俱乐部应向休闲娱乐转型，将体育的价值转向人的健康。将社区体育俱乐部开展的运动项目根据项目的特征和功能分为健身表演类、健身竞技类、娱乐益智类、健身娱乐类和体能锻炼类五种。

（4）商业经营性体育俱乐部。在我国，商业经营性体育俱乐部已存在一段时间，其已具有了较为独特的运营模式，得到一定参与健身锻炼的群体认可，目前在体育健身活动的市场中占有较大的市场份额。商业经营性体育俱乐部主要是用来满足拥有一定收入者的较高层次的体育健身需求，同时，带有较大的赢利性目的，基本上是按照企业方式经营运作的。

（5）学校体育俱乐部。学校体育俱乐部，是广大教职工、学生开展体育活动的主要形式，所开展的活动是体育教学的延续，应符合参与者身心发展的特点。

四、体育公共服务活动的开展与实践指导

随着体育公共服务体系的构建和不断完善，体育公共服务的开展取得了较大的进步和发展，很多的体育公共活动项目受到人们的广泛欢迎和喜爱。针对体育公共活动开展与实践指导，这里将从大众体育活动开展的现状、社区体育的发展现状以及体育公共活动锻炼指导进行深入研究。

（一）大众体育活动开展的现状

2011年，国家正式颁布并推行《全民健身计划（2011—2015年）》，有效推动了各级政府部门在对体育公共服务职能进行执行的相关力度，使全社会成员积极参与全民健身，并提高了大众体育服务均等化，很好地促使广大群众进行强身健体，使生活质量不断提高，从而实现全面发展。大众体育活动中发展的关键所在就是需要相关体育组织结构是其指导者、组织者和宣传者，更好地对大众体育组织加以建立和健全，将其作用充分发挥出来。

目前来说，大众体育组织的主体构成，主要由体育行政机构、体育协会、体育俱乐部、晨晚练点等四个方面构成。据相关数据统计表明，各类体育俱乐部、体育协会、晨晚练点和基层体育行政机构等很多体育组织的开设，与以前相比获得了长足的进步和发展。

根据相关数据统计，所有参与调查的人中，单位工会或社区会组织群众进行“偶尔”体育活动的占到45.5%，“长期”组织大众体育活动的占到29.6%。根据相关调查数据可知，“偶尔”的情况较为多见。因此，城市大众体育活动的开展力度还远远不够，这就要求各个社区或单位工会要在组织开展大众体育活动方面加大力度。

（二）社区体育的发展现状

1. 社区体育的管理体制

我国社区体育发展的时间还不是很长，但在党和国家的高度重视下，社区体育经过几十年来的发展其管理体制不断地发展和完善，目前，社区体育发展成了城市体育中最为重要、最先发展的部分。目前，我国城市社区体育组织形式主要有五种：

一是社区体协。

二是住宅区体协。

三是晨晚练活动站（点）。

四是地（片）区体协。

五是街道体协。

从城市社区体育发展的管理体制角度来看，城市社区体育在以往群众体育“以条为主”的管理体制上有所突破。从城市社区体育发展的管理角度来看，群众体育已经深入发展到了城市的最基层，并形成一个新的群众体育管理体制。

2. 社区体育活动的开展

（1）从活动形式来看，社区体育主要包括以下两种：

一是日常性活动。一般是在晨晚练活动站或点进行的，场地条件在很大程度上限制了活动的规模，因此这类社区体育活动主要以小规模的活动为主。

二是经常性体育竞赛，主要安排在节假日，可按季节安排举行。具体活动内容根据各社区开展的体育活动的不同而有所差异。

（2）社区体育的活动内容。日常性晨晚练活动，其内容主要分为走、跑、操、拳、功五大类，表现出了表演性、韵律性、文体一体化、传统性等特点。

（3）社区体育活动参与人群，日常性活动主要以居民为主，老年人占较大比例，其中，女性居多。

（4）社区体育活动的管理和指导。一是社区体育活动的管理者，社区体协中专职管理者占很小的比例。二是社区体育活动的指导者，主要分有偿和无偿两种，其中无偿指导员所占的比例要比有偿指导员高。

3. 社区体育的物质条件

社区体育的物质条件主要体现在场地设施方面，社区体育活动的场地除了包括社区单位体育场（馆）、社区体育公共场地之外，也包括公园和自然空地。目前，随着我国对全民健身事业的大力支持，各地的社区体育设施建设不断完善，提高了社区体育健身的物质条件，为社区居民提供了健身便利条件。从硬件设施方面有淋浴室、更衣室、厕所的私密性和清洁等；从软件设施方面还要结合当前的市场情势来进行确定，例如采用分层服务方式，能够提供高端、中端、低端三种服务模式。

4. 社区体育存在的问题

（1）社区体育活动参与人群比例不合理。目前来说，参与社区体育的人群年龄呈现两头大、中间小的状况。在社会建设中，青年人和中年人是其中的主力军，但由于种种原因造成参与体育活动非常少。另外，老年人正处在离退休状态，收入下降，因此就目前来说，社区体育作为主要形式的老年体育获得了非常快速的发展。

（2）社区体育的场地器材建设不完善。当前我国公益性的健身场所十分匮乏，而现有的体育场馆一般不对外开放。因此，人们日益增长的体育健身需求得不到改善和提高。

（3）社区体育活动的经费投入不足。社区体育开展中经费投入少，专门人才也比较缺乏，未能形成比较健全的组织和管理系统，成为社区体育发展中必须解决的重要问题之一。

（4）社区体育组织的管理有待加强。从方法和方式来看，社区体育管理机构存在同社区体育发展的形式不相适应的问题。例如，社区体育组织管理人员在工作中疏于社区体育工作的宣传和动员，需要制定制度加强管理、法规建设以及对理论和实践的学习。

（5）社区体育服务不到位。人们对社区体育服务的性质有着不同的认识和理解，使社区体育服务组织管理在实际操作过程中易产生问题。

（三）体育公共活动锻炼指导

1. 适宜儿童少年参与的体育公共活动锻炼指导

儿童时期（6 ～ 12 岁），是参与体育健身、培养体育健身习惯的关键时期。儿童处于生长发育的关键时期，在骨骼方面，骨骼弹性大、硬度小、柔韧性较好，不易完全骨折，易弯曲变形；肌肉方面，肌肉含水量较高，肌肉细嫩；心理方面，年龄较小，知识储备少，阅历少，大脑的抽象和逻辑思维相对较差，随着年龄的增长大脑思维发展快速，从形象思维逐步过渡为逻辑思维；智力方面，儿童期机体的神经系统已基本发育成熟具备了从事各种复杂运动的身体能力，可以学习一些动作技术相对复杂的休闲体育健身项目。

儿童时期是体育健身意识的启蒙时期。对儿童参与体育健身活动，首先要培养其对体育健身的兴趣爱好，将体育健身融入游戏之中，通过运动游戏来提高儿童的体育参与积极性和主动性。针对儿童的身心和智力发展特点，应有目的、有意识地进行引导和教育，寓教于乐，使儿童在“玩”的过程中有所受益。

由于儿童尚不具有独立行为能力，且身体相对较为脆弱，自身的安全和自我保护意识相对较差。因此，在参与休闲体育活动的过程中，家长和教师要特别注意儿童体育健身的科学性和安全性，合理组织各种体育活动。

从儿童的长期可持续发展来看，应重视将家庭体育与体育课、课外体育活动等形式的体育运动结合起来，形成优势互补，发挥各项体育活动形式的功能，促进儿童的生长发育。

少年期（12～17岁），是最应该积极参与体育健身的时期。青少年的身心发展是人的一生中发展变化最快的，在身体形态方面，身体形态的各种指标增长速度突然变快；骨骼方面，青少年时期是一生中身高增长最快的时期；肌肉方面，随着年龄的增长和青少年活动量的增加，肌肉会更加富有弹性、肌肉力量增长速度快；心理方面，青少年的思想更加独立，更有自主意识；智力方面，青少年的大脑发育日渐成熟，再加上知识储备的不断增多，青少年的抽象思维能力和独立学习能力有所增强。

首先，增强青少年的健身意识和终身体育意识。形成良好的体育健身意识对青少年的科学体育健身起着重要的引导作用。根据青少年的身心发育特点和兴趣爱好，加强正确理论和意识引导，让青少年学生选择自己乐于参与的体育活动，为青少年的终身体育意识和终身体育行为奠定基础。

其次，重视青少年的健身知识与技能的掌握。青少年参与体育健身活动具有较强的目的性，应注重对学生体育健身知识的传授，并注重其对运动技能的掌握。学校是青少年人群体育活动的主要场所，因此学校要重视体育教育引导。另外，还应加强对学生的体育健身知识的传授，使学生能接受到较为系统、科学的体育教学，进而能更加科学地从事体育健身实践活动。

最后，注重青少年良好体育道德和意志品质的培养。青少年期是一个特殊的时期，应注重对其道德观念以及意志品质的塑造和培养。青少年学生处于青春发育的特殊时期，家长应给予孩子更多的关注，帮助青少年度过人生中这一比较特殊的阶段。家长应重视鼓励和引导青少年积极参与体育运动，有利于良好亲子关系和和谐家庭关系的建立，对于青少年成长和家庭和谐均具有重要意义。

在体育公共活动中，有很多活动都是比较适合儿童和少年参加的，如跑、跳、投、游泳、体操、球类等。下面以篮球和体操的锻炼方法为例进行相应分析。

（1）篮球锻炼指导。受身体发育情况的影响，儿童少年参与篮球运动，重点要掌握移动、运球、传球等初级技术以及简单的防守技术。这里对这几项技术动作进行重点解析，以科学指导儿童少年参与业余篮球锻炼。

一是移动。起动时，降低重心，上身向前倾，两肘弯曲自然置于体侧，快速摆臂起动。前两步动作要求短促而快速，然后慢慢前移重心，抬起上体（图6-1）。

图 6-1

变向跑时，从右侧变向左侧最后一步时，右脚前脚掌内侧用力蹬地，脚尖内扣，右膝迅速弯曲，上体同时左转，并向前倾，重心左移，左脚迅速向前跟进（图 6-2）。

图 6-2

双脚起跳时，两脚开立，双膝弯曲降低身体重心。两脚用力蹬地，两臂用力上摆，身体腾起，保持平衡。落地时，屈膝缓冲，控制平衡。

二是运球。儿童少年适合采用低运球的方法来运球。运球时，弯曲双腿，上体前倾，重心下降，用手腕和手指按、拍球，使球最高不超过膝关节，同时注意目视前方，保护好球（图 6-3）。

图 6-3

三是传球。以双手胸前传球为例，双手持球置于胸腹间的高度，自然屈肘，双脚前后开立，中心偏于前腿，屈膝，做好基本站姿，两眼注视传球方向。传球时，后脚发力蹬地，上体前倾，两臂向传球方向伸直，用力下压拇指，食指、中指迅速拨球，迅速将球传出（图 6–4）。

图 6–4

四是接球。以双手接球为例，双眼紧盯来球，十指分开成半圆形，两拇指成八字形。接球前，手臂主动前伸迎球。接球时，指端先触球，同时随球后引两臂，以获得缓冲，准备下一个动作（图 6–5）。

图 6–5

五是防守。抢球是儿童少年在篮球运动中防守时采用的主要方法，一般防守者要趁持球者护球不当或注意力分散时，出其不意地实施抢球计划。防守者要快而狠，果断完成抢球动作，当控制住球时，利用拧、拉和身体扭转力量，迅速向腰腹部位收球，从而顺利夺球。抢球时，通常一手在上，一手在下直握，动作要快而有力（图 6–6）。

图 6–6

（2）体操锻炼指导。

一是单杠锻炼。

蹬地翻上成支撑：正手直臂握低杠，屈臂上步于杠前垂直，后腿由后向前摆动。同时前腿蹬地向后上方起跳。屈臂用力引体、倒肩、腹部靠杠，当身体转斜到45°时，伸直双腿，将其并拢，当身体翻转处于后水平位时，制动双腿，上体抬起，两臂伸直成腹撑。保护者站在杠前侧方，当练习者蹬地后，一手托其臀部，另一手托其肩部帮其翻转。

后向大回环：手倒立，身体下落时直臂顶肩，向后伸脚，尽量伸直身体，前摆接近下垂直部位时要“沉肩”，稍向后屈体，摆过垂直部位30°～40°时，迅速向前上方兜腿，髋稍屈；当身体与杠上垂直部位接近时，伸腿展髋，顶肩、翻腕。保护者在杠侧的高台上站好，一手从杠下翻握练习者的手腕，另一手托其肩帮助其倒立。

悬垂摆动屈伸上：悬垂前摆，收腹成直角沉肩，过杠下垂面后收腹屈体，双腿靠近杠面，接前摆到极限，回摆的同时直臂压杠穿腿、跟肩，支撑腿继续后摆。保护者在杠前侧面站立，一手杠下将练习者的肩扶住，帮助其加大放摆，一手在其臀过垂面时，扶腿帮其收腿屈体。在回摆时一手托其背，一手托其腿，辅助练习者后上成支撑。

支撑后倒屈伸上：由支撑开始，两臂伸直撑杠，上体后倒，当身体失去支撑时，收腹、屈髋，两腿摆落到脚靠近杠前时，成屈体悬垂前摆；身体前摆时，肩和臀充分远送。摆动支撑技术与悬垂摆动屈伸上相同。

二是双杠锻炼。

支撑摆动：前摆由后摆最高点开始，以肩为轴，身体自然下摆，向后伸脚尖，稍向前移肩。当身体靠近支点时顶肩向前上方兜腿、顶肩、梗头，按惯性紧腰，自然伸展身体，充分拉开肩角。同样，后摆从前摆最高点开始，伸直身体，自然下摆。将肩固定好，双臂用力支撑。当身体下摆与垂直部位接近前，稍屈髋，摆过垂直部位后，腿的“鞭打”速度加快，含胸顶肩，以肩为轴后摆，顶臂，充分拉开肩角。保护者在练习者侧面站好，一手扶其肩部，一手托其腹部。

分腿坐前滚翻成分腿坐：分腿骑坐双杠，双手握杠，上体前倒，提臀、屈体，双肘内收顶住两肋，使臀前上移至双手支点后，迅速打开双臂，双肩和手共同组成支撑面。并腿前滚，双手迅速向前换握杠，臀部与杠面接近时，两腿分开并下压，两臂压杠、跟肩成分腿坐。保护者在练习者侧面站立，一手托其腿，另一手杠下托肩，帮助提臀、屈体、前滚，换手时托其背，防止其从杠上掉下。

分腿坐慢起肩倒立：分腿骑坐，双手握杠，夹肘置于两肋部，低头提臀，重心前移，移过支点后，双臂开肘，以双肩、双手组成支撑面，双腿从两侧并拢，抬头、立腰倒立。保护者站在练习者侧面，一手扶其背部，另一只手扶其腹部。

2. 适合中青年参与的体育公共活动锻炼指导

青年人（18 ～ 35 岁），正处于一生中生命力最旺盛的“黄金”时期。在生理方面，各器官组织都已基本完成了生长发育；心理方面，有较为丰富的想象力、丰富的情感，热情洋溢；智力方面：知识储备、社会阅历都相对成熟；价值观方面，个性趋于稳定，兴趣爱好广泛，意志品质有较大的发展；健身观念方面，对自己的身体健康状况有过高的估计，常疏于参加体育锻炼。

首先，端正健身观念，明确体育健身的重要性。针对青年人的整体体质发展现状和健身意识，要重视对青年人的体育健身意识的正确引导，使青年人改变对运动健身的一些认识误区。通过宣传教育应使青年人明白健身锻炼的重要性，使青年人能从体育健身中获得需求和满足，并能够坚持锻炼，养成良好的体育锻炼习惯。

其次，重视健身知识与技能的掌握。青年人应主动学习体育健身的相关学科和理论知识，体育健身指导员应有意识地加强和注重对青年的健身知识和技能的传授。为了保证青年人参与休闲体育健身的长期性，青年人应选择并参加自己喜欢的各种体育锻炼活动，适当参加喜欢的竞技体育运动。

第三，养成科学健康的生活方式。“身体是革命的本钱”，青年人应养成科学、健康的生活方式，正确处理各种社会压力，并在一定程度上提高自己的社会适应能力和心理承受能力。

最后，明确科学体育健身的注意事项。在参与体育健身运动过程中，注重运动项目的多样性，内容和形式要丰富多彩；持之以恒地坚持体育健身活动，以持续不断地改善和提高身心健康发展水平。

在体育公共活动中，适合中青年参与的项目有很多，如羽毛球、台球、足球、篮球、拳击、登山、游泳等。这里主要对游泳、足球、台球以及保龄球的锻炼方法进行分析。

（1）游泳锻炼指导。对于中青年和初学者而言，适合采用仰泳这一泳姿来进行锻炼，不仅容易学习，而且安全，且锻炼效果也比较明显。

一是身体姿势，仰卧于水面，自然伸展身体，头、肩部稍高，腰、腿位于水面下，几乎在一条直线上。身体纵轴大约是 10° 的迎角，腰部保持适当的紧张。在划水和打腿时，身体绕纵轴自然转动（图 6–7）。

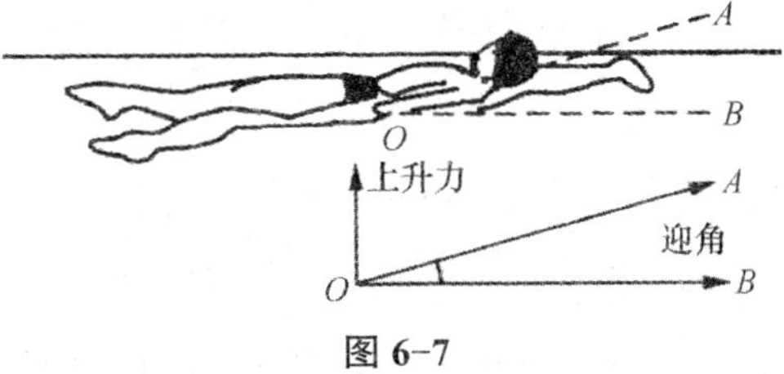

图 6–7

二是腿部动作，仰泳中，需要靠腿部动作来保持身体的角度与水平姿势，踢水动作会影响身体的摆动，其产生的推动作用会推动身体游进。仰泳中，两腿的整个配合过程就是“下压上踢”。

腿下压时，前 2/3 因为水的阻力，充分展开膝关节，腿部肌肉较为放松。当大腿下压到一定程度时，由向下变为向上移动，后 1/3 膝关节弯曲。当下压动作结束时，由于水对小腿产生阻力，对大腿肌肉产生牵制影响，大小腿成 135° 角，小腿与水平面之间的夹角大约为 40°（图 6–8）。

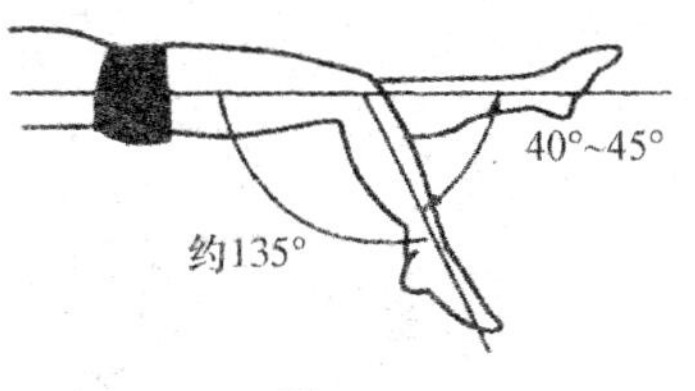

图 6–8

上踢时，脚尖内旋，用脚打的力量和速度来完成动作，且要逐渐加大到最大力量和速度。所以，上踢动作有利于增强腿部和脚部的力量与速度。

三是手臂动作。手臂在入水时要伸直，掌心朝外，手掌稍内收，与小臂大约保持 150°～160° 的夹角，注意展胸伸肩（图 6–9）。

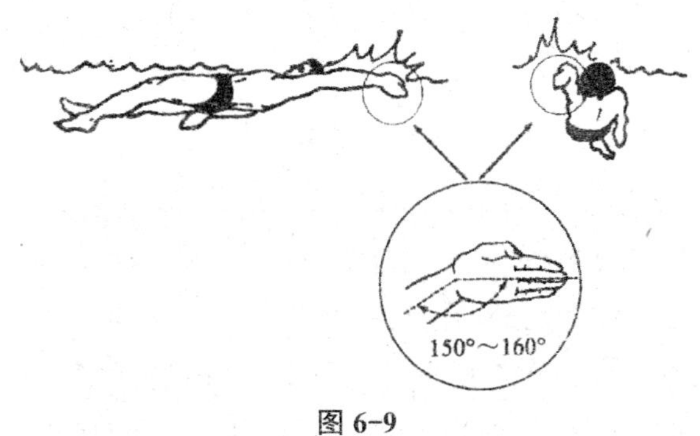

图 6–9

抱水的目的是做好划推水的准备。手臂入水后，要对移臂时所产生的动量加以利用，积极向一定的深度下滑，手掌向下、向侧方向移动。为配合身体的滚动，需要做伸肩、屈肘、上臂内旋和屈腕等动作。当抱腕时，手掌移动直至与水对准并感到有压力后停止。抱水动作完成时，微屈肘部大约成 150° ～ 160°，手掌与水面的距离大约为 30 ～ 40 厘米，肩部位置较高。

而自由泳划水动作有利于推动身体前进。整个动作开始于屈臂抱水动作，划水要以肩为中心，直到划至大腿外侧下方后停止划水。

出水时有多种手形，相对来说，小拇指先出水较好。出水时，手臂放松，保持自然状态，动作要迅速，并且要注意先压水后提肩，肩部在水面露出后，大臂、小臂和手在肩的带动下依次出水。

提臂出水后，手应迅速从大腿外侧垂直于水面移至肩前。当手臂移到肩上方时，要向内旋转手掌，使掌心向外翻转（采用小拇指先出水技术时没有此动作）。空中移臂时，手臂伸直，保持放松，移臂的最后阶段肩关节要充分伸展（图 6-10）。

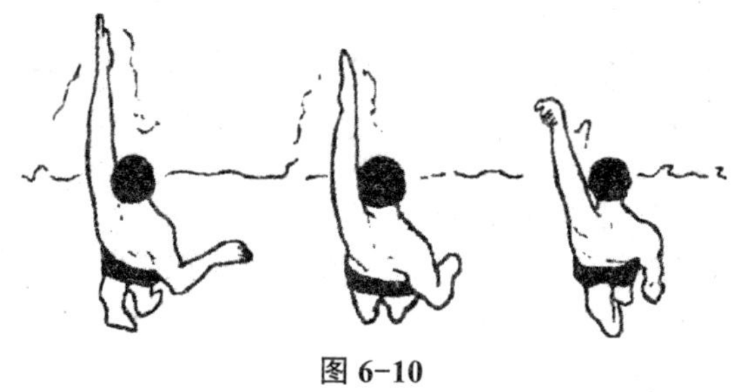

图 6-10

四是配合动作。两臂的配合：一臂划水将近结束时，另一臂入水并划水的动作开始；一臂处于划水的中部时，另一臂的移臂动作已经完成了一半。在移臂过程中，两臂位置几乎相反。

臂与呼吸的配合：两臂各划 1 次，呼吸 1 次，即划水 2 次，呼吸 1 次。仰泳的呼吸规律是当左（右）臂前移时吸气，接着憋气；右（左）臂前移时呼气。在高速游进时也有划水 1 次呼吸 1 次的配合，但是不能过于频繁地呼吸，避免由于呼吸不充分而造成的动作紊乱现象。

两腿、两臂和呼吸的配合：6∶2∶1，即在一个动作周期内打水 6 次，划水 2 次，呼吸 1 次。在划水过程中，上踢与下压动作要注意避免过分转动身体，以促进身体保持平衡与协调状态。

（2）足球锻炼指导。

一是传球技术。传球是队员展开整体协作与配合的基本技术，双方都要通过传球来展开攻防转换和对抗。在传球时需注意，应尽可能快地完成传球动作，要在观察赛场情况及同伴位置的基础上灵活、快速传球，尽量避免对方猜到传球的意图。按传球的部位有脚弓传球、外脚背传球、脚跟传球、脚内侧传球、膝盖传球和头部传球等；按照传球距离的远近分为长传和短传两种。

二是停球技术。

脚内侧接球：以脚内侧接空中球，右脚接球为例。向上翘起右脚尖，以脚内侧触球，然后将球下卸，使球成功落在右脚前，以便运球（图 6-11）。

脚背正面停球：右脚接球时，重心置于左脚，右脚向上抬起来接球，用脚背触球，然后收腿，使球落在右脚背上（图 6-12）。

图 6-11　　图 6-12

大腿停球：右腿接球时，右腿屈膝上抬，大腿触球后，右膝伸直，脚落地，使球顺利落在右脚下（图 6-13）。

图 6-13

胸部停球：挺胸接球，朝向来球方向，上体后仰；胸部触球后向上挺胸，后脚稍抬离地面（图 6–14）。

收胸接球，朝向来球方向挺胸，胸触球后收回，将球扣压，使球成功从胸部落到脚下（图 6–15）。

图 6–14　　　　图 6–15

三是运球技术。以运球过人为例。保护好球，向防守者逼近，重心下移，以假动作诱引防守者移动，迅速摆脱防守者后继续运球（图 6–16）。

图 6–16

四是踢球技术。

脚背内侧踢球：右脚背内侧踢定位球时，左腿屈膝成支撑，屈右膝，前摆右小腿，脚尖朝向踢球方向，脚背内侧踢球，右踝关节要适当用力（图 6–17）。

图 6–17

脚内侧踢球：右脚内侧踢空中球时，快速移动到位，右腿上抬，用脚内侧踢球（图 6–18）。

图 6–18

脚背正面踢球：用脚背正面踢侧面半高球时，身体侧转，右倾，抬左腿并快速前摆，用左脚背正面踢球（图 6–19）。

图 6–19

搓击球：右脚搓击球时，当脚插入球下部触球的刹那，右脚背屈，右小腿急速向下提摆，使球回旋（图 6–20）。

五是头顶球技术。

原地顶球：稍屈膝，两臂屈肘张开，靠近来球时，快速向前摆体，用前额正面把球顶出（图 6–21）。

图 6–20　　　　图 6–21

原地跳起顶球：双腿屈膝起跳，两臂前摆，挺胸展腹，双臂张开，当来球接近时，收腹，上体前摆用前额正面将球顶出。之后屈膝落地，注意保持身体的平衡和稳定（图 6–22）。

图 6–22

鱼跃头顶球：面向来球，双脚用力前蹬，水平跃出，两臂前展，用前额正面将球顶出（图 6–23）。

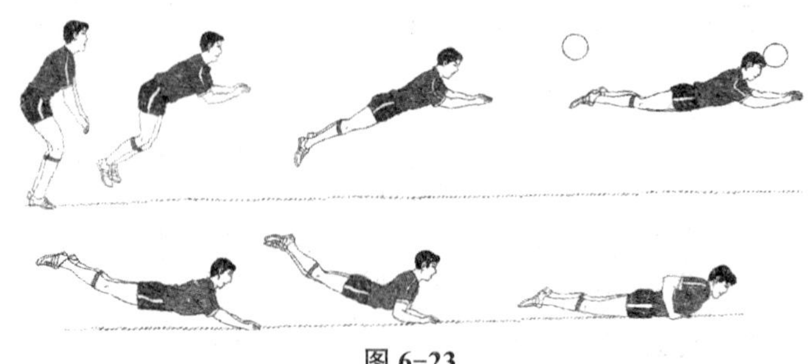

图 6–23

（3）台球锻炼指导。

一是握杆技术。

如图 6–24 所示，在杆尾 1/4 ～ 1/3 处是球杆的重心位置，握住球杆由点向杆尾处移动约 40 厘米内的距离比较合适。同时，也要视主球离台边远近和出杆力度等的情况来决定握杆的位置是偏前还是偏后。另外，人的高矮和球杆的长短也会影响到握杆的位置，需要进行适当的调整。

如图 6–25 所示，利用后手握杆时，在虎口处拇指和食指轻轻夹握球杆，其余 3 个手指要虚握，同时手腕要能够自由活动。一方面有利于手指手腕和整个手臂适度放松，另一方面在运杆时，有利于手指、手腕和整个手臂动作流畅，从而更好地掌握技术动作。

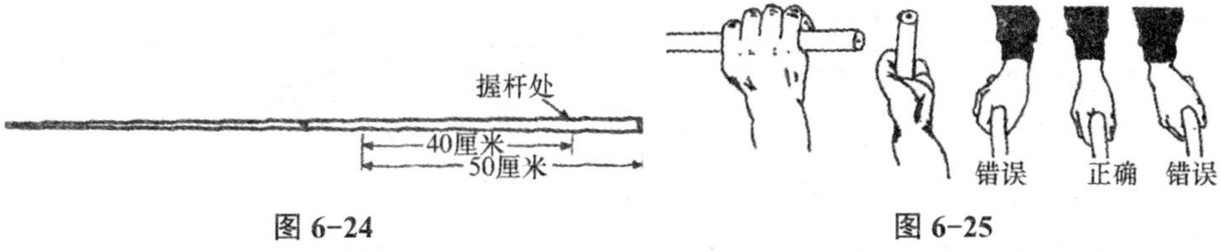

图 6–24　　图 6–25

二是身体姿势。

掌握正确的身体姿势是学好和练好台球的关键。只有保持正确的身体姿势，才有助于击球动作的顺利完成。

首先，对站立的要求。右手按照要求握好球杆，面向球台上要打的主球方向站好，平握球杆，指向主球并与主球的行进方向成一直线。

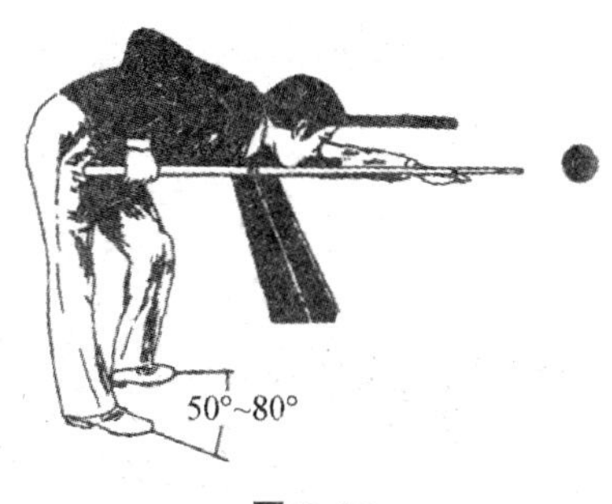

图 6–26

其次，对身体姿势的要求。如图 6–26 所示，上身向前平伸，与台面接近，头略抬起，下颌几乎与球杆相贴，两眼向前平视，顺着球杆方向瞄视。

最后，对面部位置的要求。击球时要保持正确的面部姿势，瞄准时将下颌对准球杆中轴线，两眼保持水平向前平视，保持面部中心与球杆和右后臂进入同一个垂直平面。

三是架杆技术。

基本架杆方法：击球时，提高击球准确性是十分重要的一点，就是将球杆前部放在一个用手做成的稳定的支撑点上。目前，比较流行的手架杆方法有平卧式手架杆和环扣式手架杆两种。

平卧式手架杆如图 6-27 所示，在台面上的手掌心自然向下平放，五指自然分开，食指稍微向外侧移，拇指跷起后用其第二指关节贴住食指根部形成一个凹槽，切勿使架杆向左侧或右侧翻起，确保架杆的稳定自如运动。

环扣式手架杆如图 6-28 所示，指尖微向内弯曲，用拇指和食指扣成一个指环，并与球杆成直角，掌缘和中指、无名指、小指构成稳定支撑。

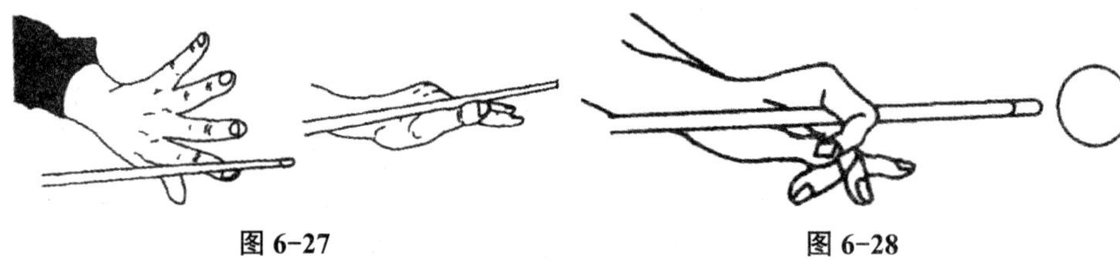

图 6-27　　图 6-28

特殊架杆方法：在台球运动中，除了基本的架杆方法外，还需要采用一些特殊的架杆方法，具体分析如下：

如图 6-29 所示，主球和台边有一定距离时，架杆手可以用四指抓住台边。

如图 6-30 所示，主球后有其他球时，架杆手需将四指立起来，避免球杆碰到它球。

如图 6-31 所示，主球贴近台边，架杆手需用四指压在台边上。

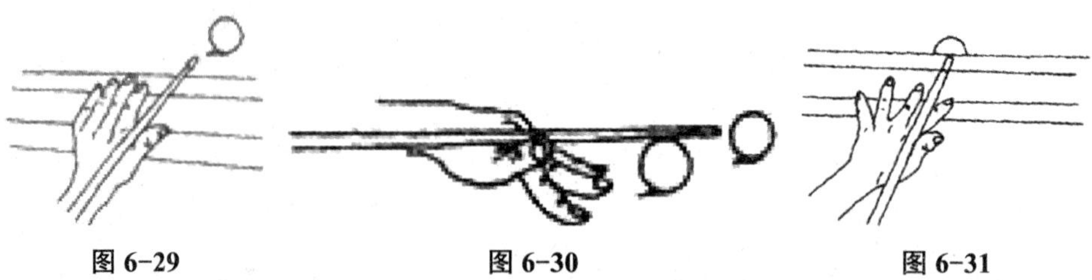

图 6-29　　图 6-30　　图 6-31

当主球远离台边，正常的击球姿势无法击打主球时，就必须使用架杆了。如图 6-32 所示，杆架有长、中、短之分，前端的十字铜头提供不同形状的架以便选择。

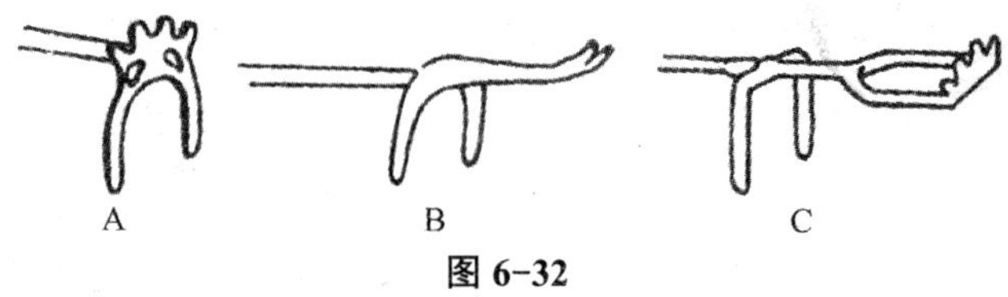

图 6-32

四是击球技术：运杆以提高击球的准确性为目的，要求身体保持稳定。台球击球动作结构中最关键的环节是出杆击球，决定了击球的效果。击球完成后，球杆要随势跟进，以保证击球力量能够充分作用在主球上，并保持击球动作的协调连贯。击球的方法主要有基本击球方法和特殊方法两种。

基本击球方法有直线球、偏击球两种形式。直线球，是球杆撞击主球的中心点，并撞击目标球的中心，使目标球直落球袋；偏击球，是主球撞击目标球的侧面。

特殊击球方法有反弹球、吻击球、双着击球、弧线球击球以及联合击球。

反弹球：这种击球方法是利用台边的反弹作用，使目标球落入袋中，包括直击反弹球（图 6-33）和偏击反弹球（图 6-34）两种类型。

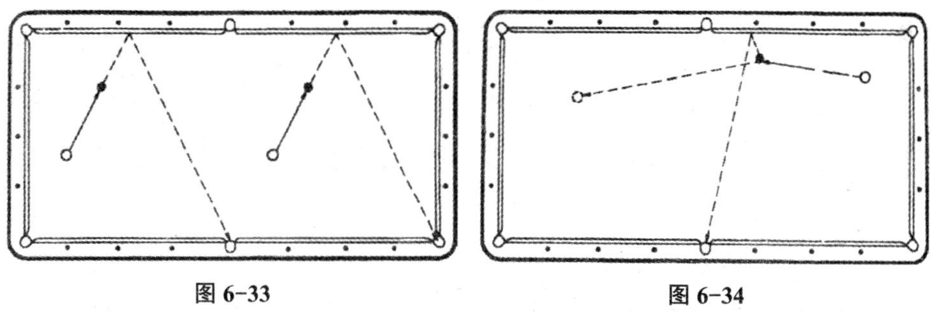
图 6-33　　图 6-34

吻击球：这种击球方法是借助其他目标球，使主球撞击目标球直接入袋。吻击球利用的原理如图 6-35 所示，主球以中杆击球时，轻吻另一目标球的中心，与袋口中心点连线成 90°，被击目标球呈 90° 角行进，而轻吻的另一球则按中心连线的延长线行进。

双着击球：是一种借助第一个目标球来改变主球行进的线路，并准确地把第二个目标球击落袋中的击球方法，如图 6-36 所示。

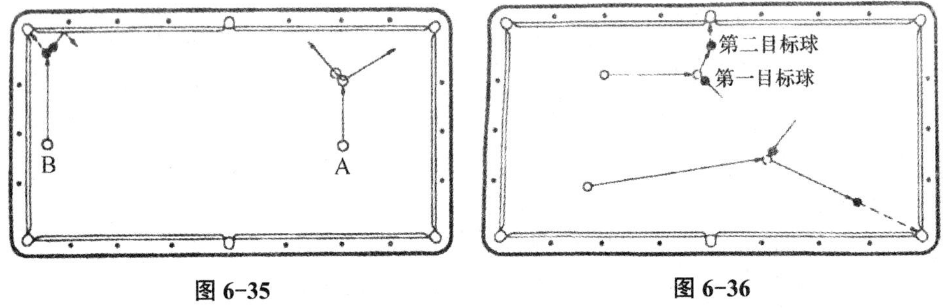

图 6-35　　图 6-36

弧线球击球：是一种在击打目标球有阻挡无法直击目标球时，运用台边反弹击球方法或弧线球击球方法击中目标球的击球方法。如图 6-37 所示，用弧线球击目标球练习，根据主球走弧线的大小，调整握杆手的高低、调整击球点以及调整出杆击球的力量。

联合击球：如图 6-38 所示，先确定最后一个入袋目标球的入袋瞄准点，接着确定另一个被主球撞击的目标球的瞄准点，最后确定主球撞击第一目标球的主球击点，才可以进行击球。

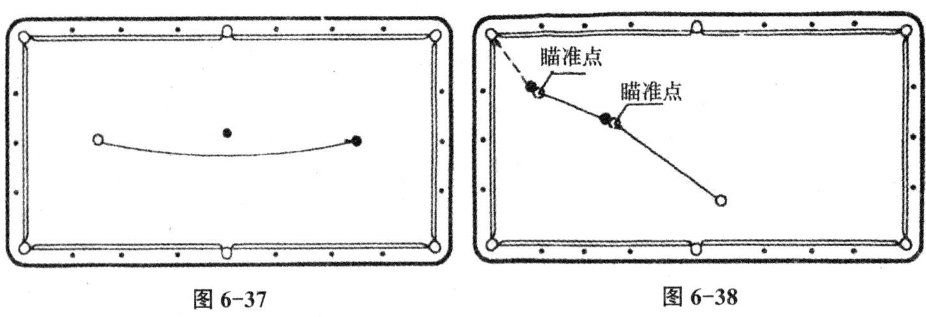

图 6-37　　图 6-38

（4）保龄球锻炼指导。

保龄球运动的技巧性、竞争性及娱乐性较突出，能够使人身心愉悦，享受快乐，缓解压力。

一是握球方法。握球又叫“持球”，双手放在球的左右两边，将球从回球机上捧起。根据不同的保龄球打法可将持球的方法分为以下三种：

传统持球法：是最通用的握球方式，适宜初学者和力量较弱的女性采用。如图 6-39 所示，将中指及无名指插入指孔后，第一指节至第二指节皆没于指孔内的持球法。

半指节握球法，如图 6–40 所示，将中指和无名指伸入指孔到第一指节和第二指节之间。这种握球法易投出转速较快的飞碟球及曲线球，是半专业的球员常使用的持球法。

满指节握球法，易增加两指指端的负担，很难控制球，比较适合有经验的高手采用。具体的握球指法如图 6–41 所示。比赛时职业球员常采用这一握球方法。

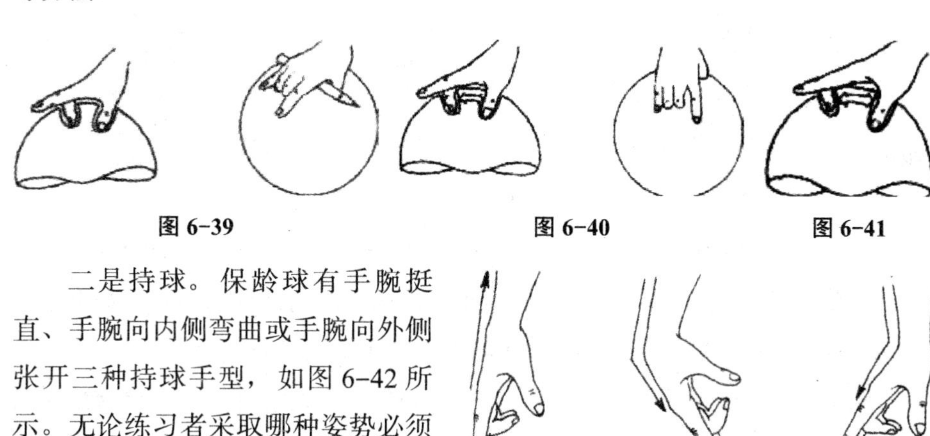

图 6–39　　图 6–40　　图 6–41

二是持球。保龄球有手腕挺直、手腕向内侧弯曲或手腕向外侧张开三种持球手型，如图 6–42 所示。无论练习者采取哪种姿势必须始终如一，绝不能因推球、摆球等动作而中途改变持球的形式。

图 6–42

持球站立，如图 6–43 所示，脚尖对准瞄准标示点，双脚稍微并拢，形成与右肩整个摆动线平行的脚尖和瞄准点连线。

三是投球。推球动作：如图 6–44 所示，眼睛直视目标箭头，身体重心转移到左脚上；在右脚起步时双手将球平直向瞄准点推出；脚尖、推出的球、目标箭头都要在一个平面上。

图 6–43　　图 6–44

摆动动作：如图 6–45 所示，体侧做前后的摆动，手臂和肩膀不能摇晃，手肘不能弯曲，后摆要低，保持与肩同高的自然后摆高度，确保整个摆动行进过程流畅自如。

直下摆，如图 6–46 所示，这时持球手臂下摆至摆动曲线的最低点位置。

依球自身的重量而自然向下坠落，右脚跨出稍大一步，左手则继续外展。

垂直后摆，如图 6–47 所示，在球重力及惯性的作用下，握球的右手从垂直下摆过渡到后摆，同时右脚应向前跨出第三步，左手则继续外展。

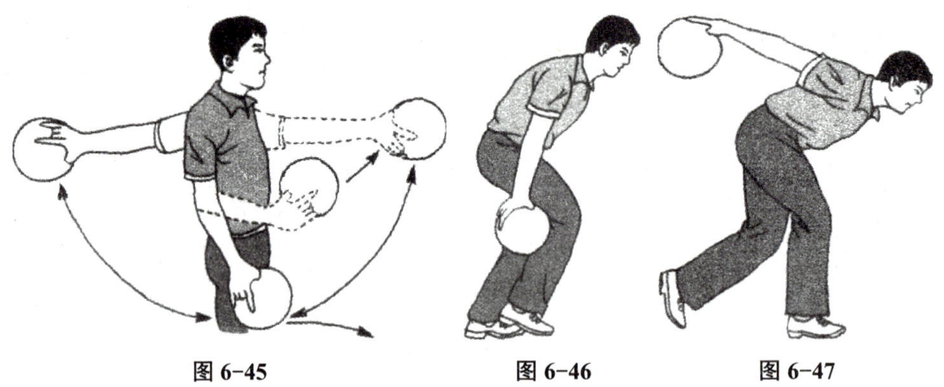

图 6–45　　图 6–46　　图 6–47

垂直前摆，如图 6–48 所示，球在重力作用下向前回摆的同时，跨出左脚并滑行 20 ～ 40 厘米，在距离犯规线前 5 ～ 7 厘米处，完成滑行动作。

投球动作：如图 6–49 所示，身体要始终保持平衡，并保持两肩与犯规线平行。在完成身体自然向前滑步时，要有效地利用重力球垂直回摆到距犯规线 15 ～ 20 厘米处的高度，但在手腕处不要做任何的人为加力和转动。当大拇指在 10 点钟位置，中指和无名指在 4 ～ 5 点钟位置时，顺势把球往目标箭头送出。

图 6–48　　图 6–49

如图 6–50 所示，投球后要有延伸动作。球投出手后，手臂要随着出球方向向前垂直上举，上身充分向前伸展，保持投球姿势。

四是摆动助走。保龄球的助走可分为三步助走、四步助走、五步助走三种。以右手投球为例，对于最常用的四步助走投球法进行分析。

第一步，这是行动的开始。练习者一定要重视第一步的起步，如图 6–51 所示，踏出右脚的同时，两手持球向前伸出，比平常的步幅要小，平稳地滑出。两肩正对前方，身体微微前倾。持保龄球的要领是不用力，向前伸满后，保龄球自然下落，摆动开始。

图 6–50　　图 6–51

第二步，重点是利用保龄球的重力自然下落。如图 6–52 所示，保龄球下落时身体重心移到右脚，开始迈出左脚；左手离开保龄球，在球下落开始时向身侧摆动；左脚落地后，右手臂应伸直，保龄球下落到摆动弧线的最下方，和上身成一条直线；两肩保持平衡。

第三步，最重要的是自然后摆，最高点应和肩头一样高。注意保龄球由身体的中心线部位向后摆动，右脚要大步迈出。由于球的后摆，上身自然地前倾，身体重心前移。球摆的高度要达到和肩平的状态。后摆时，需伸左手来保持身体平衡。

第四步，左膝微屈迈出，这有利于降低身体重心，准确地出球。如图 6–53 所示，手臂后摆到达最高位置后，改向前回摆，左脚迈出。

图 6–52　　图 6–53

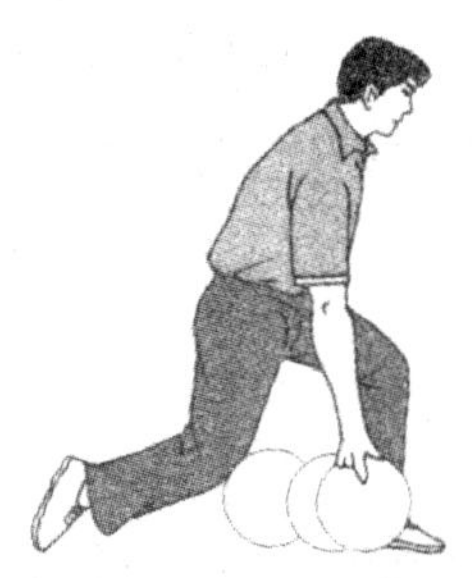

图 6–54

滑步，能有效地保护膝盖。如图 6–54 所示，身体重心全部移至左腿，左膝稍弯曲，成弓形；右腿交叉于左腿后，左手横向侧后方，维持好身体的平衡。

出球，在出手线前的 5 厘米处出手为宜。球在犯规线后约 15 厘米处落地，此时身体重心降到最低位。球用腰、肩，用全身的力气顺势投出。出手时拇指先离球，然后中指、无名指同时离球。在三指均离球后，手腕做旋转动作。

收势，是出手后的动作，也是整个行动的终结。

3. 适合老年人参与的体育公共活动锻炼指导

老年人（60 岁以上），身体形态方面，生理各项机能下降，皮肤松弛；身体素质方面，各种感官功能、身体素质、运动能力较大程度地下降；心理方面，有失落感、孤独感、寂寞感、无用感，机能衰退后出现的恐惧感、紧张感等；智力方面，大脑神经系统功能的退化可导致老年人智力下降、记忆力差、理解能力下降、健忘，有时语言表达也会受到影响。

老年人参与体育健身活动，以健身、养生、休闲为主要目的，兼具娱乐和发展自我的需求。首先，老年人应树立正确的健康观念，进行必要的健康储蓄，保证现在和未来的高质量生活。其次，老年人应端正态度，正视身心两个方面出现的各种问题，积极参与体育健身，进行必要的健康储蓄，保证现在和未来的高质量生活。第三，老年人要量力而行，按照相应的体育锻炼规律来增强自身的健康，不可争强好胜。第四，因人制宜。老年人应根据自己的体质状况，科学进行锻炼。最后，防病、治病相结合。老年人参与体育健身活动能够有效提高自身的免疫力，达到防病的目的。

在体育公共活动中，适合老年人参与的锻炼项目有很多，如散步、太极拳、广场舞、棋牌、钓鱼、养生气功等，这里主要以广场舞、钓鱼的锻炼为例进行阐述。

（1）广场舞锻炼指导。广场舞的站立动作方法为：头正直，两肩下沉，背部挺直，收腹立腰，臀部和两腿肌肉收紧，目视前方。正确的站立姿势（下肢）：并立（正步）、自然立（小八字步）、开立（大八字步）、丁字步和点立等。

一是并立（正步）：两脚并拢，脚尖向前。

二是自然立（小八字步）：两脚跟相靠，两脚尖分开，间隔距离约10厘米，向斜前方成“八”字形。

三是开立（大八字步）：两脚侧开，约同肩宽，脚尖各向斜前方。

四是丁字步：一脚跟在另一脚弓处成“丁”字形。

五是点立：一脚站立，另一脚后跟向前（侧、后）伸出脚尖或脚跟点地。

芭蕾舞手臂的基本要求：肩放松，肘、腕自然微屈，手臂呈弧形，手指并拢，自然伸长，食指与中指稍向里合。

一是一位：两臂体前自然下垂，离开身体5～10厘米，两手相距5～10厘米，指尖相对，掌心稍向上方。

二是二位：保持一位不变，两臂保持弧形前举至稍低于肩，掌心向内。

三是三位：身体保持二位不变，两臂保持弧形上抬至头顶前方，掌心向内方，双眼半视。

四是四位：一只手臂保留在三位，另一只手臂从三位回至二位，一臂上举，一臂前举。

五是五位：一只手臂保持在三位，另一只手臂从二位手臂向侧打开。一臂上举，一臂侧举，掌心向前下方。

六是六位：在三位向下落到二位，在侧边的手臂保持不动。即一手臂前举，另一手臂侧举。

七是七位：原先已经打开的手臂仍保持不动，下降到二位的手臂打开至侧旁，在侧边的手臂保持不动。两臂侧举，掌心向前下方，稍低于肩。

基本步伐：

一是踏步（1拍）：两腿原地依次抬起，依次落地。

二是走步（1拍）：迈步向前走或向后退。

三是并步(2拍)：一脚迈出，另一脚随之并拢屈膝点地。再向反方向迈步。

四是移重心（2拍）：一脚向前/侧迈一步，落地时两膝弯曲，随之身体重心移到另一腿上，两膝伸直，另一脚尖点地。

五是垫步（2 拍 3 个动作）：向前 / 后 / 侧迈出，另一脚迅速跟上，接着前一脚再向前 / 后 / 侧迈出。

六是曼波步（2 拍）：一脚向前迈出，屈膝，重心随之前移，另一脚稍抬起；然后落下；或者向后撤一步，重心后移，另一脚稍抬起，然后原地落下。

七是交换步（2 拍 3 个动作）：一脚向前 / 后迈出，另一脚跟上交换，随之前脚再向后退一步，或前脚向前进一步。

八是侧交叉步（4 拍）：一脚向侧迈一步，另一脚在其后交叉，随之再向侧迈一步，另一脚并拢，屈膝点地。

（2）钓鱼锻炼指导。

一是抛钓时，在水域面积大、没有水草（或水草不多）、水底平坦且干净的水域，测量好水深。用诱饵打窝，用 5 ～ 8 米的钓竿，长度与钓竿一样的尼龙鱼线，还有鱼漂，根据水深调好铅坠和鱼漂的重量，把钓饵装在钓钩上。垂钓时，左手捏住钓钩，右手握竿，利用钓竿的弹力和铅坠的重量，把钓钩向窝中抛。鱼漂在水中呈直立状，上端露出 2 厘米左右，当鱼漂出现沉浮时就可以提竿了。

二是浮钓。在长有大片水草和浮萍等水域，选择钓点主要是根据有鱼在水草和浮萍下吃食或食草时发出的声响。用 8 米长的钓竿，2 ～ 3 米长的尼龙鱼线，用不用鱼漂都可以，用小虾、活蚯蚓等活的钓饵装钩。垂钓时，将饵钩轻轻下到水中 20 ～ 30 厘米处，并把多余鱼线放在水草或浮萍的叶子上，倘若鱼线被拉入水中，说明鱼已咬钩，这时就可以提竿。有时在放饵钩时就会有鱼咬钩，这时可迅速将鱼竿提上来。

三是底钩钓，这种钓法不用竿和漂，只用钩线垂钓。底钩因其独特的风格而备受广大垂钓爱好者喜爱并经常采用。底钩大致分为普通底钩和特殊底钩两种。

普通底钩由三部分组成，即线、坠和钩。所用的钩略大于手竿的钩，其缚法同捆钩相同，只是钩线比捆钩略粗且长。应根据所垂钓的鱼种来确定钩线的长度和粗度，一般长度为 10 ～ 15 厘米，粗细度为 0.4 ～ 0.5 毫米。主线则常用 0.5 毫米以上的粗线，可通过钓点的远近来确定具体的长度。

四是手竿钓，是比较普遍的一种钓鱼方法，童叟皆宜，老少喜用，只要有水有鱼的地方都适用。例如，大河、小溪或深潭、池沼等地。手竿钓不但适合鲤鱼、鲫鱼、鲢鱼、马口鱼等有鳞鱼，而且也适合钓鲶鱼。手竿钓既适合钓小鱼，也能应付钓大鱼，配有缠线轮的手竿是目前使用比较广泛的一种好钓具。

运用手竿钓鱼时应该注意手竿不能固定插在水边的淤泥里或流沙里，而应该将手竿固定在支架上。

在炎热的夏季，如果遇到特别闷热的天气，这时静水坑塘和水库都特别缺氧，水里的鱼都不断游到水面直接吞咽空气，见到钓鱼者也不惊逃。在这种天气垂钓，钓鱼者即使把可口的美味食饵送到鱼的嘴边，鱼也会因为窒息而无心吃食。所以，在鱼“浮头”的闷热天不适合钓鱼。

手竿钓也可以适用于钓大鱼。因为钓竿长，鱼线长，为钓大鱼时放线提供了很大的余地。

4. 适合女性参与的体育公共活动锻炼指导

在体育健身爱好方面，女性更倾向于选择形体类休闲体育运动。女性的一生需要经历青春期、妊娠期和更年期三个非常重要的时期。女性在这三个特殊时期，要特别重视合理安排健身活动。

首先是青春期女性体育健身。青春期女性身体发育日趋成熟，新陈代谢旺盛，脂肪含量逐渐增多。处在青春期的女孩要积极参与各种运动量不是很大的体育运动，有利于塑造完美体形，促进各方面身体素质的发展，同时，还有利于良好个性的形成与发展。

其次是妊娠期女性体育健身。合理参与体育健身能转移女性对孕期不适的注意力，使其愉悦身心。调查显示，在怀孕期间，科学参加体育运动，顺产率可达 95%，充分说明了体育运动对于女性生殖健康的重要性。

最后是更年期女性体育健身。女性的更年期多在 45 ～ 55 岁出现。结合更年期的心理特点，女性体育健身项目可以选择以养性、养心为主，游泳、瑜伽、健身走与跑等体育健身运动。

适合女性参与的社区体育项目有荡秋千、扔沙袋、踢毽子、跳绳、健美操、羽毛球等，这里主要以毽球和健美操锻炼为例进行分析。

（1）毽球锻炼指导。毽球锻炼者，主要需掌握发球技术、传接球技术、攻球技术和拦网技术，下面重点分析发球与传接球技术的锻炼方法。

一是毽球正面脚背发球。双脚前后开立，左手轻抛球，重心前移，左脚踝关节绷直，抬大腿、踢小腿，在离地面 20 厘米高度击球。脚的击球部位应在脚背正面食趾的跖趾关节处（图 6–55）。

正面脚内侧发球：双脚前后开立，左手轻抛球，重心前移，右腿、髋、膝关节外翻，屈膝向前摆动，支撑脚向后蹬地，右髋、膝关节猛力外翻，右脚踝关节背屈用脚弓内侧中部把球发入对方场区，发球脚迅速着地，注意身体的平衡（图 6–56）。

正面脚外侧发球：左脚在前，右脚在后站立，将球抛到右脚前，右腿向前摆动，右踝内转，脚外侧用力击球（图 6–57）。

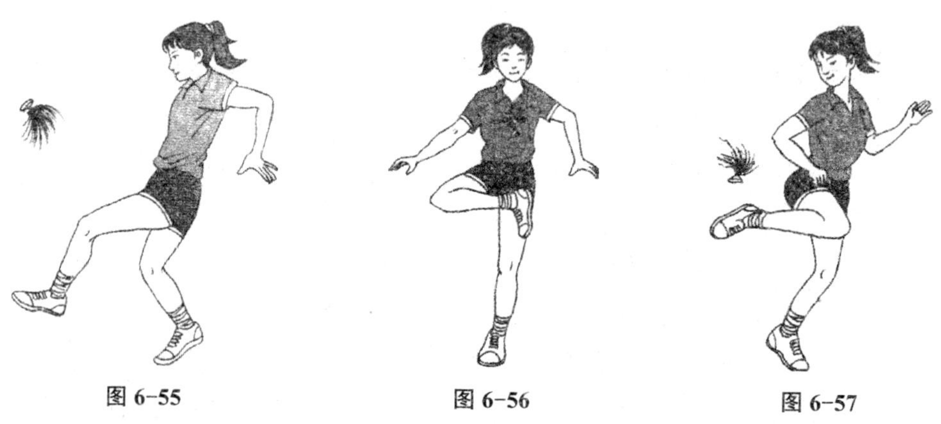

图 6–55　图 6–56　图 6–57

二是传接球技术。

肩部传接球：当来球到达肩侧时，屈膝，下移重心，快速沉肩插到球下方。在垫球瞬间，蹬伸腿、耸肩，力求将球垫落在身前（图 6–58）。

头部传接球：以助跑起跳前额正面传接球为例，直线助跑 2 ～ 3 步，左脚跨出最后一步，右脚迅速并在左脚侧面，双脚起跳，身体腾空，上体后仰，张开两臂，目视毽球。在击球刹那，快速收腹，上体前屈用前额顶球（图 6–59）。

膝盖传接球：一腿支撑身体重心，另一腿屈膝上提，插于来球下方，在球距离膝关节 10 厘米时接球，使球落于身前（图 6–60）。

胸部传接球：如果来球偏低，屈膝接球，如果来球偏高，跳起接球。击球时，两臂微屈，挺胸、伸膝，使球小弧度下落（图 6–61）。

图 6-58　　图 6-59　　图 6-60　　图 6-61

（2）健美操锻炼指导，以四肢和躯干动作的锻炼方法为例。

一是上肢动作。健美操基本动作中，屈的动作有多种形式，如胸前平屈、肩侧屈、肩上侧屈、肩下侧屈、胸前上屈、头后屈等（图 6-62）。在做这些动作时，关节的屈伸需保持一定的弹性。

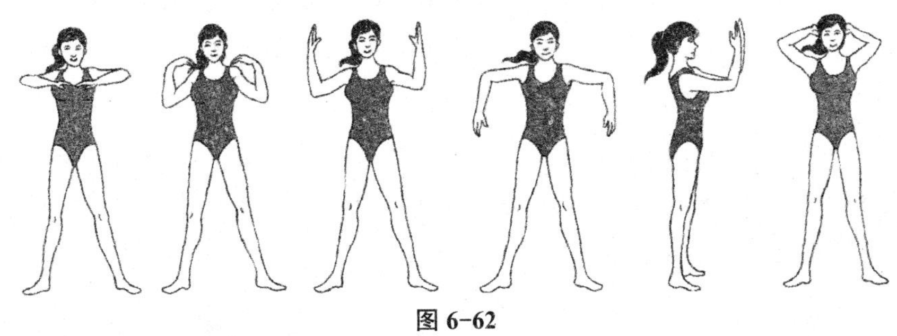

图 6-62

举的动作是以肩关节为中心完成的。该动作的变化形式多样，如前举、后举、侧举、侧上举、侧下举、上举等（图 6-63）。在做这些动作时，要注意动作的力度。

图 6-63

绕、绕环：手臂做弧线运动时，需以肩为轴来完成动作。手臂可以向不同的方向绕环（图 6-64）。在绕环过程中，要明确起始位置，且确保手臂移动轨迹的清晰性。

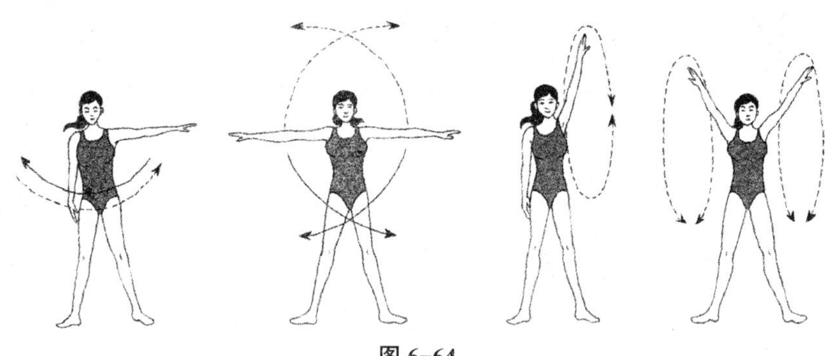

图 6-64

二是躯干动作。

胸部动作有：移胸，髋固定，双肩随胸向左右两侧移动。注意要尽量保持大的动作幅度。含胸、挺胸，含胸时，低头收腹，收肩，背弓姿势，呼气，身体放松，但不能完全松懈；挺胸时，抬头挺胸，展肩，吸气，身体紧张但不僵硬（图 6-65）。

腰部动作有：屈，屈分前屈、后屈、侧屈（图 6-66）。做这个动作时，要充分伸展腰部，控制好速度。转，腰部可以向左右两侧转动，转动时，腰部适度紧张，且有一定的灵活性（图 6-67）。

图 6-65　　图 6-66　　图 6-67

髋部动作有：提髋，练习者可以向左右两侧提髋，注意髋与腿向上提时的相互协调。顶髋，两腿向左右两侧开立，一腿伸直，以支撑体重，另一腿屈膝内扣，上体保持适度紧张，用力向前后左右不同方向顶髋（图 6-68）。在顶髋时，要有节奏感和力度感。

三是下肢动作。

直立、开立：立正，然后双脚以与肩同宽的距离左右分开，注意抬头挺胸（图 6–69）。

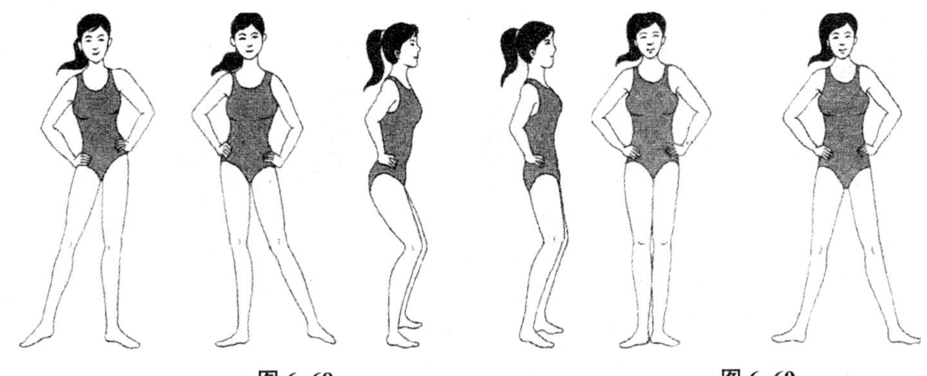

图 6–68　　图 6–69

弓步：立正，一脚大步向前、侧、后不同方向迈出并屈膝（图 6–70）。合理控制步幅。

踢：立正，一腿向前、侧、后不同方向踢（图 6–71），要干净利落地完成动作，双腿交替进行。

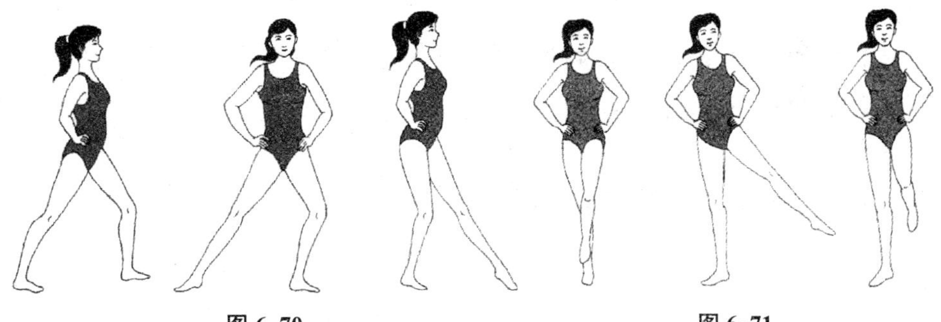

图 6–70　　图 6–71

弹：双腿交替向前、侧方向弹动（图 6–72），要表现出动作的弹性。

图 6–72

跳：在健美操基本动作中，跳的动作有很多种形式，如并腿跳、开并腿跳、踢腿跳（图 6–73）。不管是哪种形式，都要有力度、有弹性地完成动作。

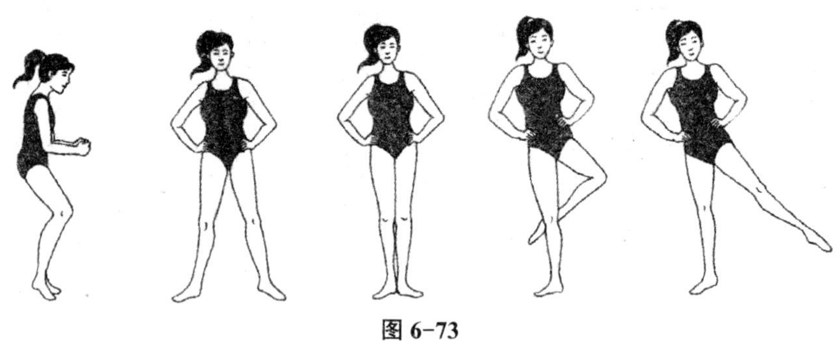

图 6–73

第三节　生态体育的开发研究

本节主要从生态体育资源的利用与开发、学校体育生态化理论构想等方面对生态体育的开发进行分析和研究。

一、生态体育资源及其开发利用

生态体育的顺利开展，需要通过教育在全社会范围内确立生态体育之道，但要明确通过体育达成的个人身心健康，必须以自然、他人的共生共存共发展为前提，需要政府和相关体育组织部门进行积极筹划与引导，为生态体育提供必要的政策、法律法规等制度支撑和财政支持。

（一）开展生态体育的自然资源与文化资源

一个地区的自然环境、社会环境、居民生活状态等有利于社会事业的发展和经济的开发，为生态体育的开展提供了丰富的自然资源与文化资源。

一是气候条件与生态体育。二是地貌类型与生态体育。三是水体资源与生态体育。四是地质资源与生态体育。五是森林资源与生态体育。每亩森林每天可吸收 67 千克二氧化碳，制造 49 千克氧气，它不仅使空气格外清新，而且具有抑菌、杀菌和预防疾病的功能，所以森林被称为“天然氧吧”。苍翠碧绿的森林，使人赏心悦目，它有特殊的健身与治病效果，为开展如定向越野、野外生存、探险、远足、拓展运动、踏青、野营、骑马、森林浴等体育项目提供了有力的自然条件。

（二）生态体育资源开发利用的原则与路径

1. 生态体育资源开发利用的原则

生态体育资源的开发和利用是一项功在当代、利在千秋的事业，而大众体育、生态体育的内在性质要求我们必须谨慎对待这一问题，遵循可持续发展、生态教育、和而不同、全民参与共享的原则，使生态体育造就人民群众的福祉，不至于被暴政和商业暴力所左右而异化成侵夺人民根本幸福的恶灵。

2. 生态体育资源开发利用的路径

一是生态体育圈域及其规划建设的总体要求。生态体育圈域的规划建设旨在充分发挥自然资源与文化资源的功能，因为生态体育的自然资源与文化资源均具有易损性与不可替代性。生态体育圈域的规划建设应当遵循可持续发展原则、生态教育原则、和而不同原则、全民参与共享原则。

二是生态体育生活圈的规划建设。生态体育生活圈规划建设应注意因地制宜、便利大众以及非营利性三方面的问题。

三是生态体育旅游圈的规划建设。生态体育旅游圈与生态体育生活圈有所交叉，这决定于旅游乃是非定居者的旅行和暂时居留，但毕竟有短期与长期、偶尔发生与日常行为之分。生态体育旅游为保证传统体育文化的原汁原味，特别强调当地居民的参与。

四是生态体育探险圈的规划建设。由于此类活动的专业性质，对参与者自身能力及体育设备都有相当高的要求，大众以往极少问津，但随着经济社会发展和人民生活水平的改善，越来越多的体育爱好者对体育生态探险活动产生了浓厚的兴趣。

二、学校体育生态化的理论构想

人是教育活动的主体和客体，人类的进步和教育的发展密切相关。以学校体育教育、训练、校园体育文化建设、体育育人功能为中心的学校体育生态环境，对学校体育的价值体现和学校体育的发展起着制约和调控作用，学校体育环境是一个多维空间和多元的环境系统。同时，学校体育的生态环境，又是自然环境和社会因素相互渗透，物质因素、精神因素和文化因素相互融合的复合生态环境。

学校体育生态化的重要目的就是要使受教育者从小就通过学校体育获得人、社会、自然协调发展的知识、能力、行为规范以及态度和价值观，以促进人类社会通过体育获得可持续发展的动力。体育课程内容体系作为传播生态信息、培养生态环境意识的主渠道，使体育与健康课程的生态化建设成为实现学校体育生态化发展的主要途径。

（1）学校体育课程生态化的意义：一是提高学校教育生态文明档次。体育作为学校教育中培养全面发展人才的一门重要学科，学校体育课程生态化建设是“生态学校”建设的重要组成部分。不管是学校体育的自然生态系统还是社会生态系统以及体育生态系统，都蕴含着丰富的生态环境教育因素，和“生态学校”建设相辅相成、相互促进，是构成学校乃至教育生态文明的重要力量，也是推进学校教育生态文明建设的重要措施。

二是为全民健身培养合格的体育主体。富含生态体育观的大众体育着重强调要亲近自然、回归自然、热爱自然，强调只有在良好的环境中进行体育运动才能发挥其真正的价值，为人类创造积极向上的健康生活。随着现代生活节奏的加快、工作压力的增大、生存空间的缩小，许多人开始把兴趣转移到富于挑战的拓展性和竞技性生态体育项目上，参与这一群体的人数越来越多，户外运动成为众多健身爱好者的首选，这就要求为民众健身提供良好的外在自然条件和环境、改善运动设施条件，同时，引导体育锻炼群体树立良好体育运动生态观，在增强身心生命质量的同时，加强对体育生态的保护。

三是充分利用生态体育资源，缓解各级各类学校体育场地器材紧张的局面。将自然地理资源也列入了体育课程资源的范围内，这对于扩大体育课程内容，降低场地器材的短缺给体育课程的开设带来的压力具有积极的意义。

四是顺应全球教育改革发展趋势。以人为本、全面发展无疑是教育改革的重要趋势，而生态文明则将人本理念、与环境和谐发展的全面发展观蕴含在内。而学校课程体系的改革是教育改革的重要途径，所以，生态主义课程的建立就成为教育改革的一个重要方向和趋势。生态主义课程观是以生态主义的价值观、认识论等为基础，师生进行认知、思考生态体育课程，以生态主义的方式来进行生态体育课程理论的实践。同时，学校体育作为我国教育的重要领域，在课程构建和实施上必须与时俱进，符合生态主义课程观的要求，以顺应全球教育改革发展趋势。

（2）学校体育课程生态化的构建。在体育与健康课程标准中，学校体育的自然环境已经不再仅仅限于学校里的建筑、场地场馆、器材设备、地理环境因素等人工自然环境中，而是扩大到了学校外的人工自然和天然自然环境中，学校外的山林、水体、溶洞等天然自然资源都可以成为体育课程的重要自然环境。

按照体育与健康新课程标准中采用的目标层次方法，课程目标是整个学段对学生各方面的整体要求，是第一层次的目标，在该层目标中就应该体现出对“自然和谐”的要求。第二层次的学习领域目标是在前五个平行排列目标的基础上增加“自然和谐”目标，并对“自然和谐”整体目标中三个方面进行细化而构建的。第三层次是在“自然和谐”学习领域目标的基础上，根据各个年级学生的年龄特点提出具体“自然健康”的水平目标。

层次越高，目标的表述就越具有普遍性、模糊性、规范性。前两者是基础目标，后者是终极目标。

（3）学校体育课程内容生态化建设的理论建构。随着课程目标的变化，选择课程内容的原则也应相应发生重大变化。随着生态体育思想的渗透，选择课程内容的原则应增加一条：富含生态性，即不论是在人工自然环境下还是在天然自然环境下，都能比较充分地实现人与社会、自然、自身的整体和谐。

由于生态主义课程内容另外一个重要的来源就是自然环境。在体育与健康课堂上，含有自然环境因素较多的体育运动项目将逐渐进入体育课程内容中，提供各种自然条件进行运动的机会，教师能利用这些机会对学生进行教育，学会在各种自然环境中进行运动以及保护环境的知识、技能，学会方法，培养热爱自然和保护、尊重自然的情感和态度。

应根据各地天然自然环境的特点，充分开发利用各地天然自然中典型的体育运动项目，如在体育课程内容中增加自然生态体育内容包括在陆地生态环境中（山林、草地、丘陵）进行的体育内容，在水体生态环境（海滨、温泉、河流、湖泊）进行的体育内容，在山岳生态环境中（自然保护区、山岳冰川、风景名胜区、森林公园）进行的体育内容，让学生通过对本地区生态体育项目的学习和运用，学会保护本地区的生态环境，以此丰富各级各类学校体育课程内容，激发学生自觉抵制破坏生态的不道德行为，提高保护生态环境的良好意识和行为。

（4）体育课程生态化实施的构想。在实施过程中落实以下要素是体育课程生态化实施的关键。

一是充分依靠全体参与者的共同协作。人的要素是课程实施的最重要因素。体育教师是实施生态体育课程的主力军，他们的积极参与是最重要的实施要素，各地有关教育和体育管理部门应举行有关生态体育课程的理论培训，使体育教师尽快构建新型、先进的体育课程观，掌握先进的生态体育课程知识、内容以及教学方法和手段，提高实施生态体育课程的教学能力，为高质量地实施生态体育课程打下坚实的基础。

二是采用合理的教学模式。在学校里人工自然环境中进行的体育运动项目，它们的生态化课程目标、内容的实施主要应贯穿在平时体育课中进行，将这些运动项目中蕴含的生态文明教育内容通过传统的教学模式传授给学生。在学校外的天然自然环境中进行的体育运动项目，由于离校比较远的缘故，各级各类学校的生态化课程目标、内容的实施均可以采用上述模式进行。

三是制定体育课程规章制度，保护体育课程开展的环境。体育课程规章制度包括学生体育课、体育锻炼、体育竞赛及课外活动的行为规范。课外活动行为准则和安全制度包括妥善处理垃圾，爱护花草植物和野生动物，森林中禁止吸烟等。另外要在运动场所设置明显易见的提示和警示牌。

四是建设学校内生态型的自然环境。第一，要利用学校内部的自然条件，为学生建设生态运动场所，提高生均场地占有率；要有计划地加强新建场地的绿化、美化。第二，要更新运动设施、器材，使用可降解、可循环、无污染的绿色体育材料，降低噪声，提高场地设施的安全性。第三，保证运动场所的卫生条件，在运动场区设置垃圾回收点并及时、定期清运。第四，对水泥、炭渣运动场要定期检修和维护，减少运动安全事故的发生，减少尘土和泥浆的存在。第五，体育教育中的各种体育手段尽可能地节能减排，循环利用，教师和学生一起废物利用制造体育用具，来体会体育资源节约、利用与损耗的过程，让学生学会生态体育所需要的知识、技能、情感和态度。

（5）学校体育课程生态化评价的构想。学校体育课程生态化的评价指标体系可以从目标、内容、方法和手段多个角度进行，关键是要紧紧围绕生态化的体育课程目标来进行（评价指标体系参见表 6–2）。

表 6–2　生态化的体育课程目标

一级指标	二级指标
运动参与	运动参与指标
运动技能	运动知识指标
	运动技能指标
身体健康	身体素质指标
	形态机能指标
	健身知识指标
心理健康	心理健康指标
社会适应	社会行为指标
	社会适应指标
自然和谐	知识和技能指标
	过程与方法指标
	情感、态度和价值观指标

第七章 体育公共服务发展规划及未来走向探索

我国各省、市在制定区域体育事业发展规划、一般性公共服务规划中对体育公共服务均有所涉及。但为了体育公共服务能够更好地发展，在全民健身、体育强国建设和民生战略中发挥更大的作用，必须从国家顶层设计的高度对体育公共服务的发展进行前瞻性考量和调查分析，这样才能使体育公共服务发展专项规划的设计更具合理性和可行性。

第一节 体育公共服务发展规划

本节主要从其重大意义、宽广内涵、指导思想、设计要点、目标任务以及设计思考对体育公共服务发展规划进行研究分析。

一、重大意义

体育公共服务发展规划，关系到体育公共服务事业未来一段时间内的发展理念、定位、思路和目标，把握历史发展机遇进行突破性发展、创新性发展，实现“增强国民身体素质，满足民众体育需求”的目标。总体而言，体育公共服务的发展规划对体育公共服务事业的长远发展，乃至全民健身战略、体育强国建设战略和民生战略的实现都具有重大和深远的意义。

（1）体育公共服务发展规划是指导建设、引导发展的纲领性文件。必须抓住和利用体育事业及其产业发展的重要战略机遇期，满足人民群众对基本体育服务的需求是作为中国特色社会主义体育事业发展建设的基本任务。具体而言，应进一步强化体育公共基础设施建设，建立和健全体育公共服务网络，扶持体育服务产业的健康发展，使人民群众能更好享有免费或优惠的基本体育公共服务，享有健康丰富的文化体育生活。

（2）体育公共服务发展规划是建立发展共识、确立目标优先等级的现实载体。国家体育总局和地方各级体育部门都应对本领域、本地区的体育公共服务形势进行客观和深入的分析，通过政策激励和引导，使体育公共资源得到更为合理的配置，使体育公共资源更好地为公民共享。

（3）体育公共服务发展规划是实现不同利益主体、系统间沟通与合作的客观依据。必须结合我国体育公共服务当前的客观实情以及民众对体育发展的客观和合理的需求，制订我国体育公共服务体系实施方案，促进系统内部、外部之间的交流，减少公共文化服务建设的阻力。

（4）体育公共服务发展规划是提升体育地位、实现跨领域合作的有效途径。体育公共服务规划正将体育福利、体育生活、体育权益纳入“人的全面发展”之中，保障和改善了民生，提高了人民的生活质量。

（5）体育公共服务发展规划是拓展发展理念、实现共建共享的重要举措。通过拓展体育的角色和功能，发挥体育对经济社会发展的多功能效应，发挥体育对社会建设的综合作用。

（6）体育公共服务发展规划是提供评价标准、开展绩效评估的重要抓手。由于科学规划是事业发展的系统设计，也是事业良性和可持续发展的必然前提，体育公共服务发展的规划自然受到高度的重视和关注。体育公共服务体系规划的设计，应从宏观战略指导层面、中观理论支撑层面和微观指标控制层面进行可行性分析和研究，提高规划的可执行力度和可信度。

（7）体育公共服务发展规划是把握发展机遇、改革发展方式的现实需要。

（8）体育公共服务发展规划是获得财政支持和丰富体育公共服务建设主体的关键支撑。体育公共服务发展规划通过对不同体育公共服务供给主体职责的划分，为个人、市场力量和社会团体介入体育公共服务提供了依据和可行路径；通过对社会、个人、市场等供给主体参与体育公共服务的形式、内容方面的研究，为这些供给主体提供资金和政策上的支持提供了依据。

二、设计要点

对体育公共服务发展规划构成的分析主要从以下四个方面来进行：

一是社会背景分析。体育公共服务发展规划的制订，首先要对体育公共服务事业所处的整体社会大环境进行全面的分析，总结有利于体育公共服务发展的社会因素，提炼有助于体育公共服务发展的方式方法，有效规避不利因素。

二是自身优势分析。要认识到体育公共服务在场地设施、活动内容、组织网络、投入资金、人才队伍、制度环境、服务质量等方面所具有的相比较优势、长处，并对所具有的优势和长处进行充分的分析，进而进行有效的利用和挖掘，以对体育公共服务事业的良性运行和协调发展产生很大的促进。只有对体育公共服务事业本身做出正确、全面的分析，才能制订出切实可行的体育公共服务发展规划，在体育公共服务建设中做到既不狂妄自大也不妄自菲薄。

三是历史传统分析。科学的体育公共服务规划，必须基于历史，对体育公共服务的历史发展进行系统分析，也只有在熟知体育公共服务历史演变的前提下，才能更好地对体育公共服务的现状进行合理有效的分析，进而才能提出科学、合理、具有良好可行性和执行力、可评判的体育公共服务规划。

四是相关利益群体的需要分析。体育公共服务涉及的利益群体范围广泛，包括体育公共服务的受益者即普通民众，还包括体育公共服务的经营者、组织者和运行者，将其合理的要求纳入发展规划之中，才能保障体育公共服务兼顾各相关利益群体的利益，为体育公共服务当前发展提供动力源，为体育公共服务未来的发展储备潜在的资源、营造优良的发展氛围，创设优良的生态发展环境。

三、目标任务

（一）发展目标分析

体育公共服务包括场地设施、服务组织、运行系统、政策法规和监督评价五个方面，由于这五个方面情况各不相同，在规划设计时考虑的重点也应该各不相同，具体内容如下：

1. 场地设施的规划设计思考

场地设施建设是我国体育公共服务的基础核心环节，是提供体育公共产品和服务的载体，对其进行规划设计时需要着重考虑的内容：一是场地设施的“数字化”建设。在体育公共服务规划设计中应该对人均体育场地面积进行重点关注，对未来一段时间内人均体育场地面积所达到的目标有明确的数字化指标。二是场地设施的“多样化”建设。在体育公共服务规划设计中就人民群众的体育需求做出相应的方式方法指导，以人民需求为依据来指导我国体育公共服务场地设施的建设。三是场地设施的“高效化”利用。规划研究中应该对这一方面的工作做出相应的部署，对设施维护的责任人、责任人的相关职责和权利、维护的资金投入和使用等方面做出详细的规定。

2. 服务组织的规划设计

体育公共服务组织的发展经历了从单一向多元的发展历程。政府、市场、社会组织作为三大服务组织，对其各自所履行的具体体育公共服务职责尚未完全清晰，因此，服务组织的规划设计重点就在于区分各个服务组织之间的职能范围和责任义务。首先，政府作为服务组织的“躯干”，其职能主要有政策法规的制定、提供基本的体育公共服务、对体育公共服务进行监管。其次，市场作为体育公共服务组织的“四肢”，可以有效弥补和增强政府在提供体育公共服务方面的不足，主要扮演了体育公共服务中的“提供者与生产者”“生产者与被消费者”“生产者与合作者”和“购买者与提供者”四种角色。最后，社会作为服务组织的“补充”，因此，规划设计的研究应集中于对社会组织运营模式、原理、机制等内容的探索和建设。

3. 运行系统的规划设计思考

运行系统是依附于服务组织而存在的，随着服务组织的发展壮大，运行系统的内容也不断丰富和完善。经过长时间的发展人们逐渐认识和了解到这种运行系统存在的种种弊端，开始进行相应的改革。鉴于服务组织的不断壮大，运行系统也日渐复杂和丰富。规划研究对于运行系统的设计应从以下几个方面进行考虑：首先，原则性。对不同服务组织间运行系统的研究提出原则性要求，确保系统的运行方向。其次，职责明确化。在规划设计研究中应该对市场、政府、社会组织三方的职能进行相应的划分，明确各自的体育公共服务职责。最后，法制化。为保障体育公共服务运行系统的通畅，应在现有法律基础之上进一步探索制定《关于加快推进体育公共事业运行体系建设指导意见》《体育公共服务运行条例》等专项法规，推进体育公共服务运行系统的规范化和法制化建设。

4. 政策法规的规划设计思考

体育公共服务政策法规作为各级体育行政部门行使行政职能的重要依据和制度约束，对于体育公共服务具有重要的导向、控制、协调的作用，能有效地推动、促进和保障体育公共服务健康、可持续发展。体育公共服务政策法规的研究总体来看主要包括：一是农村体育公共服务政策研究；二是体育公共服务政策执行阻碍研究；三是体育公共服务政策的国际经验研究；四是体育公共服务均等化的财政政策；五是政策法规文件的个案研究。与此同时，通过对体育公共政策法规的研究也暴露出了这些政策法规的一些不足之处，为政策法规的规划设计提供了思路。政策法规的设计思考：首先对政策法规出台的思考，对如何增强政策法规文件的法律效力提出相应的指导措施和建议；规划设计就如何提升民众参与政策法规出台过程的方式方法、营造民众积极参加政策出台的氛围环境等方面进行相应的界定。其次对政策法规实施的思考，包括选择性执行、替代性执行、形式性执行三个方面的问题。最后对政策法规监督保障的思考。

5. 监督评价的规划设计思考

监督评价环节是开展体育公共服务的重要组成部分。尽管我国体育公共服务监督评价工作经过这些年的发展取得了长足的进步，但是还是存在着以下几个方面的问题：首先，对监督评价工作的重要性认识不足，如考核资金投入的不足。其次，监督评价指标尚未完全建立。监管标准的不确定，使政府部门在履行监管职能时无据可依，使工作很难落到实处。第三，监督评价机制不健全。

针对体育公共服务监督评价工作的问题，监督评价的规划设计应该从以下几个方面来构思：首先，规划设计应该就体育公共服务监督评价工作的意义进行有理有据的论述，使相关政府部门充分认识到此项工作的重要性，进而把监督评价工作落实到位。其次，规划设计要思考监督评价框架的构建和指标内容的完善。

（二）建设任务思考

1. 场地设施建设任务之思考

首先，建设渠道“多样化”。进一步推行政府采购、项目补贴、委托生产或管理、定向资助、贷款贴息等场地建设形式方法，增加体育公共设施建设的供给方式和拓宽体育公共服务供给的渠道，提高体育公共设施的数量和质量，形成政府主导、社会参与、市场运作、多方投资的公共设施发展格局。

其次，场地设施建设“数字化”。在体育公共服务规划设计中应该对人均体育场地面积进行重点关注，对未来一段时间内人均体育场地面积所达到的目标有明确的数字化指标。

最后，管理模式的“创新化”。坚持设施建设和运行管理并重，将分散在不同部门的体育公共服务设施有效整合，实现基层体育公共设施的共建共享，形成综合、系统、运行有效的体育公共服务网络，体现便民惠民，提高整体服务能力，发挥综合效益。进一步鼓励学校体育场馆在合适的时间，采用合适的方式向社会开放，提高机关、企事业单位的体育设施对外开放程度，提高体育资源的社会共享率。

2. 服务组织建设任务之思考

首先，实现组织体系的“网络化”。积极发展行业体育协会、人群协会、老年体协、残疾人体育协会、青少年体育俱乐部、单项体育协会、基层体育组织等体育社会团体，努力拓展民办体育俱乐部、体育学校、体育场馆等体育类民办非企业单位，大力开发各类体育基金会，形成以体育社会团体为核心，以体育类非民办企业单位为基础，以各类体育基金会为保障的网络化体育组织体系，将每一个民众都网罗其中。

其次，供给模式由“单一化”向“多元化”发展。为更好地保障人民群众基本体育权益的提高和改善，应充分发挥政府、市场、社会三方力量优势，实现体育公共产品和服务从传统的单一的政府中心提供模式向多中心、多层次、协同合作提供模式的方面转变。

最后，实现供给方式的“超市化”“菜单化”。建立起以人民群众需求为导向、优质高效、普遍均等化的新型城乡体育公共服务机制，形成城乡体育公共“超市式”供给、“菜单化”服务的模式。

3. 运行系统建设任务之思考

首先，体育公共服务运行的“制度化”建设。为加快我国体育公共服务运行的制度化建设进程，应在已有法规的基础之上，制定规范运行的法规，综合运用政治、法律、经济等多种手段，实现体育公共服务运行体系的规范化和制度化建设。

其次，体育公共服务主体职责的“明确化”分工。对职责范围的划分可以依托研究所、高校等科研机构，通过专门的课题立项进行研究。最终实现体育公共服务的明确划分，各个供给主体间职责分工要做到“不重叠、互补充、全覆盖”。

最后，体育公共服务运行体制的“顺畅化”改革。通过手段的改革、形式的创新实现体育公共服务运行机制顺畅、体制合理，为体育公共服务的发展提供保障。

4. 政策法规建设任务之思考

首先，做好配套立法工作。政府应该积极探索制定政策法规实施相关的规范性文件，发挥其法治效力。政府应在社会性组织培育、职业体育发展、体育市场行为等重点领域推进相关政策法规的出台，防止过度市场化，完善体育标准化。

其次，注重政策法规的宣传。构建面向公众的、权威的体育政策互动广告平台，及时传递和普及体育政策信息。开通体育资讯专线，专门解决民众的体育疑难问题。

最后，落实政策的执行。加强监管力度，积极建立并完善社会监管、专业机构监管机制，形成以社会监管为核心，专业机构监管为关键，政府监管为辅助的监管体系。严格落实体育相关政策的执行，并将政府对体育政策的执行划入政府的考核之中，作为重要的考核标准之一。对政策执行过程需进行制度层面的规定和制约，并从行政、刑事、民事三方面规范政策执行者的行为和承担应有的法律责任。

5. 监督评价建设任务之思考

首先，构建完整、科学的绩效考核指标。评价指标的划分以“三等级”为标准，形成散点化的评价指标分布形态，将体育公共服务各个方面包含其中。其次，加强监督立法建设，促进评估活动制度化。最后，优化评估主体。建立专门的评估机构负责规划和政策的评估审查。积极培育独立的第三方评估主体并引入利益相关者评估。

第二节　体育公共服务未来走向

在未来的很长时间内，体育公共服务的发展必须顺应我国改革背景和时代要求，鉴于此，体育公共服务发展的未来走向要从制度完善和理论研究创新两个方面同时展开。

一、制度建设方面

一是坚持以人为本，构建和完善公众体育公共服务需求表达及意见反馈机制。以人为本是我国社会主义事业建设的价值取向。从以人为本的角度来看，体育公共服务的相关建设还存在诸多不足。因此，体育公共服务在未来发展的过程中首要解决的问题之一就是构建和完善一套能够反映公众体育公共服务需求、意见及评估、能够流畅运行的需求反应机制。

二是深化治理革新，建立和完善体育公共服务治理结构。比如通过筹建由政府部门、社区居民代表及社会组织代表为构成主体的管理委员会，通过体育公共服务治理结构的建立和完善，来加强对体育公共服务开展的相关管理与服务，保障体育公共服务的非营利性和公益性，不断提高体育公共服务的水平和质量。

三是把握经济形势，创新和变革体育公共服务资金投入的方式及渠道。随着我国经济社会的发展和政府对公共服务的日益重视，政府对体育公共服务领域的资金投入会日益增加。这就需要相关部门根据政府体育公共服务资金的投入，对相关资金投入的方式方法做出相应改革。

四是贯彻依法治国，探索与创立体育公共服务第三方绩效评估机制。我国体育部门要深刻领会依法治国的重大内涵，使依法治国理念在体育领域落地生根。必须抛弃原先“自建自评”的监督机制，加强体育公共服务绩效评估工作的宏观管理和行政监督，保障体育公共服务评估工作的公正性、专业性、独立性，提高体育公共服务质量。

二、理论研究方面

一是不同层级政府部门之间体育公共服务职责范围的划分研究。在未来体育公共服务建设中，不同层级政府间体育公共服务职能必须得到准确的界定，进而明晰政府之间体育公共服务的职能范围和重点，加强体育公共服务的地理区域范围、受益群体范围、成本可控范围、管理权限范围等方面与政府层级之间关系的研究。

二是不同阶段政府体育公共服务模式的选择及完善研究。模式是把解决某类问题的方法总结归纳、提高到理论范畴从而形成的方法论。以对我国社会发展现状及趋势的分析为依托，正确选择适合我国基本国情的、有利于体育公共服务开展的模式，并加强对体育公共服务模式在实践过程中的动态监督和更新、完善等方面的建设。

三是体育公共服务的标准化研究。体育公共服务标准化建设是体育公共服务开展中执行和评价的重要依据，有助于政府提升体育公共服务的职能效率，提高公众对于体育公共服务的满意程度，促进体育公共服务均等化实现的有效手段。因此，在未来较长时期内，体育公共服务研究及建设的重点之一就是其标准化建设，研究可以从体育公共服务标准化建设的背景、机遇、意义、内容、困境及策略方面着手。

四是体育公共服务体系建设的普适性研究。一个成熟的体系，前提是具有高度的代表性、较高的普适性以及体系自身的完善性，而要满足体育公共服务体系的建设和推广，就必须对体系“代表性、内容合理性、推行的可行性”进行深入的研究，尤其要加强体育公共服务体系构建过程中的普适性研究，处理好普及与适度的关系，安排好城市与农村的均衡建设，统筹兼顾，促进体育公共服务在城乡、区域间的协调发展。

参考文献

[1] 王家宏 . 我国体育公共服务体系研究［M］. 苏州：苏州大学出版社，2016.

[2] 秦欢 . 我国体育公共服务政策变迁研究［D］. 北京：北京体育大学，2015.

[3] 余卫东 . 转型期我国体育公共服务政策执行阻碍及对策研究［J］. 赤峰学院学报（汉文哲学社会科学版），2011，32（6）：260-263.

[4] 陶冶 . 安徽省体育公共服务的政策选择与制度安排研究［D］. 芜湖：安徽工程大学，2013.

[5] 朱征宇 . 广州市体育公共服务体系的构建与完善［D］. 广州：华南理工大学，2011.

[6] 宋伟，鲍东东 . 苏州体育公共服务体系示范区建设［M］. 合肥：中国科学技术大学出版社，2016.

[7] 隋路 . 中国体育资源配置效率研究［M］. 北京：社会科学文献出版社，2011.

[8] 朱小龙 . 我国体育彩票业政府规制改革思路［J］. 武汉体育学院学报，2012，46（12）：34-38.

[9] 全民健身因地方财政不拨款搁浅［N］. 中国青年报，2009-12-13.

[10] 李洪波 . 城市社区体育公共资源合理配置研究［M］. 济南：山东人民出版社，2015.

[11] 卢映川，万鹏飞 . 创新公共服务的组织与管理［M］. 北京：人民出版社，2007.

[12] 莱昂 . 狄骥 . 公法的变迁：法律与国家［M］. 沈阳：辽海出版社，1999.

[13] 白晋湘. 从全能政府到有限政府——市场经济条件下政府体育职能转变的思考 [J]. 体育科学，2006：26（5）：7-11.

[14] 丁元竹. 非政府公共部门与公共服务——中国非政府公共部门服务状况研究 [M]. 北京：中国经济出版社，2005.

[15] 刘立峰. 公共产品与服务的融资方式 [J]. 中国投资，2008（5）：36-38.

[16] 陈昌盛，蔡跃洲. 中国政府公共服务：体制变迁与地区综合评估 [M]. 北京：中国社会科学出版社，2007.

[17] 句华. 公共服务中的市场机制：理论、方式与技术 [M]. 北京：北京大学出版社，2006.

[18] 宋世明. 美国行政改革研究 [M]. 北京：国家行政学院出版社，1999.

[19] 课题组. 我国体育社会科学研究状况与发展趋势 [M]. 北京：人民体育出版社，1998.

[20] 中共中央关于构建社会主义和谐社会若干重大问题的决定 [M]. 北京：人民出版社，2006.

[21] 李静. 试论体育公共服务体系建设 [J]. 南京体育学院学报：社会科学版，2009，23（1）：62-65.

[22] 韩丹. 论我国体育基本上还属于公益事业 [J]. 广州体育学院学报，2004，24（2）：4-6.

[23] 贺新宇. 重塑公共管理的基本职能 [M]. 北京：中国社会科学出版社，2006.

[24] 王才兴. 构建完善的体育公共服务体系 [J]. 体育科研，2008，29（2）：1-13.

[25] 刘鹏. 促进体育改革发展，服务和谐社会建设 [J]. 体育科学，2007，27（1）：3-6.

[26] 郭俊民. 构建河南公共文化服务体系的思考 [J]. 学习论坛，2007，23（3）：49-52.

[27] 李益群，李静. 政府与体育的公共政策研究 [J]. 北京体育大学学报，2003，26（2）：151-153.

[28] 陈玉忠 . 社会转型与体育公共服务管理体制改革［J］. 体育文化导刊，2008（3）：11-14.

[29] 陈瑞玉 . 城市社区体育服务网络建设研究［J］. 成都体育学院学报，2005，31（4）：26-29.

[30] 王乔君 . 城市居民住宅区体育设施规划的构想［J］. 体育科学，2004，24（2）：4-5.

[31] 石冰 . 制约社会体育指导员（国家职业标准）发展的主要因素［J］. 河南工业大学学报：社会科学版，2007，3（3）：125-128.

[32] 高茂章 . 河南省城镇社区实施全民健身工程现状调查与研究［J］. 河北体育学院学报，2007，21（4）：36-37.

[33] 恩德勒：面向行动的经济伦理学［M］. 上海：上海社会科学院出版社，2002.

[34] 李凌霞 . 体育公共服务与学校体育互动发展研究［D］. 长沙：湖南师范大学，2012.

[35] 张永保，沈克印 . 我国高校体育公共服务的时代背景与实施原则［J］. 成都体育学院学报，2012，38（2）：1-5.

[36] 银玲 . 成都市体育公共服务均等化问题研究［D］. 成都：成都体育学院，2015.

[37] 王丽娜 . 广州大型体育场馆体育公共服务中的影响因素及对策研究［D］. 广州：华南理工大学，2016.

[38] 戴健，郑家鲲 . 我国公共体育服务体系研究述评［J］. 上海体育学院报，2013，37（1）：1-8.

[39] 徐雅莉 . 江西省高校体育公共服务研究［D］. 南昌：江西师范大学，2015.

[40] 何肇发 . 社区概论［M］. 广州：中山大学出版社，1991.

[41] 虞重干，郭修金 . 农村体育的根基：村落［J］. 武汉体育学院学报，2007，41（7）：1-5.

[42] 罗湘林 . 村落体育研究［D］. 北京：北京体育大学，2005.

[43] 罗湘林 . 对一个村落体育的考察与分析［J］. 体育科学，2006，26（4）：86-95.

[44] 郭修金，虞重干 . 村落体育的主要特征与社会功能探析——山东临沂沈

泉庄的实地研究［J］. 广州体育学院学报，2007，27（3）：33-36.

［45］郭修金. 小康社会中的村落体育——山东三村的调查［J］. 体育科学，2009，29（2）：81-95.

［46］韩明谟. 农村社会学［M］. 北京：北京大学出版社，2001.

［47］卢福营. 非农化与中国农村社会分化［M］. 合肥：社会科学文献出版社，2006.

［48］吴振华，田雨普. 关于中国农村体育若干问题的断想［J］. 体育文化导刊，2005，36（5）：5-7.

［49］郭修金，虞重干. 从村落看村落体育［J］. 上海体育学院学报，2008，32（3）：1-6.

［50］卢元镇. 社会体育学［M］. 北京：高等教育出版社，2002.

［51］卢元镇. 社会体育导论［M］. 北京：高等教育出版社，2004.

［52］陈安槐，陈萌生. 体育大词典［M］. 上海：上海辞书出版社，2000.

［53］曾理，邓跃宁，刘仁健，等. 试论农村体育［J］. 军事体育学报，2004，23（4）：9-11.

［54］田雨普. 农村体育研究中“农村”含义的辨析［J］. 体育文化导刊，2005，40（10）：46-48.

［55］肖林鹏. 现代体育管理［M］. 北京：北京体育大学出版社，2005.

［56］季浏. 体育心理学［M］. 北京：高等教育出版社，2006.

［57］季浏，殷恒婵，颜军. 体育心理学［M］. 北京：高等教育出版社，2010.

［58］李小云，左停，叶敬中. 2003—2004 中国农村情况报告［M］. 北京：社会科学文献出版社，2004.